매일 기도

매일 기도

지은이 | 조정민
초판 발행 | 2021. 1. 27
29쇄 | 2024. 12. 12
등록번호 | 제1988-000080호
등록된 곳 | 서울특별시 용산구 서빙고로65길
38발행처 | 사단법인 두란노서원
영업부 | 2078-3333   FAX | 080-749-3705
출판부 | 2078-3331

책값은 뒤표지에 있습니다.
ISBN 978-89-531-3952-7 03230

독자의 의견을 기다립니다.
tpress@duranno.com www.duranno.com

두란노서원은 바울 사도가 3차 전도여행 때 에베소에서 성령 받은 제자들을 따로 세워 하나님의 말씀으로 양육
하던 장소입니다. 사도행전 19장 8~20절의 정신에 따라 첫째 목회자를 돕는 사역과 평신도를 훈련시키는 사역,
둘째 세계선교(TIM)와 문서선교 (단행본·잡지) 사역, 셋째 예수문화 및 경배와 찬양 사역, 그리고 가정·상담 사역 등을
감당하고 있습니다. 1980년 12월 22일에 창립된 두란노서원은 주님 오실 때까지 이 사역들을 계속할 것입니다.

◇◇◇◇◇

때를 따라 드리는 365개 기도문

매일 기도

◇◇◇◇◇

Daily prayer

조정민 지음

두란노

Contents

◇◇◇◇◇◇◇◇◇◇◇◇

• Prologue

Daily prayer

Prologue

기도를 가르치면서 기도가 공허해질 때가 있습니다. 기도에 관한 책을 쓰고도 기도가 막히는 일이 있습니다. 기도의 은사를 받고 중보 기도 사역을 하면서도 실족하는 사람들이 있습니다. 기도는 사람과 사람 간의 소통이 아니기 때문입니다. 기도는 내가 소유하는 무엇도 아니고 내게서 비롯된 능력도 아니기 때문입니다.

그래서 기도는 아슬아슬합니다. 골방에 앉아서 기도를 해보지만 때로는 독백 같고 때로는 대화 같습니다. 더구나 깊은 고난 가운데 있을 때는 숱한 기도의 사람들이 기도 그 자체와 씨름합니다. 과연 내게 믿음이 있나 스스로에게 묻고 또 묻습니다. 기도의 자리에 앉는 사람들은 누구나 이런 터널을 지납니다. 하지만 아무리 터널 끝이 아득해도 한 줄기 빛이 들기만 하면 믿음은 생기를 잃지 않습니다.

때로 너무 친숙하게 느껴지는 아빠 아버지여서 기도가 느슨해집니다. 나보다 나를 더 잘 아시는 아버지께 무슨 말을 하랴 하면서 기도에서 점점 멀어집니다. 자칫하면 오랜 신앙 생활을 하고도 기도의 언어가 가물가물한 말더듬이가 됩니다. 그러다 어느 날 홀연히 맞닥뜨린 감당할 수 없는 슬픔과 아픔 앞에서는 상처 입은 짐승처럼 울부짖습니다. 기도는 사실 어떤 틀에도 갇히지 않습니다. 기도의 제목은 또한 어떤 일에도 묶이지 않습니다. 기도는 신앙의 호흡입니다.

하지만 기도는 내가 기도하는 대상을 알아 가는 일이자 그분에게 투영된 나 자신을 발견하는 여정임을 가르쳐 줍니다. 오랜 시행착오를 거치면서 결국은 하나님은 누구이시며 나는 누구인가를 고백하는 시간입니다. 점점 내가 말하는 시간이 짧아지면서 어느 날은 듣기만

하고, 둘 다 침묵으로 만나 침묵 속에 헤어지는 날도 있습니다. 그래서 성경은 놀라운 선물입니다. 모든 기도와 기도 응답의 백과사전과 같습니다. 특히 시편 기도학교에는 항상 긴 줄이 이어집니다.

그리스도인이라면 누구나 매일 기도합니다. 정해진 시간, 정해진 장소에서 기도하는 사람이 아니더라도 잠깐의 식사기도, 잠시의 묵상기도는 우리 일상에서 드러나는 영성입니다.《매일 기도》는 그 일상의 기도를 함께 드리고자 하는 바람입니다. 고통스러운 시대를 같이 살아가는 믿음의 형제자매들과 함께 이 짧은 기도로 각자의 신앙을 돌아보며 한 절 말씀으로 기도에 참 능력을 더하기를 바라고, 그 말씀 아래 각자의 고백이 더해지기를 바랍니다.

이 책에 발췌된 기도의 글들은 지난 몇 년간 이곳저곳에 썼던 기도문이자 틈틈이 모아 둔 편린들입니다. 두란노 가족들이 틀을 잡아 주었고 수고를 다했습니다. 사람의 칭찬이 아니라 아버지의 위로와 격려를 전할 따름입니다. 아무쪼록 믿음의 형제자매들이 이《매일 기도》를 1년간 함께 드리면서 기도의 의무를 지나 기도의 기쁨에 이르기를 기도합니다. 또한 코로나 팬데믹의 터널 끝을 바라보며 백신과 치료제를 갈망하는 호모 마스쿠스의 행렬이 아버지께 매일 기도하는 숨결의 행렬이 되기를 간절히 기도합니다.

2021년 1월 눈꽃이 핀 서울 도심에서

조정민

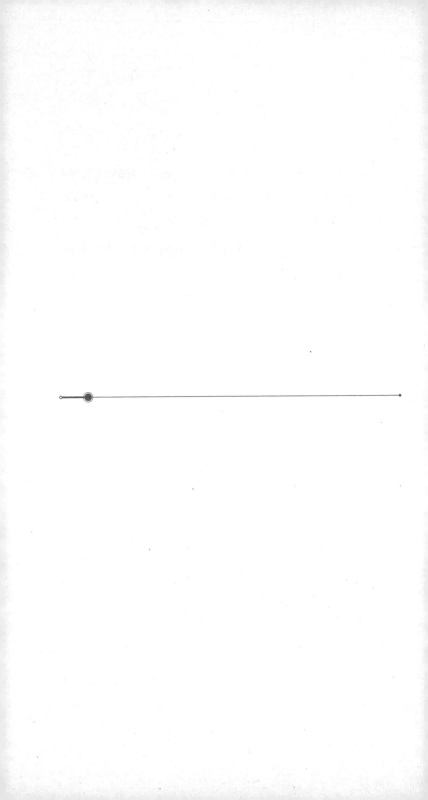

1

001
-
028

새로운 것을 시작해야 할 때

전심을 다하여, 집중의 힘으로

하나님 아버지, 무서운 속도로 변해 가는 세상에서 무언가 새롭게 시작한다는 것이 두렵고 떨립니다. 그러나 자꾸 곁눈질하고 여기저기 기웃거리는 일 없이 전심을 다하고 싶습니다. 속도가 빨라질수록 곁눈질이더 위험하다는 사실을 압니다. 날마다 삶의 속도를 높이느라 가속 페달을 밟지 않게 하옵소서. 분주한 일상 가운데 한 가지 일에 집중할 수 있기를 바랍니다. 무엇보다 내게 맡겨진 일이 얼마나 귀하고 값진 것인지를 깨달아 알게 하옵소서.

제가 하는 그 일의 목적이 영생과 연결되어 있는지, 그 일을 하는 과정이 평안한지가 기준이 되게 하옵소서. 이를 위해 늘 겸허히 주님의 지혜를 얻도록 인도하여 주옵소서. 예수님의 이름으로 기도합니다. 아멘.

네 손이 일을 얻는 대로 힘을 다하여 할지어다 네가 장차 들어갈 스올에는 일도 없고 계획도 없고 지식도 없고 지혜도 없음이니라 전 9:10

My Prayer

새로운 것을 시작해야 할 때

나 자신이 아닌
하나님을 믿는 믿음

새로운 일을 시작하는 것이 참 어렵습니다. 실패할까 두렵기 때문입니다. 그러나 주님, 어떤 실패도 인생의 자산이 될 것을 믿습니다. 그렇기에 지금 필요한 것은, 나 자신을 믿는 믿음이 아니라 하나님을 믿는 믿음인 것을 깨닫습니다. 돈을 벌고 공부를 하고 새로운 일에 도전하는 모든 것이 오직 나 자신을 위한 일이라면, 그것은 성공해도 망한 것이고, 실패해도 망한 것입니다. 입으로는 하나님의 영광을 위한 일이라고 말해도 하나님과 상관없는 일이기 때문입니다.

그러므로 무엇을 계획하든, 무슨 일을 새롭게 하든, 그 모든 것이 하나님 나라를 이 땅에 오게 하는 일이 되게 하옵소서. 이기적인 목적이 아니라 하나님 나라와 이웃을 위한 이타적인 목적으로 새 일을 행하게 하옵소서. 믿음으로 첫발을 내딛게 하시고, 주님의 사랑을 확신하며 끝까지 걷게 하옵소서. 예수님의 이름으로 기도합니다. 아멘.

선을 행하고 선한 사업을 많이 하고 나누어 주기를 좋아하며 너그러운 자가 되게 하라 딤전 6:18

My Prayer

새로운 것을 시작해야 할 때

하나님이 드러나는 열심

아들과 레슬링을 하면서 죽을힘을 다해 이기려는 아버지는 없습니다. 이런 아버지 같은 마음으로 세상 사람들을 품기 원합니다. 새로운 일을 시작할 때 죽을힘을 다해 하되 세상 사람들과 경쟁하지 않고 하나님이 드러나는 열심으로 하게 하옵소서. 돈을 벌고 공부를 하고 직업을 선택할 때 세상 사람들의 목적과는 다르게 하옵소서. 또한 내 마음대로 결정하고 내 마음대로 나의 능력과 재원을 사용하지 않기를 바랍니다. 주님의 능력과 지혜로 하게 하옵소서.

탁월한 수준에 이르렀을 때 겸손히 말석에 앉을 줄 아는 덕을 겸비하게 하옵소서. 세상 사람들이 사다리 타기에 땀과 힘을 쏟을 때 사다리를 다시 내려갈 수 있는 사람이 되기를 바랍니다. 오직 하나님의 이름을 위해 내 모든 열정을 쏟게 하시고, 그 초심을 날마다 기억하게 하옵소서. 예수님의 이름으로 기도합니다. 아멘.

그러므로 내 사랑하는 형제들아 견실하며 흔들리지 말고 항상 주의 일에 더욱 힘쓰는 자들이 되라 이는 너희 수고가 주 안에서 헛되지 않은 줄 앎이라 고전 15:58

My Prayer

Prayer
004

새로운 것을 시작해야 할 때

두려움이 틈타는 이유

세상은 '나'를 믿으라고 합니다. 과신을 부추깁니다. 그러나 나를 과신하고 과찬하는 데서 두려움이 틈을 노린다는 것을 알았습니다. 하나님 아버지, 염려와 걱정을 부추기는 세상의 소식을 절제하고 말씀을 가까이 하게 하옵소서. 그럼으로써 더 큰 능력과 뛰어난 지혜를 갖기 원합니다.

세상의 것은 곧 스러질 것들이며 그마저 내 것이 하나도 없습니다. 그리고 미래는 내가 통제할 수 있는 영역이 아닙니다. 미래를 설계하고 예측하되, 낙심에 빠지거나 두려움에 지지 않게 하옵소서. 현재도 미래도 온전히 주님께 맡길 때 누리는 평안과 능력이 바로 믿음의 능력인 줄 믿습니다. 그 믿음으로 언제든 저와 동행하시는 하나님을 깊이 만나게 하옵소서. 내 생각이 이끄는 삶이 아니라 말씀이 이끄는 삶을 살게 하옵소서. 예수님의 이름으로 기도합니다. 아멘.

> 그러므로 내일 일을 위하여 염려하지 말라 내일 일은 내일이 염려할 것이요 한 날의 괴로움은 그날로 족하니라 마 6:34

My Prayer

새로운 것을 시작해야 할 때

하나님의 시간에
민감하기 원합니다

하나님의 시간은 빠르지도 느리지도 않은데 저는 늘 게으르거나 조급합니다. 나의 시간표를 내려놓고 주님의 시간표에 민감하게 반응하기를 원합니다. 바쁜 가운데서도 나의 시간에 묶이지 않고 주님께 붙들릴 때, 주님이 합당한 장소와 합당한 관계를 열어 주실 줄 믿습니다.

무언가를 선택하고 시작할 때 그리스도인으로서 명확한 기준을 갖게 하옵소서. 돈이 있나 없나, 도와줄 사람이 있나 없나, 내가 할 능력이 있나 없나, 이익인가 손해인가, 힘든가 쉬운가… 이런 것은 주님의 기준이 될 수 없다는 것을 압니다. 오직 이 일이 세상에 꼭 필요한 일인가 아닌가, 주님을 기쁘시게 하는 일인가 아닌가를 기준 삼게 하옵소서. 그리할 때 제 인생에서 일하시는 주님을 보게 될 줄 믿습니다. 예수님의 이름으로 기도합니다. 아멘.

여호와께서 집을 세우지 아니하시면 세우는 자의 수고가 헛되며 여호와께서 성을 지키지 아니하시면 파수꾼의 깨어 있음이 헛되도다 시 127:1

My Prayer

새로운 것을 시작해야 할 때

흔적 없이 사라지게 하소서

이 새로운 시작이 오직 선한 싸움이 되기를 기도합니다. 돈을 더 많이 벌고, 더 높아지고, 더 잘되기 위한 싸움이 아니라 말씀대로 살아가기 위해 애쓰고 결단하는 싸움이 되기를 바랍니다. 나를 힘들게 하는 사람들과 사건들이 혈과 육에 대한 싸움이 아니라 악한 영들과의 싸움임을 믿음의 눈으로 분별하게 하옵소서. 그리하여 악을 악으로 갚지 않고 오직 선으로 악을 이기게 하옵소서.

주님, 이를 위해 좁은 길을 선택하기 원합니다. 손해를 보더라도 편법이 아닌 정도를 걷고, 남이 하기 싫어하고 가기 싫어하는 곳에 솔선하여 행하기를 원합니다. 녹아서 맛을 내는 소금처럼, 제 몸을 태워 빛을 내는 초처럼 기꺼이 사라지게 하옵소서. 이를 위해 포기하지 않고 완주하도록 동행하여 주옵소서. 예수님의 이름으로 기도합니다. 아멘.

좁은 문으로 들어가라 멸망으로 인도하는 문은 크고 그 길이 넓어 그리로 들어가는 자가 많고 마 7:13

My Prayer

Prayer
007

새로운 것을 시작해야 할 때

시작부터 끝까지,
하나님의 방법으로

주님의 방식은 세상의 방식과 다릅니다. 주님의 방식은 효율보다 사랑이 우선이고, 대접보다 섬김이 우선입니다. 세상이 추구하는 힘으로, 능력으로, 물질로, 권력으로 싸워서는 절대 이길 수 없음을 깨닫게 하옵소서. 설사 선한 의도로 시작한 일이라도 그 방법이 악하면 하나님의 일이 될 수 없습니다. 오직 하나님의 방법으로 세상을 이기게 하옵소서.

하나님 안에서 하루를 살게 하시고, 하나님의 방법으로 일하게 하시며, 나는 한순간에 무너질 수밖에 없는 연약한 존재임을 잊지 않게 하옵소서. 하나님 보시기에 합당한 목적을 합당한 방법으로 이뤄 가도록 늘 깨어 간구하게 하시고 오직 그 길로만 인도하여 주옵소서. 예수님의 이름으로 기도합니다. 아멘.

우리의 씨름은 혈과 육을 상대하는 것이 아니요 통치자들과 권세들과 이 어둠의 세상 주관자들과 하늘에 있는 악의 영들을 상대함이라 엡 6:12

My Prayer

하나님의 뜻을 분별하고 싶을 때

문제의 뿌리가 드러나게 하소서

인생이 복잡해지는 이유는 성령을 소멸하기 때문임을 깨닫습니다. 하나님 아버지, 성령님의 음성에 귀를 기울이게 하옵소서. 진짜가 가짜 같고, 가짜가 진짜 같아서 번번이 가짜에 속아 넘어갑니다. 참으로 인생이 복잡하고 골치가 아픕니다. 인간관계가 얽히고, 선택과 결정이 힘들고, 우선순위의 조정이 안 됩니다. 그러나 이때에도 가장 필요한 것은 성령으로 충만해야 하는 일임을 깨닫게 하옵소서.

성령님이 오실 때 문제의 뿌리가 드러나는 줄 믿습니다. 성령님이 주시는 능력, 성령님이 주시는 담대함으로 삶의 여러 문제들을 정확히 분별하고 해결하게 하옵소서. 성령님이 말씀하실 때 듣는 귀를 주시고 순종하는 겸손함을 주옵소서. 성령님이 공급하시는 생명으로 모든 두려움을 이기고 하나님의 뜻에 합당한 삶을 살아가게 하옵소서. 예수님의 이름으로 기도합니다. 아멘.

단단한 음식은 장성한 자의 것이니 그들은 지각을 사용함으로 연단을 받아 선악을 분별하는 자들이니라 히 5:14

My Prayer

하나님의 뜻을 분별하고 싶을 때

붙어만 있으면 충분합니다

주님은 포도나무이시고 저는 가지입니다. 가지인 내가 나무인 주님께 붙어 있어 열매 맺기를 원합니다. 나무의 소원은 곧 가지의 소원입니다. 주님의 소원인 열매 맺는 것이 곧 나의 소원이 되게 하옵소서.

내가 선택하고 결정한 것 같지만 전적으로 하나님이 모든 것을 주도해 가시는 삶이 되게 하옵소서. 그 과정에서 나는 때때로 갈 바를 몰라 헤매겠지만, 그 결국이 주님의 뜻이요, 주님의 계획에 따라 이뤄졌음을 믿음으로 고백하게 하옵소서. 예수님을 사랑하고 그 계명을 지키면 무엇을 구하든, 무슨 일을 하든 선한 결과로 이끄실 줄 믿습니다. 예수님과 나의 소원이 일치하여 주님이 주신 풍성한 열매로 주님을 송축하게 하옵소서. 예수님의 이름으로 기도합니다. 아멘.

너희가 내 안에 거하고 내 말이 너희 안에 거하면 무엇이든지 원하는 대로 구하라 그리하면 이루리라 요 15:7

My Prayer

하나님의 뜻을 분별하고 싶을 때

비판자가 아닌
해결자로 오신 예수님

　세상이 설명에 관심이 많다면, 예수님은 해결에 관심이 많으십니다. 죄는 과거의 관점이고 하나님의 일은 미래의 관점이기에, 예수님은 설명과 비난 대신 해결하기 위해 일하십니다. 그러나 저는 작은 눈 좁은 시야로 곁눈질하며 세상을 판단하고 사람들을 비난하기에 바쁩니다. 그러니 여전히 문제가 문제로 남아 있고 과거에 발목이 잡혀 앞으로 나아가지 못합니다.

　하나님 아버지, 무지와 편견의 얽매임에서 저를 풀어 주옵소서. 주님께 여쭤보지도 않은 채 슬그머니 다수의 결정을 따르려고 하는 저를 깨뜨려 진리의 세계로 인도하여 주옵소서. 구원의 빛으로 오신 주님으로 말미암아 세상의 잘못된 통념과 고통에서 벗어나게 하옵소서. 이제는 영혼을 향한 사랑을 최고의 우선순위로 삼기 원합니다. 예수님처럼 문제 해결을 위해 하나님의 지혜를 구하는 그 한 사람이 되게 하옵소서. 예수님의 이름으로 기도합니다. 아멘.

　　예수께서 대답하시되 이 사람이나 그 부모의 죄로 인한 것이 아니라 그에게서 하나님이 하시는 일을 나타내고자 하심이라 요 9:3

My Prayer

하나님의 뜻을 분별하고 싶을 때

하늘로 가는 유일한 길

세상 사람들은 구원이 반드시 한 길이 아니라고 합니다. 그러나 주님은 예수님 당신만이 길이라고 말씀하십니다. 그 이유는, 예수님이 오셨던 곳으로 우리를 데려가기 위해 목숨을 버리셨기 때문입니다. 하나님 아버지, 이 진리를 굳게 잡고 세상의 소리가 아닌 주님의 음성에 귀 기울이게 하옵소서.

금세 막다른 골목에 맞닥뜨리게 되는 길을 걷지 않기를 기도합니다. 화려한 길에 속아 결국 중독으로 빠지게 되는 가짜 길을 경계하게 하옵소서. 특별히 '길 같아 보이는 길'에 미혹되지 않게 하옵소서. 진짜 길이 아니기에 결국에는 영혼의 죽음에 이르게 되는 이 길로부터 나의 발걸음을 지켜 주옵소서. 땅에서 하늘로 가는 유일한 길, 예수님만 붙들 수 있는 굳은 믿음을 주옵소서. 예수님의 이름으로 기도합니다. 아멘.

> 예수께서 이르시되 내가 곧 길이요 진리요 생명이니 나로 말미암지 않고는 아버지께로 올 자가 없느니라 요 14:6

My Prayer

하나님의 뜻을 분별하고 싶을 때

말씀으로 밝히 보이신 하나님의 뜻

주님은 말씀으로 뜻을 드러내셨고, 우리가 말씀대로 살기를 바라십니다. 그런데 저는 말씀으로 밝히 보이신 하나님의 뜻을 제대로 행하지 않으면서 하나님의 뜻을 안다고 착각하며 삽니다. 때로 보여주신 길을 외면하고 어린아이처럼 제가 원하는 길을 보여 달라고 떼를 씁니다. 주님, 하나님의 말씀을 따라 사는 삶의 모범을 보이신 예수님을 닮기 원합니다. 주님처럼 가장 아름답게 인생을 완주할 수 있게 하옵소서.

특별히 성경 말씀으로 주신 '거룩하라'는 하나님의 뜻을 따르기 원합니다. 세상의 빛과 소금으로 구별된 삶을 사는 것이 거룩의 삶임을 믿습니다. 하나님의 뜻을 행하는 데 마음과 뜻과 목숨을 다하게 하여 주옵소서. 많은 사람을 옳은 데로 돌이키는 일에 인생 전부를 걸게 하옵소서. 예수님의 이름으로 기도합니다. 아멘.

> 감추어진 일은 우리 하나님 여호와께 속하였거니와 나타난 일은 영원히 우리와 우리 자손에게 속하였나니 이는 우리에게 이 율법의 모든 말씀을 행하게 하심이니라 신 29:29

My Prayer

하나님의 뜻을 분별하고 싶을 때

이제 생각을 멈추고
말씀을 봅니다

내 안에 생각이 너무 많아서 기도하기가 어렵습니다. 기도하려고 앉아도, 말씀을 펴도 결국 생각하다가 끝납니다. 사탄은 우리에게 생각하라고 속삭이고, 성령님은 우리를 기도와 묵상의 자리로 이끄십니다. 생각을 멈추고 기도할 때 비로소 하나님이 움직이시는 것을 알게 하옵소서. 분주함으로 소리를 내고 다툼을 일으키는 것을 멈추게 하시고, 하나님이 친히 일하심으로 소리가 나지 않고 화해와 연합이 일어나게 하옵소서.

하나님 아버지, 생각이 떠오를 때마다 예수님의 이름을 부르기 원합니다. 기도가 되지 않을 때마다 성경을 펴기로 결단합니다. 돈을 사랑하는 것이 일만 악의 뿌리라면, 종일 내 생각만 하는 것은 십만 악의 뿌리인 것을 깊이 깨닫기 바랍니다. 내 생각만 하는 탓에 자기 연민과 염려, 자아도취에 빠져서 하나님과 상관없는 삶을 살까 두렵습니다. 오직 말씀을 통해 하나님의 뜻을 알고 그 안에 머무르며 온전히 순종하게 하옵소서. 예수님의 이름으로 기도합니다. 아멘.

너희는 이제 가만히 서서 여호와께서 너희 목전에서 행하시는 이 큰일을 보라 삼상 12:16

My Prayer

하나님의 뜻을 분별하고 싶을 때

무엇을 향한 열심입니까

열심과 열정이 항상 옳은 것은 아님을 깨닫습니다. 회심 전에 바울은 자기 생각에 옳은 대로 열심을 내었으나 그것은 하나님을 대적하는 일이었습니다. 오늘 나의 열심도 하나님을 대적하는 열심일 수 있음을 압니다. 그러므로 열심을 다하기 전에 먼저 부르심을 확인하게 하옵소서. 누구의 부름을 따라 열심을 내는지 분별하게 하옵소서. 진리가 아닌 유익을 좇는 세상의 부름에 반응하지 않게 하옵소서. 나의 열심이 도리어 사람들에게 해를 끼치는 열심이 되지 않기를 기도합니다.

잠시 머물다 갈 뿐인데 세상이 요구하는 기준과 생각에 내 삶이 지배되지 않기를 바랍니다. 그를 위해 사람들과 싸우는 것이 아닌 내 속의 정욕과 날마다 싸우게 하옵소서. 구원받은 사람으로서 매일매일 빛 가운데로 걸어가며 변화되게 하옵소서. 세상으로부터 비난을 받을지라도 말씀이 가르치는 선한 행실로 하나님의 영광을 드러내는 삶을 살게 하옵소서. 예수님의 이름으로 기도합니다. 아멘.

사랑하는 자들아 거류민과 나그네 같은 너희를 권하노니 영혼을 거슬러 싸우는 육체의 정욕을 제어하라 벧전 2:11

My Prayer

무언가를 선택하고 결정해야 할 때

하나님의 교전 수칙

가나안 정복 전쟁을 위해 가나안으로 들어가는 이스라엘 백성들의 심경을 생각해 봅니다. 가나안 족속보다 더 강력한 무기가 있어야 할 것 같고, 특별한 전술이라도 있어야 할 것 같은데, 주님은 무엇보다 강하고 담대하며 다만 말씀을 지켜 행하라고 하십니다. 병력을 점검하고 밤낮없이 훈련하며, 가나안 일곱 부족을 연구하고 그들을 감시해야 할 것 같은데, 주님은 다만 당신의 음성에 귀 기울이라 하십니다.

전쟁은 하나님께 속한 것입니다. 내가 할 최선이자 최고의 것은 하나님의 말씀을 지켜 행하는 것임을 깨닫게 하옵소서. 내 계획과 내 방법은 십자가에 못 박고 주님이 가라 할 때 가고 멈추라 할 때 멈추게 하옵소서. 그리할 때 지금 당장은 눈에 보이지 않지만 주님이 예비하신 길을 따라 걷게 될 것을 믿습니다. 그것이 날마다 내 안의 가나안을 정복하는 길임을 알게 하옵소서. 예수님의 이름으로 기도합니다. 아멘.

> 오직 강하고 극히 담대하여 나의 종 모세가 네게 명령한 그 율법을 다 지켜 행하고 우로나 좌로나 치우치지 말라 그리하면 어디로 가든지 형통하리니 수 1:7

My Prayer

무언가를 선택하고 결정해야 할 때

내 손에 쥐어진 선택지 앞에서

한 치 앞을 알 수 없는 불확실성의 시대입니다. 무엇을 선택해야 할지 피로도가 높습니다. 하지만 주님 안에 거한다면 선택과 결정 그 자체는 중요하지 않음을 알게 하옵소서. 무슨 일이든 하나님을 기억하고 행하면 하나님의 뜻을 따르는 일이 되고, 하나님 없이 행하면 하나님을 대적하는 일이 될 수밖에 없음을 깨닫기 원합니다. 중요한 것은 어떤 일을 하느냐가 아니라 그 일을 하나님과 함께하고 있는가인 줄 믿습니다.

하나님 아버지, 내 선택의 결과를 다 알고 갈 수는 없겠지만, 어떤 선택이든 하나님이 선하게 인도하실 것을 굳게 믿고 가는 그 한 사람이 되게 하옵소서. 하나님께 시선을 고정할 때, 나는 간곳없고 구속한 주만 보인다면, 그것이 가장 좋은 응답임을 믿게 하옵소서. 예수님의 이름으로 기도합니다. 아멘.

> 그런즉 너희가 먹든지 마시든지 무엇을 하든지 다 하나님의 영광을 위하여 하라 고전 10:31

My Prayer

무언가를 선택하고 결정해야 할 때

결정하기 전 하나님께
접속하게 하소서

주님은 우리 각자가 있을 자리를 정해 주셨습니다. 그 자리와 경계를 잘 지키는 것이 평안입니다. 내가 누구인지, 하나님이 누구신지 잘 모르므로 늘 자리를 이탈하고 경계를 허뭅니다. 내가 하나님을 대신하려 하고 나 아닌 다른 존재로 살고자 하니 평안이 없고 불안합니다. 인생의 불행이 거기서부터 비롯되는 것을 깨닫게 하옵소서.

평안의 본질은 하나님의 자리를 넘보지 않는 것임을 묵상합니다. 나도 모르게 앉아 있던 하나님의 자리에서 내려오고, 내 인생의 주권을 하나님께 올려 드리기를 원합니다. 그래서 어떤 선택과 결정을 하든 평안하게 하옵소서.

매일 하나님께서 주시는 감동에 민감하게 귀를 기울이고, 복음이 주는 감동에 기뻐하며 충만하게 하옵소서. 내가 무엇을 결정하기 이전에 지혜의 주인이신 하나님께 접속하게 하옵소서. 불안하고 염려되고 걱정이 많을 때는 하나님께 플러그인이 되어 있는지 다시 한 번 점검하게 하옵소서. 예수님의 이름으로 기도합니다. 아멘.

제비는 사람이 뽑으나 모든 일을 작정하기는 여호와께 있느니라 잠 16:33

My Prayer

무언가를 선택하고 결정해야 할 때

진짜와 가짜를 구별하는
분명한 기준

하나님을 두려워하지 않고 사람을 두려워하기 때문에 늘 속고 당하며 억울해합니다. 그럼에도 구체적인 삶의 문제에서 분별이 너무 어렵습니다. 하나님의 뜻을 분별하는 것은, 많은 배움과 경험이 아니라 하나님을 사랑하면서도 두려워하는 마음임을 깨닫기 원합니다. 하나님을 경외하는 것이 지혜의 근본임을 기억합니다. 하나님을 경외함으로 진짜와 가짜를 구별하는 가장 분명한 기준을 갖게 하옵소서.

기도의 자리가 두려움에서 벗어나는 자리가 되고, 말씀을 묵상하는 자리가 거룩을 향해 두 손을 드는 자리가 되게 하옵소서. 그 무엇보다도 내 영과 혼과 몸을 흠이 없도록 지키는 자리가 되게 하옵소서. 그러므로 언제든 어디서든 기도의 자리로 나아갈 수 있는 힘을 주시옵소서. 예수님의 이름으로 기도합니다. 아멘.

범사에 헤아려 좋은 것을 취하고 악은 어떤 모양이라도 버리라 살전 5:21-22

My Prayer

무언가를 선택하고 결정해야 할 때

오늘도 말씀이 나를 살립니다

날마다 쏟아지는 일에 가리지 않고 매달리다가 덜컥 제동이 걸리는 사건을 만났습니다. 전혀 예상하지 못했던 사건 앞에서 당황스럽고 낙심이 됩니다. 주님의 응답이 지체되니 이런 내 사정을 주님이 아실까 하는 의심이 밀려듭니다.

그러나 주님은 저와 늘 함께하시는 분임을 믿습니다. 내 뜻대로 되지 않는 이 사건이 저를 살리는 사건이 될 줄 믿습니다. 주님의 응답이 지체될수록 성경으로 돌아가 가만히 묵상하며 세미한 주님의 음성을 듣기 원합니다. 지식을 어떻게 쓸 것인가, 사람을 어떻게 대할 것인가, 어떻게 결정할 것인가에 대한 대답을 먼저 성경 말씀에서 찾을 수 있게 하옵소서.

말씀이 오늘 저를 살리는 생명줄인 줄 믿습니다. 주님을 성경 속에서만 능력 있는 존재로 가둬 두지 않고 지금 이 순간 갈급한 내 영을 적시는 생명수로 마시게 하옵소서. 분별을 어렵게 하는 사건들을 만날 때마다 언제나 주님의 말씀을 붙들고 빛 가운데로 나아가게 하옵소서. 예수님의 이름으로 기도합니다. 아멘.

주의 말씀은 내 발에 등이요 내 길에 빛이니이다 시 119:105

My Prayer

무언가를 선택하고 결정해야 할 때

아버지께 기도로 의논합니다

제가 하나님을 '아빠 아버지'라고 부를 수 있는 놀라운 특권을 가진 존재임을 깨닫게 하시니 감사합니다. 자녀의 작은 신음소리 하나도 놓치지 않고, 사랑하는 자녀에게 좋은 것 주기를 기뻐하시는 아빠 아버지를 믿습니다. 아버지는 제가 바라는 그 어떤 것보다 더 좋은 것을 준비하시는 분인 줄 믿습니다. 그러므로 지금 당장 손에 쥐어지는 것이 없어도 낙심하지 않게 하옵소서.

문제를 아이가 혼자 고민하면 아이의 문제이고, 아버지와 의논하면 아버지의 문제가 됩니다. 아이인 제가 혼자 걱정하고 두려워하는 대신, 아버지께 기도로 의논하며 아버지와 함께 선택하고 결정하게 하옵소서. 어떤 결과라도 하나님 안에서 합력하여 선을 이루게 될 것을 믿고 찬양하게 하옵소서. 예수님의 이름으로 기도합니다. 아멘.

> 너는 내게 부르짖으라 내가 네게 응답하겠고 네가 알지 못하는 크고 비밀한 일을 네게 보이리라 렘 33:3

My Prayer

Prayer
021

무언가를 선택하고 결정해야 할 때
내가 알아야 할 모든 것

하나님은 제가 알아야 할 모든 것들을 성경에 빠짐없이 기록해 두셨습니다. 그렇기에 기록된 하나님의 말씀은 가장 먼저 알아야 할 가장 중요한 것임을 믿습니다.

오늘도 말씀 안에 거하기 원합니다. 주님을 더 깊이 알게 하시고, 주님과 친밀히 사귀게 하옵소서. 이것이 신앙의 목적이 되게 하옵소서. 우리가 길을 잃거나 곁길로 들었을 때 어떻게 해야 하는지, 실패했을 때 어떻게 회복해야 하는지도 말씀을 통해 그 길을 찾게 하옵소서.

하나님 아버지, 말씀이 내 삶의 유일한 기준이 되어 지혜롭고 겸손한 사람이 되게 하옵소서. 그럴 때 모든 문제 가운데서 하나님의 뜻을 바르게 분별하여 분명히 깨달을 줄 믿습니다. 날마다 주님이 제게 주신 말씀에서 하나님의 답과 길을 찾도록 제 영의 눈을 열어 주옵소서. 예수님의 이름으로 기도합니다. 아멘.

> 그러면 무엇을 말하느냐 말씀이 네게 가까워 네 입에 있으며 네 마음에 있다 하였으니 곧 우리가 전파하는 믿음의 말씀이라 롬 10:8

My Prayer

누군가를 용서하고 싶을 때

용서하기가 힘듭니다

먼저 잘못을 저지르고도 미안해하기는커녕 오히려 당당하고 기세가 등등한 사람을 보면 정말 용서하기가 힘듭니다. 제가 예수님의 사랑을 받은 자임을 알지만, 그럼에도 타인을 용서하는 것에는 한계가 있음을 느낍니다.

나의 죄악을 주님께 고백합니다. 지금도 원한을 품고 내가 피해자라고 울부짖는 저를 용서해 주시옵소서. 상대의 피를 보아야 분이 풀릴 것 같은 내 속의 악함을 하나님 발 앞에 내려놓습니다. 용서는 하나님께 속한 것입니다. 내가 용서할 수 없는 그 사람을 종일 바라보지 않고 나를 일곱 번씩 일흔 번도 더 용서해 주신 하나님을 바라보게 하옵소서. 원수 갚는 일은 하나님께 맡기라고 하신 주님의 말씀을 믿고 분별력과 절제력을 갖게 하옵소서. 그래서 할 수 있다면 모두와 화평하게 되고, 하나님이 마음껏 사용하실 수 있는 자녀가 되게 하옵소서. 예수님의 이름으로 기도합니다. 아멘.

> 너희가 각각 마음으로부터 형제를 용서하지 아니하면 나의 하늘 아버지께서도 너희에게 이와 같이 하시리라 마 18:35

My Prayer

누군가를 용서하고 싶을 때

부모님을 먼저 용서하게 하소서

부모님과의 해묵은 감정과 상처로 마음이 괴롭습니다. 관계 맺기에 서툰 부모님 세대의 한계를 인정하고 부모님을 진심으로 용서하게 하옵소서. 상처에 사로잡힌 인생이 아니라 사랑에 사로잡힌 인생이 되어 부모님에게 먼저 사랑의 손길을 내밀 수 있는 용기를 주옵소서. 더 이상 내게 준 상처와 아픔을 곱씹지 말고 먼저 부모님을 용납하고 안아 주고 위로할 수 있기를 바랍니다.

주님이 보여 준 십자가 사랑이 제 마음속의 쓴 뿌리와 상처, 미움을 녹아내리게 하옵소서. 그렇게 내 안에 차오른 주님의 사랑이 하나님의 살아 계심을 증거하고 부모님과의 관계를 회복시킬 수 있는 능력이 되기를 바랍니다. 더 나아가 우리 가정이 주님께 열매로 드려지게 하옵소서. 예수님의 이름으로 기도합니다. 아멘.

> 너는 네 하나님 여호와께서 명령한 대로 네 부모를 공경하라 그리하면 네 하나님 여호와가 네게 준 땅에서 네 생명이 길고 복을 누리리라 신 5:16

My Prayer

누군가를 용서하고 싶을 때

누구한테도 매이지 않는 자유

저는 죄로 인해 하나님께 빚진 자였으나 그 죄를 탕감받아 자유를 얻게 되었습니다. 주님의 놀라운 능력도 소유하게 되었고 그렇기에 어느 누구한테도 매이지 않는 자유를 얻게 하시니 감사합니다. 하지만 그 자유는 동시에 다른 사람을 용서하는 책임이 주어진 자유입니다. 그러므로 진정한 자유는 죄 용서에 달려 있음을 깨닫습니다.

하나님 아버지, 그럼에도 탕감받은 빚은 기억하지 못하고 받을 빚만 손꼽아 계산하고 있는 저의 모습을 회개합니다. 땅에서 매면 하늘에서도 매인다 하신 주님, 이미 태산 같은 빚을 탕감받았음을 기억하고, 제가 받을 손톱만 한 빚을 완전히 청산하게 하옵소서. 이제는 저에게 상처를 준 이들을 용서하게 하옵소서. 내 안의 비난과 원망을 말끔히 씻어 내는, 참된 용서와 이웃 사랑이 있게 하옵소서. 예수님의 이름으로 기도합니다. 아멘.

> 내가 천국 열쇠를 네게 주리니 네가 땅에서 무엇이든지 매면 하늘에서도 매일 것이요 네가 땅에서 무엇이든지 풀면 하늘에서도 풀리라 하시고
> 마 16:19

My Prayer

누군가를 용서하고 싶을 때

예수님처럼 사랑의 길을
가게 하소서

진정한 용서를 할 수도, 받을 수도 없는 저 자신에 절망합니다. 그리스도인으로 살면서도 사랑이라는 이름으로 파워 게임을 하고, 사랑의 공동체를 세워 놓고도 옳고 그름의 잣대로 판단하고 비판하는 저를 불쌍히 여겨 주옵소서.

형편없는 죄인임에도 저는 주님의 십자가 죽음으로 값없이 용서와 구원을 받았습니다. 오직 예수님만이 사랑의 길을 놓으셨고, 뚫으셨고, 끝까지 가셨습니다. 그리고 지금 제게 그 길을 따르라고 초청하십니다. 이제 예수님을 좇아 다른 사람을 용서하려면 아직도 펄펄 살아 있는 내가 죽어야 함을 깨닫습니다.

예수님처럼 사랑에 눈이 멀게 하옵소서. 나를 힘들게 한 그 사람을 예수님 대하듯 할 수 있도록 저에게 사랑을 주옵소서. 예수님이 저에게 하셨듯이, 용서하고 또 용서하고, 품어 주고 또 품어 주는, 넉넉한 사랑의 길을 가게 하옵소서. 예수님의 이름으로 기도합니다. 아멘.

모든 것이 하나님께로서 났으며 그가 그리스도로 말미암아 우리를 자기와 화목하게 하시고 또 우리에게 화목하게 하는 직분을 주셨으니 고후 5:18

My Prayer

누군가를 용서하고 싶을 때

용서를 모르는 삶을 살았습니다

예수님 당시의 바리새인들은 스스로 하나님을 너무나 사랑하고, 율법을 잘 지키며, 옳은 삶을 산다고 믿었습니다. 그래서 자기처럼 살지 않는 사람들을 판단하고 비난하고 정죄했습니다. 그들의 삶이야말로 용서를 모르는 삶이었음을 봅니다.

하나님 아버지, 내가 바로 이렇게 용서를 모르는 사람임을 고백합니다. 내 기준과 확신으로 누가 더 옳은가 시비를 판단하고 정죄하면서 그게 죄인 줄도 몰랐던 저를 용서해 주시옵소서.

저는 용서해야 할 사람이 아니라 용서받아야 할 사람임을 기억하기 원합니다. 주님 앞에서 통곡하며 내 죄를 낱낱이 드러내고, 그 죄를 주님이 해결하셨음을 믿음으로 받아들이게 하옵소서. 판단하고 비판하는 그 자리에서 내려오므로 진리 안에서 참 자유를 누리게 하옵소서. 예수님의 이름으로 기도합니다. 아멘.

> 그러므로 남을 판단하는 사람아, 누구를 막론하고 네가 핑계하지 못할 것은 남을 판단하는 것으로 네가 너를 정죄함이니 판단하는 네가 같은 일을 행함이니라 롬 2:1

My Prayer

누군가를 용서하고 싶을 때

허다한 허물을 덮는 사랑

예수님의 십자가 사건으로 나의 죄가 속량되었습니다. 몸값을 내고 풀려났으며, 구조되었고, 인질과 노예의 상태에서 자유롭게 해방되었습니다. 아무런 값도 치르지 않았는데도 의롭게 되었습니다.

그렇게 의롭다 함을 얻고도 저는 아직도 남의 죗값을 따집니다. 다른 사람의 죗값을 계산해 봐야 내가 받은 의로움의 값에 턱없이 모자란다는 걸 잊고 사는 저를 용서해 주시옵소서. 부당한 일을 겪을 때, 이유 없이 나를 훼방하고 미워하는 사람을 만날 때, 몸과 마음에 심한 상처를 받았을 때, 제가 받은 의로움의 값을 생각할 수 있도록 도와주시옵소서.

계산하고 따지고 정죄하고 비난해서는 사람이 바뀌지 않음을 압니다. 십자가와 부활에 대한 믿음이 내 안에 새로워져서, 이제는 허다한 허물을 덮는 주의 사랑으로 사랑하기를 기도합니다. 의롭다 함을 받은 나 한 사람 때문에 가정에 화해의 강물이 흐르고, 주변에 용서의 바람이 불며, 세상이 변화되게 하옵소서. 예수님의 이름으로 기도합니다. 아멘.

무엇보다도 뜨겁게 서로 사랑할지니 사랑은 허다한 죄를 덮느니라 벧전 4:8

My Prayer

Prayer

028

동지를 적으로 오인하지 않게 하소서

전쟁에서 가장 큰 비극은 적을 동지로 알고, 동지를 적으로 오인하는 것입니다. 더 큰 비극은 적을 앞에 두고도 동지들 간에 서로 시기하고 음해하며 끌어내리는 것입니다.

가장 가까이 있는 가족과 지체를 용서하지 못하고 사랑하지 못한다면 그것은 사탄의 승리를 위해 내가 애쓰는 것임을 깨닫습니다. 서로 사랑하는 일보다 하나님을 위해 일하는 확실한 방법이 없음을 알고, 먼저 용서하고 사랑하기 원합니다.

하나님 아버지, 다시 말씀 앞으로 돌아와 나 자신을 통찰합니다. 서로 사랑하도록 이끄시는 성령님으로 인하여 먼저 사랑하고, 져 주고, 오래 참으며, 용서하기를 바랍니다. 그리하여 나의 마지막 땅끝, 가족과 이웃이 있는 일상의 자리에서도 승리하게 하옵소서. 예수님의 이름으로 기도합니다. 아멘.

> 예수께서 그들의 생각을 아시고 이르시되 스스로 분쟁하는 나라마다 황폐하여지며 스스로 분쟁하는 집은 무너지느니라 눅 11:17

My Prayer

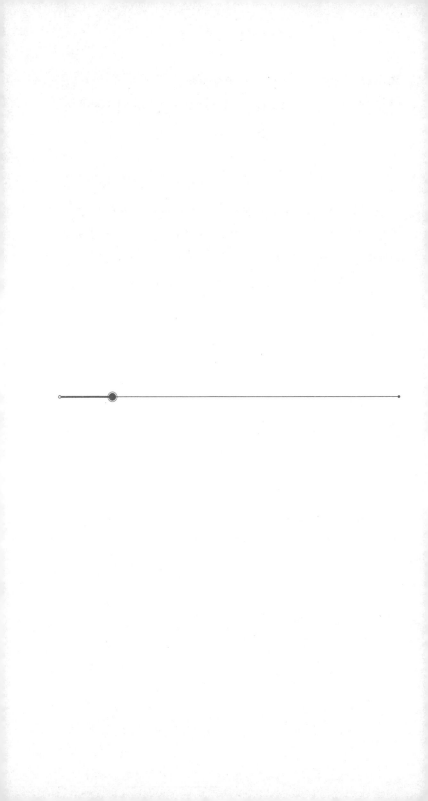

2

029
-
056

시간을 잘 활용하고 싶을 때

믿음으로 잘 쉬는 법

이스라엘 백성이 광야 생활을 할 때 주님은 안식일을 주어 일하지 않고도 먹고살 수 있음을 훈련시키셨습니다. 시간을 구별해 쉬는 훈련이었습니다. 가나안 땅에 들어가서는 안식일뿐 아니라 안식년을 갖게 하시고, 50년마다 희년을 가지라고 하셨습니다. 쉼이 회복되어야 인간성도 회복되기 때문입니다.

하지만 세상은 시간을 허투루 쓰면 안 된다고 우리를 채근합니다. 그런 세상의 영향으로 우리는 교회에 와서도 안식하지 못하고 예배 중에도 끊임없이 할 일을 계획합니다. 이 강박증에서 벗어나게 하시고 참된 안식을 누리게 하옵소서. 공중에 나는 새도 먹이시는 주님을 신뢰하지 못하는 이 불신앙을 용서하시고 고쳐 주옵소서. 시간을 잘 활용하는 지혜의 첫 번째가 예수 그리스도 안에서 잘 쉬는 것임을 알고 믿음으로 잘 쉬게 하옵소서. 예수님의 이름으로 기도합니다. 아멘.

안식일을 기억하여 거룩하게 지키라 출 20:8

My Prayer

시간을 잘 활용하고 싶을 때

시간을 건져 내는 삶

24시간 죽을힘을 다해 열심히 산다고 생각했는데, 하나님의 뜻을 모른 채 내 욕심과 정욕을 따라 분주하게 살았음을 돌아보며 회개합니다. 여전히 물리적 시간과 세상적 시간에 편입되어 살고 있기에 구별된 삶을 살지 못하는 저를 불쌍히 여겨 주옵소서.

예수 그리스도를 만나 구원을 받은 자로서 이제는 삶의 시간표가 달라질 수 있기를 간구합니다. 아침의 첫 시간을 예배로 드려 하루가 변화되는 것을 경험하게 하옵소서. 주님 안에서 우선순위가 분명한 삶을 살게 하옵소서. 시간을 흘려보내는 것이 아니라 시간을 건져 올리는 삶을 살도록 인도하여 주옵소서. 나의 육신의 시간이 영원하신 하나님과 친밀한 관계를 맺는 하나님의 시간으로 변화되게 하옵소서. 예수님의 이름으로 기도합니다. 아멘.

세월을 아끼라 때가 악하니라 엡 5:16

My Prayer

시간을 잘 활용하고 싶을 때

사랑하기 위해
시간을 쓰겠습니다

일주일 내내 하나님과 상관없이 살다가 주일날 하루 예배드린다고 해서 그리스도인일 수 없습니다. 반대로 남다른 열심으로 하나님을 섬긴다고 하면서도 자기 의와 자존심을 추구하는 것 역시 그리스도인의 삶일 수 없습니다. 말씀이 호흡이 되고 묵상이 양식이 되는 삶일 때 하나님의 시간에 나의 시간을 맞출 수 있음을 깨닫습니다. 그럴 때 하나님의 시선과 마음을 좇아갈 수 있을 것입니다.

하나님 아버지, 그동안 내게 주어진 시간을 내 것으로 여겨 오로지 나를 위해 사용한 것을 회개합니다. 이제는 내게 주어진 시간을 내 곁에 주신 사람들을 사랑으로 섬기는 데 사용하게 하옵소서. 모든 시간을 주님의 시간으로 돌리며 이웃을 섬기고 공동체의 풍성함을 추구하며 살게 하옵소서. 다른 사람들과 똑같은 24시간을 살면서도 내일로부터, 내년으로부터 자유해지고 죽는 날로부터 자유해져서 영원으로 편입되는 인생이 되기를 원합니다. 예수님의 이름으로 기도합니다. 아멘.

형제를 사랑하여 서로 우애하고 존경하기를 서로 먼저 하며 부지런하여 게으르지 말고 열심을 품고 주를 섬기라 롬 12:10-11

My Prayer

시간을 잘 활용하고 싶을 때

하루치의 능력을
공급받기 원합니다

출애굽한 이스라엘 백성이 광야에서 새벽마다 만나를 거두었듯이, 저도 하나님이 주시는 말씀의 만나를 날마다 얻기 원합니다. 예수님이 새벽 미명에 한적한 곳을 찾아 기도하셨듯이, 저도 하루를 열면서 하나님을 만나는 시간을 가장 우선으로 갖기 원합니다. 목적지까지 가기 위해 차에 기름을 채워야 하듯이, 말씀을 묵상하는 시간을 구별해 드림으로 하루치의 능력을 공급받게 하옵소서.

마음을 굳게 하고 세상 가운데로 나아가지만, 힘든 사람과 사건을 만나면 주유 눈금이 확 떨어지거나 기름이 바닥나는 것을 종종 경험합니다. 매일의 말씀 묵상이 어떤 상황에도 끄떡없이 넉넉한 기름이 되어 세상을 이기기 바랍니다. 날마다 주시는 만나로 말미암아 넘어지지 않고 쓰러지지 않으며 은혜 속에 하루를 완주하게 하옵소서. 예수님의 이름으로 기도합니다. 아멘.

사람이 사는 땅에 이르기까지 이스라엘 자손이 사십 년 동안 만나를 먹었으니 곧 가나안 땅 접경에 이르기까지 그들이 만나를 먹었더라 출 16:35

My Prayer

시간을 잘 활용하고 싶을 때

멈추는 것을 연습합니다

소셜 미디어의 홍수 속에서 사람들의 관심과 '좋아요'를 얻기 위해 시간과 감정을 소진하곤 합니다. 그러나 아무리 사람들의 칭찬을 듣고 환호를 받아도 이 갈증은 도무지 해결할 수 없음을 압니다. 이 갈증은 나를 은밀한 곳에서 지켜보시고, 언제나 사랑으로 살피시는 하나님을 알 때 해결되는 것임을 체험하게 하옵소서. 주님의 그 깊은 사랑을 알 때 나의 메마른 우물에 물이 차오르게 되는 줄 믿습니다.

사람들의 평판에 시간과 정성을 쏟는 것을 멈추게 하옵소서. 나의 시간과 감정이 소셜 미디어에 매이지 않도록 미디어 금식을 결단하게 하옵소서. 그 대신에 주님을 위한 시간을 구별해 드리고 주님의 말씀을 붙잡게 하옵소서. 세상에 대한 관심을 멈추고 하나님을 갈망하는 자리로 나아가는 연습을 하게 하옵소서. 그리하여 세상의 열망을 좇던 내 영혼이 새롭게 되어 하나님 나라를 갈망하기 바랍니다. 예수님의 이름으로 기도합니다. 아멘.

> 너희는 헛된 것들에게로 향하지 말며 너희를 위하여 신상들을 부어 만들지 말라 나는 너희의 하나님 여호와이니라 레 19:4

My Prayer

시간을 잘 활용하고 싶을 때

일상에 십자가를 세웁니다

주님은 세상이 인정하는 성공의 자리에 올랐을 때가 아니라 십자가에서 죽음을 맞았을 때가 가장 영광스러운 때라고 말씀하십니다. 예수님은 무리가 열광하며 따르고 칭송할 때, 오히려 십자가의 길을 굳건히 걸어가셨습니다.

하나님 아버지, 일상의 크고 작은 일들을 겪다 보면 사명을 잊어버리곤 합니다. 돈을 많이 벌고 이름이 널리 알려지며 능력을 출중하게 발휘할 때, '지금이 십자가에서 잘 죽을 때'인 줄을 깨닫게 하옵소서. 더욱더 힘써 주님이 내게 주신 소명을 마음에 새기게 하옵소서.

좋은 일, 힘든 일, 바쁘고 분주한 일들 속에서 내 시간, 내 계획은 중요하지 않다는 걸 알았습니다. 주님의 시간, 주님의 계획이라야 무슨 일을 하든 풍성한 열매를 누리게 될 줄 믿습니다. 오늘 하루도 내가 죽고 내 안에 그리스도가 사신다는 고백을 드리게 하옵소서. 예수님의 이름으로 기도합니다. 아멘.

내가 진실로 진실로 너희에게 이르노니 한 알의 밀이 땅에 떨어져 죽지 아니하면 한 알 그대로 있고 죽으면 많은 열매를 맺느니라 요 12:24

My Prayer

시간을 잘 활용하고 싶을 때

일하며 사랑하며 안식하며

하나님 아버지, 주어진 시간 안에 더 효율적으로, 성공적으로 일하는 것이 시간을 잘 활용하는 것인 줄 알았습니다. 하지만 그 안에 믿음과 소망과 사랑이 없다면 그 시간은 소외되고 소진되는 시간일 뿐임을 깨닫게 하옵소서. 예수님이 공생애를 시작하기 전에는 목수로서 최선을 다해 일하셨고, 공생애 이후로는 부지런히 다니며 말씀을 전하고 병든 자를 고치며 제자를 양육하셨던 것을 묵상합니다. 예수님처럼 그 모든 일을 사랑과 믿음으로 소망 중에 하게 하옵소서.

내가 무슨 일을 하든지 그것이 나 혼자만의 유익과 만족을 구하는 일이 아니라 이웃에 선한 영향을 끼치는 일이기를 바랍니다. 그렇게 일하는 일상 가운데서 날마다 영성이 자라고, 분주한 일상 속에서도 주님이 주신 참 안식을 누리게 하옵소서. 예수님의 이름으로 기도합니다. 아멘.

> 나는 마음이 온유하고 겸손하니 나의 멍에를 메고 내게 배우라 그리하면 너희 마음이 쉼을 얻으리니 마 11:29

My Prayer

앞길이 막막할 때

관점을 바꿔 주소서

많은 사람들이 '나는 왜 흙수저로 태어났을까?' '나는 왜 타고난 재능이 없나?' 낙담하고 불평하면서 상황 탓 환경 탓을 합니다. 그러나 주어진 환경이 인생의 장애물이 될지, 디딤돌이 될지는 그것을 어떤 관점으로 바라보느냐에 달렸음을 깨닫습니다. 내 삶의 주인이 하나님인 이상, 아무리 크고 무거운 장애물이라도 나의 성장을 위한 디딤돌이 될 줄 믿습니다. 그 장애물을 내 안에 주인으로 계신 하나님의 관점으로 보게 하옵소서. 주님의 눈으로 보면 전혀 새로운 세상이 펼쳐짐을 믿습니다.

아무리 성난 파도도 고래를 삼킬 수 없고, 아무리 거친 바람도 독수리를 떨어뜨릴 수 없습니다. 하나님을 이기는 고난은 없습니다. 주님의 명령을 따라 담대히 한 발 한 발 내딛게 하시고 주님이 예비하신 뜻밖의 선물들을 발견하게 하옵소서. 예수님의 이름으로 기도합니다. 아멘.

> 우리에게 여러 가지 심한 고난을 보이신 주께서 우리를 다시 살리시며 땅 깊은 곳에서 다시 이끌어 올리시리이다 시 71:20

My Prayer

Prayer 037

앞길이 막막할 때

창조주 하나님이 행하실 일

거룩하신 하나님 앞에서 신을 벗고 섰던 모세를 생각합니다. 주님 앞에선 우월감도 열등감도 아무 의미가 없습니다. 그저 발가벗은 나로 주님을 만나게 하옵소서. 나의 열심이 무너지고 절망과 낙심이 들어선 자리에 하나님의 열심이 채워지기를 기도합니다. 내 안에 죽어 가는 것들에 생명을 불어넣는 하나님의 사랑이 충만해져서 소명을 따라 나아가는 믿음의 사람이 되기를 소원합니다.

하나님 아버지, 인생이 내 마음대로 되지 않아 힘이 듭니다. 그럼에도 무너지고 깨어진 내 삶에 새 일을 행하실 주님으로 인해 소망을 갖습니다. 크고 놀라운 비밀의 보자기로 싸 두신 내 삶을 인도하시는 이가 나의 하나님인 줄 믿습니다. 무에서 유를 창조하신 하나님이 내 삶을 전혀 다른 차원의 삶으로 창조하여 주옵소서. 예수님의 이름으로 기도합니다. 아멘.

하나님이 이르시되 이리로 가까이 오지 말라 네가 선 곳은 거룩한 땅이니 네 발에서 신을 벗으라 출 3:5

My Prayer

앞길이 막막할 때

낙심에서 벗어나게 하소서

주님은 하나님을 아버지라고 부르는 자녀들을 위해 온전한 계획을 가지고 계신 줄 믿습니다. 그러므로 아무리 두렵고 막막한 상황이 와도 하나님이 내 삶에 행하실 일에 나의 초점을 고정하기를 원합니다. 그리고 하나님이 주목하시는 이웃과 공동체에 나의 관심을 쏟게 하옵소서.

미래가 불안하고 어두워서 낙심하는 게 아니라 낙심하기 때문에 미래가 어두워집니다. 이제 지긋지긋한 자기 연민과 자기주장, 자기 고집에서 벗어나게 하옵소서. 사탄이 드리워 놓은 두려움의 지뢰를 밟고 다치거나 덫에 걸려 상하지 않기를 기도합니다. 내일이 두려워 걱정하고 염려하는 어린아이가 아니라, 무슨 일이 있어도 나보다 크신 하나님의 섭리를 믿고 앞으로 나아가는 성숙한 어른이 되도록 도와주시옵소서. 예수님의 이름으로 기도합니다. 아멘.

> 여호와의 말씀이니라 너희를 향한 나의 생각을 내가 아나니 평안이요 재앙이 아니니라 너희에게 미래와 희망을 주는 것이니라 렘 29:11

My Prayer

Prayer
039

앞길이 막막할 때

앞날도 하나님이
이끌어 가십니다

하나님 아버지, 믿음이 내 눈에는 보이지 않고 내 생각으로는 도저히 이해가 안 됩니다. 하지만 하나님이 능히 약속을 이루시리라는 것을 믿는 것이 믿음임을 알게 하옵소서. 그리고 이 믿음은 하나님의 선물로 받는 것이라는 것도 깨닫게 하옵소서. 어떻게 하면 더 인정받고 더 소유할 수 있을지 궁리하는 욕심 많은 저로서는 감당하지 못할 믿음입니다.

그럼에도 나로 하여금 이 믿음을 붙들게 하시니 감사합니다. 지금까지 걸어온 믿음의 여정도 주님이 써 내려간 이야기임을 고백합니다. 과거에도 그랬고 지금도 그러하며 앞날에도 주님이 내 믿음을 빚어 가실 줄 믿습니다.

아무 칭찬할 것도 없는 저를 의롭다 하신 주님, 이 구원의 감격이 날마다 새로워지길 기도합니다. 그 기쁨으로 복음을 전하며 하나님 나라를 확장하는 자로 살게 하옵소서. 예수님의 이름으로 기도합니다. 아멘.

> 그가 백세나 되어 자기 몸이 죽은 것 같고 사라의 태가 죽은 것 같음을 알고도 믿음이 약하여지지 아니하고… 약속하신 그것을 또한 능히 이루실 줄을 확신하였으니 롬 4:19, 21

My Prayer

앞길이 막막할 때

'어떻게'보다 '왜'를 먼저
생각합니다

하나님 아버지, 열정은 넘치지만 열매가 없는 자가 되지 않기를 바랍니다. 그 열매 없음으로 주변 사람들을 힘들게 하고 상처 입히기 때문입니다. 열매 없는 열정은 하나님에게서 온 것이 아니라 나의 열망에서 비롯된 것이기에 위험할 수밖에 없습니다. 그렇기에 열매 맺는 열정을 주시고, 그 열매가 사람들에게 평안을 주는 것이기를 원합니다. 주님의 지혜를 주시옵소서.

지혜의 근본은 하나님을 인정하는 것입니다. 하나님이 일하시는 곳에 제가 있기를 소원합니다. 나의 뜻, 나의 계획이 아니라 하나님의 뜻, 하나님의 계획이 내 삶에서 이뤄지게 하옵소서. '무엇이 먼저인가, 무엇이 중요한가, 무엇이 본질인가'를 분별할 수 있는 능력을 주옵소서. '어떻게'보다 '왜'를 먼저 생각할 줄 알고, 무엇보다 먼저 주님의 말씀에 귀를 기울이고 주님의 지혜에 의지하게 하옵소서. 예수님의 이름으로 기도합니다. 아멘.

> 그런즉 너희가 어떻게 행할지를 자세히 주의하여 지혜 없는 자같이 하지 말고 오직 지혜 있는 자같이 하여 엡 5:15

My Prayer

Prayer 041

앞길이 막막할 때

성경에서 말하는 분명한 승리

성경은 감옥에서도 복음을 전하는 것이 승리이며, 포로로 끌려가서도 그 나라의 왕과 백성을 위해 기도하는 것이 승리라 합니다. 앞일을 예측할 수 없는 힘든 상황에 짓눌리지 않고 내 안에 계신 분을 전적으로 신뢰하는 것을 승리라고 합니다.

하나님 아버지, 다른 사람보다 잘되어야 성공이고 남을 앞질러야 승리라는 세상의 기준에 현혹되지 않게 하옵소서. 하나님을 아버지라 부르는 것, 하나님의 사랑을 받고 하나님의 기쁨이 되는 것이 가장 큰 축복임을 기억하게 하옵소서. 어마어마한 보화이신 예수님을 소유하고도 사소하고 자질구레한 것들에 마음을 빼앗기는 어리석음에서 벗어나게 하옵소서. 이 땅에서 바라고 구할 최고의 열매는 성령의 열매입니다. 이름난 사람이 아니라 깨끗한 사람, 요란하게 소문난 사람이 아니라 주님이 은밀히 기뻐하시는 사람이 되게 해주시옵소서. 예수님의 이름으로 기도합니다. 아멘.

무릇 하나님께로부터 난 자마다 세상을 이기느니라 세상을 이기는 승리는 이것이니 우리의 믿음이니라 요일 5:4

My Prayer

앞길이 막막할 때

때를 여시고 때를 닫으십니다

때와 시간에 관한 주권은 하나님 아버지께 있습니다. 하나님이 시간을 주관하시고, 정확한 시간을 재십니다. 하나님은 시간에 실수가 없으신 분임을 기억하게 하옵소서. 그럼에도 저는 언제쯤에나 나의 바람이 이뤄질까 불안해하고 때때로 두려움에 사로잡힙니다. 모든 시간이 아버지 하나님의 수중에 있음에 안심하고 평안을 누릴 수 있기를 바랍니다. 그리고 다만 주님의 때까지 주어지는 일상에 성실히 임하게 하옵소서. 시간을 정해 기도하고 하나님을 만나기 힘쓰며 매사에 감사하게 하옵소서. 하나님이 때를 여시고 때를 닫으실 줄을 믿습니다.

하나님 아버지, 앞길이 보이지 않는 이때가 바로 은혜받을 만한 때요 구원받을 만한 때임을 알고 막막함이 아닌 넉넉함을 누리게 하옵소서. 예수님의 이름으로 기도합니다. 아멘.

범사에 기한이 있고 천하만사가 다 때가 있나니 전 3:1

My Prayer

Prayer
043

우울감과 열등감에 사로잡힐 때

이제는 내 분량대로 살겠습니다

이 세상은 각자의 형편이나 능력과 상관없이 똑같이 나누는 것을 공평이라고 합니다. 그러나 하나님의 공평은 각자 그릇에 꼭 맞게 분량을 주시는 것임을 알기 원합니다. 갓난아기에게는 젖을 주고, 환자에게는 죽을 주고, 건강한 사람에게는 밥을 주는 것이 참 공평임을 알게 하옵소서. 하나님의 공평과 정의를 몰라서 일생 비교에 시달리고 불만과 비난에 끌려다녔습니다. 열등감과 우월감 사이를 무한 반복해 왔습니다. 하나님께서 각자에게 주신 분량이 다르다는 것을 인정하게 하옵소서.

"저 사람에게 있는 것 나한테도 주세요"라고 불평하고 떼쓰는 것을 멈추게 하옵소서. 하나님을 바꾸려고 씨름하고 노력하는 것이 아니라, 하나님이 주신 것에 합당하게 살게 하옵소서. 실수가 없으신 하나님이 내게 주신 모든 것을 감사로 받게 하옵소서. 예수님의 이름으로 기도합니다. 아멘.

> 자랑하는 자는 이것으로 자랑할지니 곧 명철하여 나를 아는 것과 나 여호와는 사랑과 정의와 공의를 땅에 행하는 자인 줄 깨닫는 것이라 나는 이 일을 기뻐하노라 여호와의 말씀이니라 렘 9:24

My Prayer

우울감과 열등감에 사로잡힐 때

질그릇 같은 내 안에 계신 보배

인류 역사상 그 어느 때보다 풍요로운 시대인데도, 사람들은 행복하지 않다고 아우성입니다. 남들과 늘 비교하며 상대적 박탈감에 시달립니다. 세상은 어떻게든 더 많이 가지려 하고, 속사람보다 겉사람을 꾸미기 위해 시간과 물질을 쏟아붓습니다.

하나님 아버지, 그런 세상을 바라보며 혹하는 마음이 있음을 고백합니다. 뒤처지지 않으려고 주변을 기웃거리다가 열등감과 무력감에 빠질 때도 많았습니다. 그러나 이제는 더 이상 겉사람을 비교하지 않게 하옵소서. 오히려 나라는 존재의 질그릇 안에 계신 보배, 예수 그리스도를 날마다 의식하게 하옵소서.

사라질 것들에 목숨을 걸지 않고, 영원한 것을 사모하게 하옵소서. 내 안에 지닌 진짜 때문에 낙심하지 않고 두려워하지 않으며, 태산 같은 문제 앞에서도 하늘을 바라볼 수 있는 넉넉한 마음을 허락하옵소서. 예수님의 이름으로 기도합니다. 아멘.

우리가 사방으로 욱여쌈을 당하여도 싸이지 아니하며 답답한 일을 당하여도 낙심하지 아니하며 고후 4:8

My Prayer

우울감과 열등감에 사로잡힐 때

나의 소속은 하늘입니다

하나님 아버지, 사람들 사이에서 종종 벽을 느끼곤 합니다. 각자 자기 경험과 자기 생각, 자기 기준을 내세우니 함께 대화를 하나 독백을 하는 것 같습니다. 그럼에도 늘 어딘가에 소속되기를 갈망합니다. 무리 속에 끼지 못할까 두려워하다가도 정작 그 자리에 앉게 되면 외로움을 느낍니다.

예수님을 만나 따르는 것은 내 소속이 바뀌는 일입니다. 동시에 소속이 다른 사람들 틈에서 살아 내기로 결단하는 것입니다. 제게 용기를 주시고 흔들리지 않는 하늘의 소속감을 허락하여 주옵소서. 막힌 담과 같은 인간관계 속에서도 외롭지 않기 원합니다. 나를 구원하신 예수님이 나와 함께하신다는 사실을 꼭 붙들게 하옵소서. 주님의 기쁨이 내 안에 차올라 이제 세상에 주님보다 더 중요한 것이 없음을 읊조리게 하옵소서. 구속한 주님이 공급하는 은혜가 날마다 걱정과 염려를 압도하게 하옵소서. 예수님의 이름으로 기도합니다. 아멘.

나를 보내신 이가 나와 함께하시도다 나는 항상 그가 기뻐하시는 일을 행하므로 나를 혼자 두지 아니하셨느니라 요 8:29

My Prayer

우울감과 열등감에 사로잡힐 때

믿음으로 담대히 살아갈 자유

　돈 많고 힘 있는 사람 앞에서 왠지 주눅이 듭니다. 강하고 힘 있는 자들이 저지르는 각종 비리와 불의를 보고도 모른 체할 때도 있습니다. 이렇듯 여전히 죄의 종처럼 살아가는 저를 불쌍히 여겨 주옵소서.

　힘이 있거나 없거나 오직 믿음으로 담대히 살아가는 자유를 주시기 위해 예수님이 이 땅에 오셨습니다. 그 어떤 것으로부터도 자유할 수 없는 나를 자유케 하기 위해 이 땅에 오신 것에 감사합니다. 율법의 제사를 폐하고 죽음까지도 이기신 주님이 주신 자유가 어떤 것에도 매이지 않는 진정한 자유인 것을 믿습니다.

　돈이 없어도, 출세를 못해도, 건강하지 못해도 주님이 주신 이 자유를 가지고 세상을 기쁘게 살아가는 능력의 그리스도인이 되기를 기도합니다. 그런 나를 보고 세상 사람들이 하나님을 궁금해하고 구원을 소망하게 하옵소서. 열등감과 우울감, 비교 의식에서 벗어나 천하보다 값진 구원을 누리며 살게 하옵소서. 예수님의 이름으로 기도합니다. 아멘.

> 우리가 무슨 일이든지 우리에게서 난 것같이 스스로 만족할 것이 아니니 우리의 만족은 오직 하나님으로부터 나느니라 고후 3:5

My Prayer

Prayer
047

우울감과 열등감에 사로잡힐 때

세상의 소리에 귀를 닫겠습니다

낙심의 문제를 신앙 안에서 건강하게 해결하고 싶습니다. 나도 모르게 남의 평가에 소망을 두었습니다. 다른 사람들의 부정적인 말을 더 크게 듣고 가슴 아파했습니다. 바닥에 떨어진(落) 마음(心)을 믿음으로 다시 끌어올리기 원합니다. 이제 사람이 아닌 하나님께 소망을 둠으로, 나의 상한 마음을 고쳐 주시는 하나님의 은혜를 경험하게 하옵소서. 구약과 신약이라는 말씀의 치료제로 낙심의 바이러스를 치유해 주옵소서. 외롭고 우울하며 무기력한 시간을 지날 때 하나님 앞에 홀로 서서 제 영혼을 더 깊이 성찰하게 하옵소서.

이제까지 이끌어 오신 하나님의 사랑과 도우심에 초점을 맞출 때, 주저앉은 무릎을 일으켜 다시 믿음의 여정을 걸어가게 될 것을 믿습니다. 예수님의 이름으로 기도합니다. 아멘.

> 내 영혼아 네가 어찌하여 낙심하며 어찌하여 내 속에서 불안해하는가 너는 하나님께 소망을 두라 그가 나타나 도우심으로 말미암아 내가 여전히 찬송하리로다 시 42:5

My Prayer

우울감과 열등감에 사로잡힐 때
내 생각의 회로를 바꾸소서

내가 생각하는 것으로 육에 속한 사람인지, 영에 속한 사람인지를 알수 있습니다. 얼굴에 관심이 많으면 누구를 봐도 얼굴만 보고, 돈에 관심이 많으면 돈 버는 일에 관심을 기울입니다.

하나님 아버지, 이제 육의 생각이 아니라 하나님의 일을 생각하길 원합니다. 하나님이 어떻게 생각하실까, 하나님의 마음이 어디에 있을까, 나는 과연 하나님의 편에 서 있나를 생각하게 하옵소서. 오직 하나님만 의식하고, 십자가를 굳은 마음으로 지기 위해 애쓰고 결단하는 사람이 되게 하옵소서. 영을 따르는 사람이 되길 원합니다. 어려움을 만나도 그 문제 뒤에 계신 주님의 섭리를 바라보며 근심하지 않고, 성령님이 주시는 평강으로 살기를 기도합니다.

생각을 이끄시는 성령님께 내 생각을 맡겨 드립니다. 성령님이 내 생각의 회로를 바꾸고 가꾸어 주옵소서. 하나님께 플러그인(plug-in)되어, 하나님과 연합하며 살게 하옵소서. 예수님의 이름으로 기도합니다. 아멘.

> 육신을 따르는 자는 육신의 일을, 영을 따르는 자는 영의 일을 생각하나니 육신의 생각은 사망이요 영의 생각은 생명과 평안이니라 롬 8:5-6

My Prayer

우울감과 열등감에 사로잡힐 때

더 큰일을 위한 부르심

어떤 것에도 의욕이 없고 우울하며 열등감이 생겨 힘이 듭니다. 아무것도 할 수 없다고 느껴질 때가 많습니다. 나 자신이 무가치하게 느껴져 마음이 괴롭습니다. 하나님 아버지, 저를 일으켜 세워 주옵소서.

몸이 원하는 대로 내버려 두었기에 몸이 나를 다스리고, 생각을 추스르지 않기에 생각이 나를 쥐고 흔듭니다. 몸을 올곧게 다스리고, 생각을 단정히 정리할 수 있도록 저에게 힘과 은혜를 주옵소서. 마음을 자아내는 작심(作心)에서, 이제는 마음을 결정하는 결심(決心)으로 나아가게 하옵소서. 하나님은 더 큰일을 위해 나를 부르셨다는 것을 믿게 하옵소서. 스스로 한계를 정하지 않기를 원합니다. 다만 나의 연약함과 부족함을 주님께 올려 드리게 하옵소서. 내가 할 수 있고 해야 할 일들을 조금씩, 성실하게 해 나갈 수 있도록 힘을 주시옵소서. 예수님의 이름으로 기도합니다. 아멘.

> 너희 안에서 행하시는 이는 하나님이시니 자기의 기쁘신 뜻을 위하여 너희에게 소원을 두고 행하게 하시나니 빌 2:13

My Prayer

참된 회개를 하고 싶을 때

후회가 아니라 회개를
선택합니다

지난날에 대한 후회가 너무 많습니다. 그 후회가 자꾸만 현재의 발목을 붙잡습니다. 그래서 미래로 나아가기가 힘이 듭니다. 하나님 아버지, 반복되는 후회로 마음을 갉아먹고 나의 삶과 열정을 소진하는 대신, 회개를 선택하기를 원합니다. 후회하는 데 머물지 않고 돌이키게 하옵소서. 후회의 악순환에서 빠져나와 회개로 거듭남을 경험하게 하옵소서. 진정한 회개를 통해 하나님이 친히 저를 일으켜 주시는 경험을 하기 원합니다.

이제 예수님이라는 새로운 푯대를 이정표 삼고 하나님의 은혜만 바라보며 미래로 나아가게 하옵소서. 과거의 나는 주님의 십자가에 못 박습니다. 다만 나를 의롭다 하시는 주님의 음성에만 집중하겠습니다. 그리고 "나를 따르라"는 주님의 부르심에 기꺼이 길을 나서게 하옵소서. 그것이 믿음의 선택이요 믿음의 삶이며 하나님과의 아름다운 동행인 것을 믿습니다. 예수님의 이름으로 기도합니다. 아멘.

내가 의인을 부르러 온 것이 아니요 죄인을 불러 회개시키러 왔노라 눅 5:32

My Prayer

Prayer
051

참된 회개를 하고 싶을 때

나의 어리석음을 알게 하소서

세상 사람들의 삶이 좋아 보이고 부러워서 그들을 열심히 좇았습니다. 그런데 그들의 삶은 웰빙이 아니라 도리어 몸이 상하고 영혼이 부패해지는 삶이었습니다. 성공에 도취하고, 실패에 절망하며, 목이 뻣뻣하고, 시기심과 불안에 찌든 삶이었습니다.

하나님 아버지, 세상 사람들처럼 잘 먹고 잘사는 것이 복음이 아니라, 그 길로 계속 가면 반드시 죽는다고 알려 주는 것이 복음임을 깨닫습니다. 지금이라도 즉시 돌이키기만 하면 하나님 나라가 바로 곁에 있다고 알려 주는 십자가의 피 묻은 복음 앞에 철저히 무릎 꿇기 원합니다.

나의 어리석음을 아는 것이 최고의 지혜이며, 하나님을 떠나 잘못 살았다고 회개하는 것이 가장 바른 길임을 깨닫습니다. 이제 주님께 손들고 나아가오니 이 죄인을 받아 주옵소서. 예수님의 이름으로 기도합니다. 아멘.

> 만일 우리가 우리 죄를 자백하면 그는 미쁘시고 의로우사 우리 죄를 사하시며 우리를 모든 불의에서 깨끗하게 하실 것이요 요일 1:9

My Prayer

참된 회개를 하고 싶을 때

망하는 길에서 돌이킵니다

지금 닥친 고난과 어려움에는 다 이유가 있음을, 주님의 섭리에는 우연이 없음을 압니다. 내가 가장 중요하다고 생각해서 내 뜻대로 살았던 인생의 결론임을 압니다. 누가 시켜서 죄를 지은 것이 아닙니다. 내가 스스로 택한 죄입니다. 말씀으로, 상황으로, 사람으로 여러 번 경고하셨어도 돌이키지 않고 고집을 부렸습니다. 나의 악함을 용서해 주시옵소서.

그 무엇보다 창조주 하나님을 인정하지 않았던 것이 우상숭배의 길이었음을 인정합니다. 하나님을 외면한 길은 사는 길이 아니라 망하는 길, 죽는 길이었음을 고백합니다. 그동안 은밀히 즐기며 붙잡아 왔던 모든 우상들의 얼굴이 숨김없이 드러나게 하옵소서. 그리고 내 안에 정직한 마음을 새롭게 창조해 주옵소서. 예수님의 이름으로 기도합니다. 아멘.

> 하나님이여 내 속에 정한 마음을 창조하시고 내 안에 정직한 영을 새롭게 하소서 시 51:10

My Prayer

참된 회개를 하고 싶을 때

내가 선택해 온 중독을
회개합니다

하나님 아버지, 저는 죄인입니다. 끊임없이 두려움을 주고 죽음의 열매를 맺게 만드는 사탄에게 속아 넘어갑니다. 게임 중독, 알코올 중독, 음란 중독, 쇼핑 중독 등 헤아릴 수 없는 중독들은 내가 날마다 선택한 결과입니다. 죄를 단호하게 거절하지 못하고 죄와 동거하기를 허락했기 때문에 이 모든 중독에 사로잡혔습니다.

이 죄에서 떠나려 하나 백전백패할 따름입니다. 이제 주님께 나아옵니다. 주님만 의지합니다. 주님이 내 안에서 일하시기를 원합니다. 성령께서 사탄이 더럽힌 모든 것을 깨끗하게 하시고, 평안을 주옵소서. 생명의 열매를 맺게 하옵소서. 이 허기진 영혼에 중독의 대상이 아닌 오직 주님만이 충만하게 거하시기를 간구합니다. 예수님의 이름으로 기도합니다. 아멘.

> 하나님께서 구하시는 제사는 상한 심령이라 하나님이여 상하고 통회하는 마음을 주께서 멸시하지 아니하시리이다 시 51:17

My Prayer

참된 회개를 하고 싶을 때

내 마음의 성전을
정화시켜 주소서

정상에 오르면 하산을 준비해야 하듯이, 다 이루었다고 생각하는 성공의 정점이 위기임을 깨닫기 원합니다. 하나님이 함께하시고 능력 주셔서 승리하고 성취한 자리인데, 어느 순간 교만이 틈타 나의 공로인 양 착각합니다. 내가 우상이 되고 물질이 우상이 되어 돈과 음란으로 달려가고 있습니다. 용서해 주시옵소서.

주님을 주인으로 모신 내가 곧 성전인데 그 성전을 더럽혔습니다. 겉모습은 화려하고 그럴듯해 보이나 하나님과 아무 상관없으니 비웃음이나 살 따름입니다.

하나님 아버지, 성전으로 구별되기 위해 세상 기준과 가치관을 초월할 수 있기를 기도합니다. 돈과 성과 권력, 스포츠와 문화, 저급한 정치와 세속적인 향락… 인간이 세운 헛된 우상을 말씀의 칼로 찍어 버리게 하옵소서. 영적 분별력과 용기를 주시고 내 영혼을 새롭게 하옵소서. 예수님의 이름으로 기도합니다. 아멘.

> 그들에게 이르시되 기록된 바 내 집은 기도하는 집이 되리라 하였거늘 너희는 강도의 소굴을 만들었도다 하시니라 눅 19:46

My Prayer

참된 회개를 하고 싶을 때

천부여 의지 없어서
손들고 옵니다

하나님 아버지, 죄의 덫에 붙들려 꼼짝할 수가 없습니다. 죄에 짓눌려 영혼과 몸이 병들었습니다. 죄책감과 자괴감의 올무에서 나오는 것이 너무나 어렵습니다. 그러나 구원은 이 덫에서 풀려나는 것임을 은혜로 알았습니다. 내 존재 자체가 죄의 온상임을 통렬히 깨닫고 회개합니다.

내가 나를 용서하면 그만이라는 생각을 버리게 하옵소서. 내가 지은 죄쯤은 아무것도 아니라는 합리화도 멈추게 하옵소서. 타인을 비난하는 일로 내 죄를 가리려는 생각들을 산산이 깨뜨려 주옵소서. 내가 나 자신을 스스로 구원할 수 없기에, 의지 없어서 하늘 아버지께 손을 들고 나옵니다. 절망의 자리, 질병의 자리, 죽음의 자리를 떨치고 하나님의 집을 향하게 하옵소서. 영원을 향해 걸어가는 그 사람이 되게 하옵소서. 예수님의 이름으로 기도합니다. 아멘.

예수께서 그들의 믿음을 보시고 중풍병자에게 이르시되 작은 자야 네 죄 사함을 받았느니라 하시니 막 2:5

My Prayer

참된 회개를 하고 싶을 때

무지와 뻔뻔함을 용서하소서

우리가 겪고 있는 고통의 대부분은 죄에 무감각해진 때문임을 깨닫습니다. 죄가 나를 얼마나 고통스럽게 하는지, 내 죄가 타인을 얼마나 고통스럽게 하는지 깊이 알게 하옵소서. '남들도 다 죄짓는다'고 스스로 위로하는 뻔뻔함과 무지를 용서해 주시옵소서.

하나님 아버지, 저는 값없이 용서받았으나 여전히 용서가 필요한 죄인입니다. 이제 다시는 죄로 돌아가지 않기 위해 죄와 피 흘려 싸우게 하옵소서. 날마다 죄를 자각하고 죄로부터 돌이키게 하옵소서.

하나님과의 관계가 깊어질수록 죄에 대해 더 민감해지게 하옵소서. 주님의 그 깊고 넓은 사랑을 위해 제가 추구할 것은 더 많은 성취가 아니라 더 맑고 깨끗한 영혼이라는 것을 잊지 말게 하옵소서. 날마다 회개와 죄사함의 은혜를 허락하옵소서. 예수님의 이름으로 기도합니다. 아멘.

> 그러므로 이제 그리스도 예수 안에 있는 자에게는 결코 정죄함이 없나니 이는 그리스도 예수 안에 있는 생명의 성령의 법이 죄와 사망의 법에서 너를 해방하였음이라 롬 8:1-2

My Prayer

3

057
-
084

하나님이 누구신지 알고 싶을 때

하나님 아빠를 알아 가는 기쁨

육신의 아버지로 인해 얻은 마음의 상처 때문에, 하나님 아빠 아버지의 사랑을 온전히 누리기가 힘이 듭니다. 육신의 아버지를 진심으로 용서하고 사랑하기로 결단하게 하옵소서. 그리할 때 하늘 아버지께 나아가는 것이 지금보다 더 큰 기쁨과 쉼이 될 줄 믿습니다.

하나님이 나의 아빠 아버지이십니다. 아버지를 찾기만 해도 인생의 방황이 끝나는 것을 경험합니다. 외로운 삶에 포개질 아버지의 품이 넉넉합니다. 나의 황폐한 삶 가운데 창조주 하나님의 아름다운 세계가 펼쳐지는 구원의 은혜가 임하옵소서.

이제 아빠를 사랑하고 알아 가는 기쁨을 더 많이 누리게 하옵소서. 불평만 하던 내가 아버지로 인해 충만한 기쁨을 누리게 하옵소서. 아빠 하나님, 사랑합니다. 예수님의 이름으로 기도합니다. 아멘.

> 너희가 아들이므로 하나님이 그 아들의 영을 우리 마음 가운데 보내사 아빠 아버지라 부르게 하셨느니라 갈 4:6

My Prayer

하나님이 누구신지 알고 싶을 때

진짜 어른이 되고 싶습니다

하나님 아버지, 제 안에 미숙한 어린아이가 있습니다. 성장하고 싶다고, 성숙을 이루길 원한다고 말하지만, 여전히 이기적이고 고집불통이며 탐욕스럽고 교만한 나로 인해 주변 사람들이 힘들어합니다. 사랑받기만 원하고, 하고 싶은 것만 하고, 듣고 싶은 것만 듣고, 말하고 싶은 대로 말했습니다. 그러나 그것은 자유가 아니라 망하는 지름길임을 알게 되었습니다.

하나님의 참된 사랑을 경험하고 보니 사랑하는 것이 사랑받는 길임을 깨달았습니다. 이제 어린아이를 벗고 어른이 되는 오직 한 길은 하나님을 아는 것밖에 없음을 깨닫게 하옵소서. 내 권리가 먼저가 아니라 내 책임이 먼저임을 알고, 나를 주장하기보다 남의 말을 경청하는 어른이 되게 하옵소서. 하나님 아버지의 깊고 넓은 사랑을 닮는 진짜 어른으로 성숙해지게 하옵소서. 예수님의 이름으로 기도합니다. 아멘.

> 오직 우리 주 곧 구주 예수 그리스도의 은혜와 그를 아는 지식에서 자라가라 영광이 이제와 영원한 날까지 그에게 있을지어다 벧후 3:18

My Prayer

하나님이 누구신지 알고 싶을 때

기도의 출발은 하나님을 아는 것

내가 드리는 기도와 예배가 혹시 수취인 없는 편지가 될까 두렵습니다. 하나님과 상관없는 헛된 열심이 될까 두렵습니다. 주여 주여 목청껏 부르짖어 기도해도 내가 전혀 변화되지 않을까 두렵습니다.

하나님 아버지, 주님이 어떤 분이신지 알고 싶습니다. 하나님이 나를 어떠한 사랑으로 사랑하셨는지 알기를 간구합니다. 하나님이 주목하는 그것에 시선을 맞추며 마음과 정성과 힘을 다해 기도하고 예배하게 하옵소서. 그리할 때 내가 변화되고 변화된 나로 인해 가정과 일터와 나라와 민족이 달라질 줄 믿습니다.

하나님을 닮아 가고, 하나님의 나라를 좇는 삶이 되게 하옵소서. 내기도의 출발이 하나님을 아는 갈망이게 하옵소서. 예수님의 이름으로 기도합니다. 아멘.

그러므로 우리가 여호와를 알자 힘써 여호와를 알자 그의 나타나심은 새벽빛같이 어김없나니 비와 같이, 땅을 적시는 늦은 비와 같이 우리에게 임하시리라 하니라 호 6:3

My Prayer

Prayer
060

하나님이 누구신지 알고 싶을 때

순종의 단계에 이르기까지

사람이 할 일은 그 무엇보다 하나님을 제대로 아는 일이라고 하십니다. 하나님을 아는 지식을 넘어 하나님과 전 인격적으로 만나기를 간구합니다. 단순히 아는 단계에서 생각이 나고 끌리는 관심의 단계로 나아가게 하옵소서. 더 나아가 나 자신보다 하나님이 더 중요해지고 하나님을 기준으로 인생을 살게 되는 배려의 단계로 성장해 가기를 기도합니다. 그리고 마침내 하나님과 내가 하나가 되는 완전한 순종의 단계로 성숙할 수 있게 하옵소서. 내가 하나님 안에 있고 하나님이 내 안에 계셔서 애쓰지 않아도 자연스럽게 이루어지게 하소서. 그 순종의 단계에 이르기까지 하나님을 힘써 알게 하옵소서.

아무것도 기대할 것이 없는 내 인생에 늦은 비로 임재하셔서 풍성한 열매를 맺게 하시는 주님! 목마른 사슴이 물을 찾듯이 하나님의 임재를 간절히 사모합니다. 내 마음과 뜻과 정성을 다해 하나님 알기를 원하오니 은혜를 주옵소서. 예수님의 이름으로 기도합니다. 아멘.

> 하나님이여 사슴이 시냇물을 찾기에 갈급함같이 내 영혼이 주를 찾기에
> 갈급하니이다 시 42:1

My Prayer

하나님이 누구신지 알고 싶을 때

오직 사랑 때문에
나를 택하신 분

하나님은 하늘과 땅을 짓기 전부터 이미 저를 복 있는 자로 선택하셨습니다. 내가 하나님 마음에 들 만한 어떤 일을 해서가 아니라, 단지 하나님이 일방적으로 이 구원의 일을 시작하고 결정하셨습니다. 하나님의 사랑이 거부할 수 없도록 임함으로 메말랐던 내 인생에 풀이 돋고 꽃이 피며 열매가 익어 갑니다. 주님, 감사합니다.

사람이 사람을 선택하는 것에는 기준과 이유가 있는데, 하나님의 선택과 결정에는 오직 사랑밖에는 없습니다. 사랑하기 때문에 우리가 거룩하기를 원하여 택하셨고, 사랑하기 때문에 우리로 흠이 없게 하려고 구원을 계획하셨습니다. 이 세상의 무엇과도 비교할 수 없는 그 큰 은혜와 사랑에 감사드립니다. 내게서 온 것이 하나도 없기에 하나님께 가져갈 수 있는 것은 오직 감사와 찬송과 예배밖에 없습니다. 정성을 다하고 뜻을 다하여 주님께 온 마음을 드립니다. 기쁘게 받아 주옵소서. 예수님의 이름으로 기도합니다. 아멘.

이는 그가 사랑하시는 자 안에서 우리에게 거저 주시는 바 그의 은혜의 영광을 찬송하게 하려는 것이라 엡 1:6

My Prayer

하나님이 누구신지 알고 싶을 때

사랑으로 추격하시는 하나님

세상은 하나님의 부르심을 듣지 않습니다. 그러나 하나님의 부르심은 강력한 구원의 의지에 다름 아닙니다. 지금도 하나님은 인간의 역사 속에 들어와 쉬지 않고 추격하시므로 우리를 그 사랑에 붙들리게 하십니다.

하나님 아버지, 세상 사람 모두가 외면해도 나는 그 부르심을 흘려듣지 않기를 바랍니다. 이 세상이 결국은 침몰하는 배 안이기에, 앞을 볼 수 없는 짙은 어둠이기에, 밝고 안전한 주님의 품으로 부르시는 구원의 초청에 곧바로 응답하게 하옵소서. 지금 여기가 너무 좋다면서 하나님의 부르심에 당장 대답하지 않는 어리석음을 범하지 않게 하옵소서.

주님, 긍휼을 베푸시어 나로 하여금 호적을 얻게 하옵소서. 내 아버지가 누구인지, 내 형제자매가 누구인지 분명히 알게 하옵소서. 부르심에 순종하는 자녀에게 하나님 나라 잔치에 참예하는 기쁨을 누리게 하옵소서. 예수님의 이름으로 기도합니다. 아멘.

> 너희가 전에는 백성이 아니더니 이제는 하나님의 백성이요 전에는 긍휼을 얻지 못하였더니 이제는 긍휼을 얻은 자니라 벧전 2:10

My Prayer

하나님이 누구신지 알고 싶을 때
하나님 안에서 만개하는 인생

하나님은 인간에게 자유 의지를 주셨습니다. 다만 선악과를 구별하여 먹지 말라 명하심으로 피조물인 우리가 하나님이 창조주임을 기억하도록 하셨습니다. 시간과 공간에 갇힌 피조물은 절대자 하나님의 선악의 기준을 가질 수 없습니다. 주님은 선악과를 통해 우리가 옳고 그름을 판단할 수 있는 존재가 아님을 가르치셨습니다.

그럼에도 우리는 나와 다른 것을 틀렸다고 정죄합니다. 그래서 인생이 피곤하고 인간관계가 지옥과 같습니다. 모든 문제를 내가 해결하려니까 자꾸 문제 속에 함몰됩니다.

하나님이 모든 문제의 시작과 끝을 주관하고 계심을 인정합니다. 주님만이 우리를 판단하고 정죄할 수 있음을 믿음으로 고백합니다. 주님 안에 거할 때 우리가 참된 자유와 안식을 누리므로 나와 다른 사람도 뜨겁게 사랑할 수 있음을 믿습니다. 하나님 안에서 비로소 만개하는 인생의 즐거움을 누리게 하옵소서. 예수님의 이름으로 기도합니다. 아멘.

진리를 알지니 진리가 너희를 자유롭게 하리라 요 8:32

My Prayer

성령님이 누구신지 알고 싶을 때

나를 도우시는 성령님

오랜 시간 내 죄를 몰라 적반하장으로 살았습니다. 내가 옳다고 목소리만 키우던 시간들을 회개합니다. 주님이 보내 주신 보혜사 성령님으로 인해 이제 내 죄를 깨닫게 되었습니다. 내 안에서 간구하시는 성령님으로 인해 하나님의 의를 깨닫고 바른 기준을 세우게 되었습니다. 하나님 아버지, 참으로 감사합니다.

이제 더 이상 하나님의 심판 아래 놓인 세상을 두려워하지 않게 하옵소서. 세상적인 성공과 승리를 부러워하지 않게 하옵소서. 다만 보혜사 성령님의 인도하심을 따라 진리의 길로만 걷기를 원합니다. 보혜사 성령님, 나의 연약함과 부족함을 아시니 제가 더 주님을 사랑하도록 도와주시옵소서. 예수님의 이름으로 기도합니다. 아멘.

그가 와서 죄에 대하여, 의에 대하여, 심판에 대하여 세상을 책망하시리라 요 16:8

My Prayer

성령님이 누구신지 알고 싶을 때

최고의 운전자이신 성령님

내가 운전해야 더 잘할 것 같고, 목적지에 더 빨리 도착할 것 같아서 성령님은 뒷자리에 앉아만 계시라고 했습니다. 하지만 아무리 운전을 잘해도, 영원에 이르는 구원의 길은 내 지식과 경험과는 상관없는 완전히 다른 내비게이션 시스템이 작동하는 길임을 알았습니다. 구원의 신호에 반응하는 운전은 성령님밖에 할 수 없음을 알았습니다. 내 힘으로 가겠다고 운전대를 잡아 길을 헤매지 않게 하옵소서.

아무리 유능해도 주님의 도움이 없는 인생은 허망할 뿐입니다. 내 인생을 성령님께 온전히 맡기게 하옵소서. 세상의 파도에 마음을 빼앗기지 않고 오직 주님만 바라보게 하옵소서. 인생길에 찾아오는 위기와 두려움을 기쁨과 평안함, 안전함으로 바꿔 주실 성령님을 굳게 신뢰합니다. 예수님의 이름으로 기도합니다. 아멘.

보혜사 곧 아버지께서 내 이름으로 보내실 성령 그가 너희에게 모든 것을 가르치고 내가 너희에게 말한 모든 것을 생각나게 하리라 요 14:26

My Prayer

Prayer
066

성령의 아홉 가지 열매

성령의 아홉 가지 열매를 사모합니다. 예수님의 사랑으로 말미암아 기쁨과 화평이 흘러넘치게 하옵소서. 예수님께 받은 사랑을 이웃에 대해 양선으로 돌려주길 기도합니다. 그들을 사랑으로 오래 참고 인내하며 용서하게 하옵소서. 내 안의 이 같은 열매로 말미암아 이웃과 세상에 선한 영향을 끼치게 하옵소서.

내가 원하는 대로 하나님이 반응하지 않으셔도 요동하지 않고 한결같이 충성하게 하옵소서. 하나님을 하나님으로 인정하는 온유함을 겸비하게 하옵소서. 하나님 앞에서 늘 나 자신을 추스를 수 있는 절제의 열매도 허락하여 주옵소서. 날마다 내가 부인되고 내 안에서 그리스도만 사실 때 성령의 열매가 풍성히 맺힐 것을 믿습니다. 예수님의 이름으로 기도합니다. 아멘.

> 오직 성령의 열매는 사랑과 희락과 화평과 오래 참음과 자비와 양선과 충성과 온유와 절제니 이 같은 것을 금지할 법이 없느니라 갈 5:22-23

My Prayer

성령님이 누구신지 알고 싶을 때

영원의 정상까지 동반할
최고의 셰르파

구원이 하나님의 일이기에, 거룩한 삶으로 나를 빚어 가시는 성화 역시 하나님의 일임을 묵상합니다. 그 일을 감당하도록 보내 주신 분이 성령님이심을 압니다.

성령님이 불처럼 임하여 내 안의 죄를 태우시고 정결하게 하옵소서. 영혼의 때를 벗기시는 그 과정이 힘들고 아프다고 해서 성령님을 억누르거나 제한하지 않게 하옵소서. 성령님의 음성을 자꾸 외면하며 육신을 따르고 옛사람으로 돌아가려는 악함을 벗겨 주옵소서. 저는 다만 내 안에서 선한 일을 시작하신 성령님을 신뢰하므로 그 일을 완성하실 때까지 잠잠하기를 기도합니다.

성령님은 믿음의 분량까지 자라도록 우리를 이끄시는 최고의 셰르파이십니다. 빛 가운데로 걸으라고, 영원의 정상까지 오르라고 보내 주신 성령님과 날마다 동행하게 하옵소서. 예수님의 이름으로 기도합니다. 아멘.

하나님의 성령을 근심하게 하지 말라 그 안에서 너희가 구원의 날까지 인치심을 받았느니라 엡 4:30

My Prayer

성령님이 누구신지 알고 싶을 때

예수님이 드러나는 삶

가정에서, 직장에서, 교회와 여러 관계에서 내 혈기와 성질을 못 이겨서 갈등합니다. 내 자존심이 중요해서 고집을 부리고 시기하고 분노합니다. 하나님 아버지, 성령님이 내 안에 오시지 않으면 나는 아무것도 할 수 없습니다. 내 힘으로는 예수님을 끝까지 사랑할 수도 없고, 주님이 주신 계명을 지킬 수도 없습니다.

성령님의 도우심과 내주하심으로 내가 예수님 안에 거하게 하옵소서. 예수님이 내 안에 계시는 기쁨을 날마다 고백하게 하옵소서. 성령님이 오시면 삶 속에 내가 드러나는 것이 아니라 예수님이 드러나게 될 것을 믿습니다. 오래 참고 온유하며 절제하고 자비를 베푸는 성령의 열매를 맺게 하옵소서. 예수님의 이름으로 기도합니다. 아멘.

만일 우리가 성령으로 살면 또한 성령으로 행할지니 갈 5:25

My Prayer

Prayer
069

성령님이 누구신지 알고 싶을 때

성령님이 내 신분을
증명해 주셨습니다

성령님은 하나님을 아버지라고 부르게 하십니다. 하나님이 최고로
좋은 아버지인 줄 알게 하시고 경험하도록 도우십니다. 신분증이 내가
어떤 사람인가를 증명하듯이, 성령님께서 저를 하나님의 자녀라고 증명
해 주십니다. 하나님을 아빠라 부르는 신분을 주셔서 감사합니다. 이제
누구 앞에서도 근심하거나 두렵지 않게 하옵소서.

예수님이 하나님과의 그 친밀한 관계를 저에게 물려주셨습니다. 성
령님을 보내 주셔서 이 관계를 확인하고 보증해 주신 것을 믿습니다. 내
힘으로는 꿈꿀 수도, 누릴 수도 없던 하늘과 땅의 모든 권세를 주셨음을
믿습니다. 아버지의 자녀로서 마음껏 꿈을 펼치고 기쁨에 겨워 사는 증
인의 삶이 되게 하옵소서. 진리로 자유함을 누리게 하옵소서. 예수님의
이름으로 기도합니다. 아멘.

내게 주신 영광을 내가 그들에게 주었사오니 이는 우리가 하나가 된 것
같이 그들도 하나가 되게 하려 함이니이다 요 17:22

My Prayer

성령님이 누구신지 알고 싶을 때

영에 속한 사람이 되게 하소서

성령님에 대해 더 깊이 알기를 소망합니다. 성령님을 알지 않고는 교회가 교회일 수 없고 성도가 성도일 수 없습니다. 내 안에 내주하시는 성령님은 나의 목적을 위한 도구나 수단이 아님을 깨닫기 원합니다. 성령님은 인격적인 분이며 삼위일체 하나님의 한 분이심을 바르게 인식하게 하옵소서.

성령님께 저를 드립니다. 나를 다스리시고, 인도하시고, 통제해 주옵소서. 사탄은 끊임없이 영적인 삶이 아닌 세속적인 삶을 추구하도록 해 성령님을 내 안에서 소멸시키려 합니다. 말씀 위에 굳게 서서 사탄과 맞서 싸우게 하시고, 거룩한 성전을 더럽히지 않도록 지켜 주옵소서. 성령님의 인도에 따라 육신에 속하지 않고 영에 속한 사람이 되게 하옵소서. 예수님의 이름으로 기도합니다. 아멘.

> 너희도 성령 안에서 하나님이 거하실 처소가 되기 위하여 그리스도 예수 안에서 함께 지어져 가느니라 엡 2:22

My Prayer

분노를 다스리고 싶을 때

바른 영성은 좋은 관계입니다

내면의 배터리가 얼마 남지 않았을 때 화가 나고 짜증이 납니다. 마음의 중심, 생각의 축이 흔들려서 사람을 원망하고 환경을 탓합니다. 분을 발하기 전에 먼저 내 안에서 목소리를 내시는 하나님의 음성을 듣게 하옵소서. 하나님을 깊이 만남으로 자꾸만 흔들리는 우선순위를 바로잡게 하옵소서. 유한한 나의 기준이 무한한 하나님의 기준으로 변화되게 하옵소서.

바른 영성이란 결국 좋은 관계입니다. 내가 이룬 성과나 업적을 자랑하지 않고 주변 사람과의 관계에서 얻어진 삶의 열매를 간구합니다. 바쁘게 일하셨지만 평안을 잃지 않으신 예수님처럼, 저도 평안의 구심력으로 분주함의 원심력을 잘 감당할 수 있도록 도와주옵소서. 여유롭게 용서하고 품어 주는 그 한 사람이 되게 하옵소서. 예수님의 이름으로 기도합니다. 아멘.

노하기를 더디 하는 것이 사람의 슬기요 허물을 용서하는 것이 자기의 영광이니라 잠 19:11

My Prayer

분노를 다스리고 싶을 때

진정한 선의 기준

분노 사회에 살면서 세상과 똑같이 분개하고 화풀이를 할 대상을 찾습니다. 분노는 살인에 이르는 죄라고 말씀하시는데, 내 속에 제어하기 힘든 화가 끓습니다. 분노에 찬 가인에게 선을 행하라 하셨으나 그는 하나님의 말씀을 무시함으로 그보다 더 큰 죄를 짓고 말았습니다.

내 속에 선함이 없음을 인정하기 원합니다. 선하신 하나님께 시선을 돌려 진정한 선의 기준을 알게 하옵소서. 화를 통해 나를 성찰하고 주님 발아래 엎드리기를 간구합니다.

이웃을 무시하고 비난하는 살인죄를 범하지 않겠습니다. 그러나 내 힘으로는 못합니다. 성령님, 제 입술을 지켜 주시고 정직한 영을 날마다 부어주시옵소서. 분노의 죄를 다스리게 하옵소서. 예수님의 이름으로 기도합니다. 아멘.

> 네가 선을 행하면 어찌 낯을 들지 못하겠느냐 선을 행하지 아니하면 죄가 문에 엎드려 있느니라 죄가 너를 원하나 너는 죄를 다스릴지니라 창 4:7

My Prayer

Prayer
073

분노를 다스리고 싶을 때

나의 허물을 먼저
직면하게 하소서

나를 비난하는 사람과 나를 칭찬하는 사람들의 말에 날마다 마음이 요동합니다. 하지만 내가 누구인가는 하나님이 결정하십니다. 지금까지 그 결정권을 사람들에게 넘김으로 힘이 들고 괴로웠습니다. 비난이 사실이 아니라면 화가 나지 않을 것입니다. 내 안에 갈망이 없다면 교만한 마음이 들지 않을 것입니다. 내 안의 분노와 시기, 오만함과 열등감을 직면하기 원합니다. 그리고 하나님의 눈으로 나를 만나게 하옵소서.

그럼에도 불구하고 어떤 비난이라도 달게 받기 원합니다. 비난하는 사람이 그럴 자격이 있어서가 아니라 내 허물이 실상은 그 비난 이상이기 때문입니다. 나는 악하고 추하며 치졸한 인간이라는 것을 인정하게 하옵소서. 그것을 시인하는 겸허함을 허락하여 주옵소서. 예수님의 이름으로 기도합니다. 아멘.

노하기를 더디 하는 자는 크게 명철하여도 마음이 조급한 자는 어리석음을 나타내느니라 잠 14:29

My Prayer

분노를 다스리고 싶을 때

분노를 처리하는 첫걸음

하나님의 자녀라는 신분을 획득했음에도 내 생각을 버리지 못하고 인간적인 궁리만 합니다. 하나님을 믿지 못하기에 하나님의 기준을 거부하고 내 기준으로만 선악을 판단하려 합니다. 그렇기에 분노의 근본적인 원인은 하나님을 신뢰하지 못하는 것임을 깨닫습니다.

분노하게 만드는 사람과 상황, 사건을 하나님의 관점으로 바라보게 하옵소서. 평생 처리하지 못한 분노를 쌓아 두지 않고 잘 해결할 수 있는 지혜를 주시옵소서. 내 생각을 거두고 성경에 새겨진 하나님의 약속을 붙들 때 그 말씀이 언약이 되고, 그 언약은 반드시 성취될 줄 믿습니다.

내면의 분노가 하나님 앞에서 남김없이 드러나길 원합니다. 분노가 드러남으로 깨끗해지고 회복되는 은혜를 주시옵소서. 사람이 아닌 하나님께 토로하므로 분노로부터 자유해지는 인생이 되길 소망합니다. 예수님의 이름으로 기도합니다. 아멘.

> 내 사랑하는 자들아 너희가 친히 원수를 갚지 말고 하나님의 진노하심에 맡기라 기록되었으되 원수 갚는 것이 내게 있으니 내가 갚으리라고 주께서 말씀하시니라 롬 12:19

My Prayer

분노를 다스리고 싶을 때

나를 위해 큰 그림을
그리시는 하나님

화가 나는 상황에서도 분을 품지 않을 수 있기를 기도합니다. 어처구니없는 상황을 묵상하는 대신 현실을 있는 그대로 직시할 수 있는 용기를 주시옵소서. 나를 힘들게 하는 사건이나 사람이 내 인생의 걸림돌이 아니라 하나님이 직접 놓으신 디딤돌임을 인정하게 하옵소서.

하나님 아버지, 내게 닥친 위기와 고난에만 집중하던 눈을 돌려 나를 위해 큰 그림을 그리시는 하나님의 손길을 주목하기 원합니다. 내가 분노할 수밖에 없는 상황일수록 고난당하는 이웃에 관심을 기울이기 원합니다. 억울할수록 속상한 이웃을 위해 신원하는 용기를 갖기 원합니다. 그러할 때 내가 빠진 불행에 발이 묶이지 않고 구원을 위한, 생명을 위한 하나님의 놀라운 계획의 중심에 서게 될 줄 믿습니다. 예수님의 이름으로 기도합니다. 아멘.

분을 쉽게 내는 자는 다툼을 일으켜도 노하기를 더디 하는 자는 시비를 그치게 하느니라 잠 15:18

My Prayer

분노를 다스리고 싶을 때

불필요한 감정에서 벗어나는 영성

영성이 대단하고 거창한 것이 아니라, 적개심을 가지고 타인을 판단하는 불필요한 감정에서 벗어나는 것임을 깨닫습니다. 문제가 생기면 해결에 집중하고 갈등이 생기면 너그럽게 품는 것이 곧 영성임을 깨닫습니다. 쓸데없이 갈등하고 문제를 더 부풀리지 않도록 지혜를 주시옵소서.

삶의 현장에서 내가 얻을 것은 돈도 아니요 권력도, 인정도, 자리도 아닙니다. 오직 하나님의 성품을 닮아 가는 성숙임을 알게 하옵소서. 하나님께 중요한 것은 '나의 사람 됨'이기에 부정적이며 천박한 감정들로 오늘을 낭비하지 않길 기도합니다. 오직 하나님 앞에서 내가 어떤 사람인가를 분명히 알게 하옵소서.

할 수만 있다면 모든 사람과 화평하기를 바랍니다. 예수님이 우리의 삶을 공감하고 체휼하셨듯이, 저도 사람들과 함께 웃고 울며 아파하고 격려하며 살게 하옵소서. 내 안의 문제는 내 몫이며 내 밖의 문제는 하나님이 해결하실 것을 믿습니다. 예수님의 이름으로 기도합니다. 아멘.

모든 사람과 더불어 화평함과 거룩함을 따르라 이것이 없이는 아무도 주를 보지 못하리라 히 12:14

My Prayer

분노를 다스리고 싶을 때

무엇을 위해 분노합니까?

내 안의 분노가 하나님을 위한 분노가 되기를 기도합니다. 과격한 분노가 온유한 분노가 되고, 교만한 분노가 겸손한 분노로 바뀌게 하옵소서. 분노가 사라지고 없어지기를 기다리는 게 아니라 분노가 변화되기를 기도합니다. 그러나 마땅히 분노해야 할 죄의 문제 앞에서는 분노하게 하옵소서. 하나님이 조롱과 멸시를 받을 때 그리스도인으로서 분노하게 하옵소서. 하나님을 사랑하기 때문에 동족을 위해 분노하고 이웃을 위해 분노할 수 있기를 기도합니다. 남은 생애 동안 무엇을 위해 분노하며 살 것인가 생각하며 결단하길 원합니다.

그리스도인으로서 거룩한 분노를 품고 주님 앞에 서게 하옵소서. 하나님 때문에, 예수님 때문에, 복음 때문에, 우상이 가득한 것 때문에, 교회가 타락했기 때문에 분노하고 슬퍼하는 그 한 사람으로 설 때 세상이 변화될 것을 믿습니다. 예수님의 이름으로 기도합니다. 아멘.

> 성전 안에서 소와 양과 비둘기 파는 사람들과 돈 바꾸는 사람들이 앉아 있는 것을 보시고… 내 아버지의 집으로 장사하는 집으로 만들지 말라 하시니 요 2:14, 16

My Prayer

걱정과 불안으로 잠 못 들 때
나는 주님이 인치신 사람입니다

내 것을 잃을지도 모른다는 불안 때문에 끊임없이 경쟁합니다. 나와 다름을 인정하지 못하므로 시기하고 질투합니다. 이 유치하고 지루한 쳇바퀴에서 건져 주옵소서. 저는 주님의 소유입니다. 주님이 책임지고 보호하실 것을 믿습니다. 세상이 참소해도 주님이 나를 주님의 소유라고 증명하고 보증하실 것에 감사합니다.

하나님 아버지, 그렇기에 다시 옛 신분으로 돌아가지 않기를 원합니다. 하나님이 '내 것'이라 부르셨으므로 더는 세상에 매이지 않게 하옵소서. 세상 즐거움에 빠지지 않게 하옵소서. 은혜로 구원과 인치심을 받았사오니, 더 많이 갖겠다고 안간힘을 쓰는 삶에서 자유하기를 바랍니다. 그리스도 안에서 누리는 참 자유로 오늘 하루를 기쁘게 살게 하옵소서. 예수님의 이름으로 기도합니다. 아멘.

> 그 안에서 너희도 진리의 말씀 곧 너희의 구원의 복음을 듣고 그 안에서 또한 믿어 약속의 성령으로 인치심을 받았으니 엡 1:13

My Prayer

걱정과 불안으로 잠 못 들 때

안전은 믿음의 대상에
달렸습니다

믿음을 방해하고 하나님의 역사를 꺾으려는 수많은 사탄의 공격 앞에서 영혼이 흔들립니다. 하나님에 대한 절대적인 신뢰가 없음을 깨닫습니다. 하나님이 시작하신 일을 하나님이 끝내시리라는 강력한 신뢰로 주님을 붙잡고 싶습니다. 담대한 믿음을 허락하여 주옵소서.

내 믿음이 아무리 커도 살얼음은 깨지고, 내 믿음이 아무리 작아도 두꺼운 얼음은 버틸 것을 압니다. 안전은 내 믿음이 아니라 믿음의 대상에 달렸기에, 내가 믿는 하나님이 얼마나 크신지를 깊이 묵상하며 걱정과 두려움에서 헤어 나오길 기도합니다.

폭풍 속에도 길을 열어 가실 하나님을 신뢰합니다. 믿음을 구할 때 하나님의 응답을 받고 심령이 더욱 담대해지는 영적 선순환이 있기를 기도합니다. 하나님만 의지하라고 지금도 내 안에서 도우시는 성령님을 굳게 신뢰합니다. 예수님의 이름으로 기도합니다. 아멘.

하나님의 뜻대로 하는 근심은 후회할 것이 없는 구원에 이르게 하는 회개를 이루는 것이요 세상 근심은 사망을 이루는 것이니라 고후 7:10

My Prayer

걱정과 불안으로 잠 못 들 때

하나님께 연결되게 하소서

사울에게 쫓겨 다니며 하루도 마음 편할 날이 없었을 다윗을 생각합니다. 다윗은 요새에 있어서 안전한 것이 아니라 하나님과 함께했기에 안전과 평안을 누렸습니다. 요셉이 감옥 안에서도 하나님과 동행함으로 형통했고, 다니엘의 세 친구들은 풀무불 안에서도 하나님의 보호하심으로 털끝 하나 다치지 않았습니다. 이처럼 저도 하나님 안에 있으므로 평안을 누리기 원합니다. 하나님을 거처로 삼는 인생이 되게 하옵소서.

플러그를 꽂으면 배터리 걱정이 없을 것이고, 수도를 연결하면 물 걱정이 없을 것입니다. 매 순간 혼미하게 하는 걱정과 불안은 내가 연결되어야 할 곳에 제대로 연결되지 않았기 때문임을 깨닫습니다. 나의 안전과 평안의 근거이자 영원한 피난처이신 하나님께 단단히 연결되기를 기도합니다. 예수님의 이름으로 기도합니다. 아멘.

너희는 마음에 근심하지 말라 하나님을 믿으니 또 나를 믿으라 요 14:1

My Prayer

Prayer
081

걱정과 불안으로 잠 못 들 때
염려를 다스리기 원합니다

침묵의 성소에 서 있어도 내 안이 시끄러울 수 있고, 저잣거리에 서 있어도 고요함을 누릴 수 있음을 압니다. 바큇살이 쉴 새 없이 돌아가도 바퀴 중심은 고요한 것처럼, 내 마음에도 그러한 고요함이 있기를 기도합니다.

마음이 몹시나 소란합니다. 마음을 마음대로 버려둔 것이 지금 이 걱정과 불안의 화근입니다. 마음을 달래고 꾸짖고 다잡아, 처음 마음먹은 대로 마음을 이끌어 갈 수 있기를 소원합니다.

꼬리에 꼬리를 무는 염려로 달려가는 생각을 오늘 이 자리에서 바꾸게 하옵소서. 염려가 나를 끌고 다니지 않고 내가 염려를 다스리는 자유를 누리기 원합니다. 오직 아버지의 사랑 안에서 제 마음을 지키게 하옵소서. 예수님의 긍휼만을 의지하오니 나를 붙들어 주옵소서. 예수님의 이름으로 기도합니다. 아멘.

하나님이 우리에게 주신 것은 두려워하는 마음이 아니요 오직 능력과 사랑과 절제하는 마음이니 딤후 1:7

My Prayer

걱정과 불안으로 잠 못 들 때

아버지가 가진 귀하고 값진 것

　사람 간에 이해관계가 잘 풀리지 않으면 시기심과 분노가 올라옵니다. 내가 손해 보면 어쩌나 계산하고 더 많이 이득을 보려고 욕심을 냅니다. 하나님만 두려워하면 평안할 것인데, 사람을 두려워하고 실패를 두려워하고 잃을 것을 두려워하므로 늘 불안하고 초조합니다. 어리석은 저를 긍휼히 여겨 주옵소서. 내 아버지가 모든 것을 가지셨습니다. 내 손으로 호적을 파고 내 발로 집을 나가지 않도록 붙잡아 주옵소서.

　하나님 아버지는 내게 많은 것을 요구하지도 기대하지도 않고 오직 하나님을 하나님으로 인정하기를 원하십니다. 하지만 그게 너무 어렵습니다. 이제라도 돌이켜 아버지 집으로 달려가기 원합니다. 아버지의 자녀로서 아버지가 가진 귀하고 값진 것을 누리기 원합니다. 아버지 품에 안겨 평안을 누리게 하옵소서. 예수님의 이름으로 기도합니다. 아멘.

　　사람을 두려워하면 올무에 걸리게 되거니와 여호와를 의지하는 자는 안전하리라 잠 29:25

My Prayer

걱정과 불안으로 잠 못 들 때

세상 방식이 아닌
믿음의 방식으로

세상에서 만나는 수많은 문제들을 내가 통제하고 다스리느라 힘이 듭니다. 내가 도드라지고 내 이름이 빛나는 삶을 좇느라 늘 지치고 피곤합니다. 하나님이 친히 다스리시는 삶을 살게 하옵소서. 문밖에서 두드리시는 하나님을 내 삶의 왕으로 모셔 들이게 하옵소서. 세상의 방식이 아닌 믿음의 방식으로 살게 하옵소서.

바쁘게 살아야 잘 산 것 같고 사람들한테 인정받아야 성공한 인생인 것 같습니다. 그래서 사람들 눈치를 보게 됩니다. 그러나 나를 지으시고 머리카락까지 세시는 하나님은 오로지 내 안에 새긴 하나님의 형상을 찾으십니다. 저도 오직 하나님만 주목하며 하나님의 자녀로 회복된 삶을 살게 하옵소서. 예수님의 이름으로 기도합니다. 아멘.

너희에게는 머리털까지 다 세신 바 되었나니 두려워하지 말라 너희는 많은 참새보다 귀하니라 마 10:30-31

My Prayer

걱정과 불안으로 잠 못 들 때

인생의 짐을 주님께 맡깁니다

여행을 위해 비행기에 오르기 전에 무거운 짐을 화물칸에 맡기듯이, 인생 여행을 위해 먼저 나의 짐을 주님께 맡기는 것이 마땅합니다. 하지만 저는 여전히 인생의 짐을 이고 지고 하면서 무겁다고 바닥에 팽개치고 싶어 합니다.

예수님은 하나님의 능력에 의지해 하나님의 이름으로 살고, 하나님께 맡김으로 자유함을 누린 본을 보이셨습니다. 주님, 하나님을 전적으로 신뢰하는 맡김의 은혜를 주시기 원합니다. 범사에 하나님을 의지함으로 나의 무거운 짐을 내려놓게 하옵소서.

예수님이 이 땅에 사시는 동안 쉬지 않고 일하셨듯이, 저도 내게 맡겨진 일을 성실히 하며 그 결과는 하나님께 맡기게 하옵소서. 그래서 믿지 않는 사람들에게 그리스도인의 성실함과 초연함을 보이게 하옵소서. 영광을 오직 하나님께만 돌리게 하옵소서. 예수님의 이름으로 기도합니다. 아멘.

수고하고 무거운 짐 진 자들아 다 내게로 오라 내가 너희를 쉬게 하리라
마 11:28

My Prayer

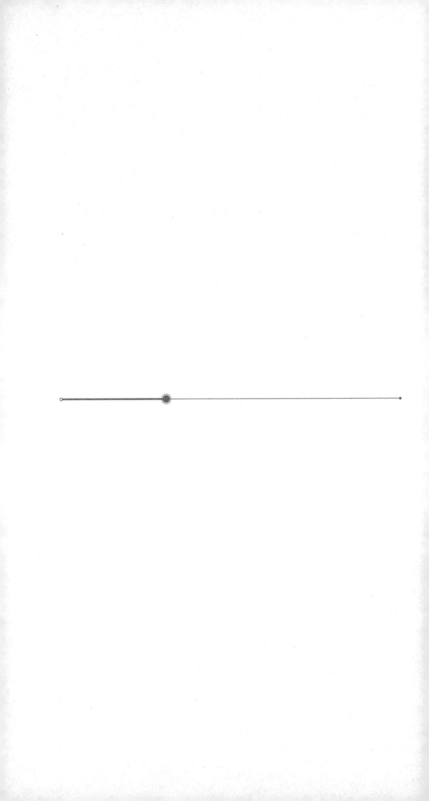

4

085
-
112

누군가에게 상처받았을 때
뿌리 사랑이 든든한가요?

주님이 보여 주신 사랑의 기초는 사람에게 있지 않고 하나님께 있습니다. 뿌리 깊은 사랑이 변함이 없으므로 이 땅에서 사람들을 끝까지 사랑하셨음을 깨닫습니다. 하나님 아버지와 함께함으로 늘 평안하게 하옵소서.

가깝다고 생각했던 사람이 등을 돌리고, 말과 행동으로 상처를 줍니다. 돌아보니 실수가 전공이고 연약함이 특징인 사람에게 온전한 사랑을 바라고 구했기에 상처가 컸습니다. 사람을 가까이해도 멀리해도 외롭고 불안했습니다. 크고 작은 일에 상처를 받고 마음이 괴로웠습니다. 하나님한테서만 찾을 수 있는 것을 사람에게서 찾던 나의 어리석음을 회개합니다.

이제는 주님의 든든하고 굳센 뿌리 사랑 안에서 평안할 수 있도록 은총을 부어 주시옵소서. 예수님의 이름으로 기도합니다. 아멘.

> 유월절 전에 예수께서 자기가 세상을 떠나 아버지께로 돌아가실 때가 이른 줄 아시고 세상에 있는 자기 사람들을 사랑하시되 끝까지 사랑하시니라 요 13:1

My Prayer

누군가에게 상처받았을 때

가장 많이 용서하는 사람

가장 가까운 사람이 돌아서고, 가장 믿었던 사람이 저를 속입니다. 마음이 아프고 배신감에 힘이 듭니다. 그러나 주님은 그런 사람까지도 불쌍히 여기는 것이 사랑이라 하십니다.

내 기준을 내려놓지 못하기에 그들을 진실로 사랑하지 못합니다. 내 기준을 포기할 수 없기에 그들을 진실로 포용하지 못하겠습니다. 내가 옳다는 교만을 버리고 내가 틀릴 수도 있다는 낮은 마음을 주시옵소서.

어떤 대접을 받을까 기대하느라 마음에 쉼이 없습니다. 그러나 어떤 대접을 받아도 괜찮습니다. 나의 쉼은 하늘의 위로와 평안에 있기에 이 땅이 아니라 하늘을 주목하게 하옵소서.

가장 위대한 사람은 가장 많은 업적을 남긴 사람이 아니라, 가장 많이 용서한 사람임을 알기 원합니다. 미움과 분노와 상처를 내려놓게 하옵소서. 예수님의 이름으로 기도합니다. 아멘.

비판하지 말라 그리하면 너희가 비판을 받지 않을 것이요 정죄하지 말라 그리하면 너희가 정죄를 받지 않을 것이요 용서하라 그리하면 너희가 용서를 받을 것이요 눅 6:37

My Prayer

누군가에게 상처받았을 때

힘든 관계를 통해 자라납니다

그 사람이 나를 그렇게 대하는 것은 어쩔 수 없지만, 그런 그에 대한 나의 반응은 바꿀 수 있음을 깨닫습니다. 하나님 아버지, 내 마음을 잘 살피고 지키게 하옵소서. 주께서 내 반응을 주관해 주옵소서.

말씀 앞에서 내 안에 켜켜이 쌓인 허물을 살핌으로 그의 비난을 참게 하옵소서. 그 사람 안에 생긴 무수한 상처를 헤아림으로 나에 대한 분노를 이해하게 하옵소서. 그에게서 비난할 만한 잘못보다 배울 만한 장점을 찾을 수 있기를 원합니다. 나를 힘들게 하는 그 사람을 불쌍히 여길 때 믿음이 성장하게 될 줄 믿습니다. 힘든 관계를 통해 내가 변화되고 성장하는 은혜를 주시옵소서. 예수님의 이름으로 기도합니다. 아멘.

> 주의 종은 마땅히 다투지 아니하고 모든 사람에 대하여 온유하며 가르치기를 잘하며 참으며 딤후 2:24

My Prayer

누군가에게 상처받았을 때

수치 앞에서 잠잠하기 원합니다

사람으로부터 감당할 수 없는 수치를 당하고 마음에 상처가 남았습니다. 너무 힘들고 용서가 안 됩니다. 그런데 이 세상 누구보다 큰 수치를 당하셨고, 상처와 배신을 경험한 예수님을 바라봅니다.

예수님이 능력이 없어서 잠잠히 십자가를 견디신 것이 아니듯이, 나도 반박하고 보복할 수단이 없어서가 아니라 주님이 함께하시기에 수치 앞에서 잠잠하기를 원합니다. 나에게 상처를 주고, 수치를 안긴 사람과 더불어 다투지 않게 하옵소서. 대신 그를 위해 기도하기를 원합니다. 그럴 때 미워하는 내 마음이 바뀌거나 그가 바뀔 것을 믿습니다. 나의 마음이 새롭게 되는 그 변화가 나에게 기적이 되어 용서와 기쁨, 자유함을 더 깊이 경험하게 하옵소서. 예수님의 이름으로 기도합니다. 아멘.

미움은 다툼을 일으켜도 사랑은 모든 허물을 가리느니라 잠 10:12

My Prayer

누군가에게 상처받았을 때

바로 그 사람을 붙이신 이유

미워해야 마땅할 사람까지도 사랑하라는 말씀이 버겁습니다. 상처를 받은 내 안에서 적의가 꿈틀거리는데, 상처를 준 그들을 위해 기도하라고 하시니 쉽지가 않습니다. 내 속에 들끓는 미움으로 내가 얼마나 나 자신을 사랑하며, 내 감정과 욕망과 이익에 방해받는 것을 얼마나 못 견뎌 하는지를 깨닫습니다.

나의 이 같은 자기애, 자기 몰입을 깨기 위해 하나님이 내 곁에 원수를 두신 것을 알게 하옵소서. 밖에 있는 악을 들어서 내 안의 철옹성 같은 악을 깨뜨리시려는 하나님의 마음을 알기 원합니다. 내 안의 악을 산산조각 내서라도 하나님의 사랑이 흐르게 하시려고 내 곁에 그 사람을 붙이셨음을 깨닫기 원합니다. 내가 깨지고 부서질 때 사람의 시험이 끝나게 될 것을 압니다. 그 한 사람을 위해 기도하다가 내가 변하는 은혜를 주시옵소서. 예수님의 이름으로 기도합니다. 아멘.

또 네 이웃을 사랑하고 네 원수를 미워하라 하였다는 것을 너희가 들었으나 나는 너희에게 이르노니 너희 원수를 사랑하며 너희를 박해하는 자를 위하여 기도하라 마 5:43-44

My Prayer

누군가에게 상처받았을 때

나의 자존심이
가장 큰 장벽입니다

분노를 다스리는 것도, 다른 사람을 사랑하는 것도 나의 자존심이 가장 큰 장벽이어서 잘되지 않음을 고백합니다. 죽을 수밖에 없었던 내가 예수님의 목숨값으로 살게 되었다는 그 사실이 마음 깊이 믿어져야 나의 자존심이 무너지게 될 줄 압니다. 나의 견고한 자아가 깨어지고 예수님이 내 안에 사실 때 어떤 시험에도 넘어지지 않게 될 것을 믿습니다.

하나님 아버지, 십자가를 더 깊이 묵상하기를 원합니다. 나의 분노가 얼마나 근거 없는 감정인지 깨닫게 하옵소서. 더 소중한 것을 붙듦으로 덜 소중한 것을 내려놓게 하옵소서. 나를 내려놓고 하나님을 붙듦으로 진정한 구원의 의미를 깨닫게 하옵소서. 예수님의 이름으로 기도합니다. 아멘.

> 그리스도께서 약하심으로 십자가에 못 박히셨으나 하나님의 능력으로 살아 계시니 우리도 그 안에서 약하나 너희에게 대하여 하나님의 능력으로 그와 함께 살리라 고후 13:4

My Prayer

Prayer 091

누군가에게 상처받았을 때

용서는 가장 아름다운 보복입니다

관계에서 거절당한 상처가 있습니다. 가까운 사람이 말과 행동으로 비수를 꽂았습니다. 생각만 해도 힘이 들고 미워서 견딜 수가 없습니다. 내 안에서 자라나는 화를 멈추기가 힘듭니다. 하나님 아버지, 상처에서 나오는 독한 감정들을 다스려 주옵소서.

용서가 가장 아름다운 보복인 것을 알기 바랍니다. 용서가 결코 실패하는 법이 없음은 용서가 나를 먼저 살리기 때문입니다. 또한 용서하기로 작정할 때 나를 사로잡으려는 모략도, 나를 힘들게 할 목적도 비로소 물거품이 되는 것을 깨닫게 하옵소서.

아무리 사랑하고 아무리 용서해도 내가 더 사랑받았고 더 용서받은 자입니다. 주님의 용서와 사랑은 평생을 갚아도 다 갚을 수 없는 것입니다. 내게 상처 준 그 사람을 용서함으로 자유함을 누리게 하옵소서. 예수님의 이름으로 기도합니다. 아멘.

> 서로 친절하게 하며 불쌍히 여기며 서로 용서하기를 하나님이 그리스도 안에서 너희를 용서하심과 같이 하라 엡 4:32

My Prayer

고난의 의미를 알고 싶을 때

인생의 주어가 바뀌게 하소서

입으로는 "주여 주여" 하나 실제로는 주님이 내 인생의 주인이 아닌 때가 많습니다. 보암직하고 먹음직하고 자랑거리가 될 만한 것에 마음을 빼앗길 때가 많습니다. 아직도 버리지 못한 자아로 살아가다가 환난과 고난이 닥치면 그제야 주님을 찾습니다. 때로 그 탓을 하나님께 돌리며 원망하기도 합니다. 겸손히 하나님의 하나님 되심을 인정하지 못하는 이 모난 돌을 깨뜨려 다듬어 주옵소서. 불쑥불쑥 튀어나오는 나의 의와 교만이 내 인생의 걸림돌임을 깨닫게 하옵소서.

기도의 자리에서 인생의 주어가 바뀌기를 소원합니다. 하나님이 제 인생의 주어가 될 때 이 고난이 구원을 향한 터널이 되는 줄 믿습니다. 날마다 주 앞에 엎드리는 기도의 자리가 이 상황과 그 사람을 바꾸기 위한 기도의 자리가 아니라, 하나님의 도우심으로 나 자신이 먼저 변화되는 기도의 자리가 되게 하옵소서. 예수님의 이름으로 기도합니다. 아멘.

> 내 영혼이 내 속에서 피곤할 때에 내가 여호와를 생각하였더니 내 기도가 주께 이르렀사오며 주의 성전에 미쳤나이다 욘 2:7

My Prayer

고난의 의미를 알고 싶을 때

고난 속에서만 해석되는 것

제어할 수 없는 거친 풍랑 같은 사건 앞에서 나의 영혼이 흔들립니다. 이 상황을 통과할 믿음이 없습니다. 가만히 돌아보니, 파도가 거친 것이 문제가 아니라 배에 구멍이 뚫린 것이 문제이고, 상황이 문제가 아니라 내 믿음이 작은 것이 문제임을 알았습니다. 나의 믿음 적음을 불쌍히 여기시고 도와주옵소서.

드센 바람이 불면 작은 불은 꺼지지만 큰불은 더욱 거세게 타오릅니다. 고난에 넘어져 하나님을 원망하는 작은 믿음의 사람이 아니라 고난을 떨치고 분연히 일어나는 큰 믿음의 사람이 되기를 원합니다. 어둠 속에서만 보이는 불빛이 있듯 고난 속에서만 해석되는 하나님의 메시지를 깨닫는 눈과 귀가 되게 하옵소서. 그것이 이 고통의 시간을 돌파하는 힘이 되게 하옵소서. 예수님의 이름으로 기도합니다. 아멘.

고난당한 것이 내게 유익이라 이로 말미암아 내가 주의 율례들을 배우게 되었나이다 시 119:71

My Prayer

고난의 의미를 알고 싶을 때

인격이 바뀌는 은혜

하나님의 유업에 합당한 자녀가 되는 것이 삶의 목적이 되기 원합니다. 하지만 하나님이 주신 유업은 모두가 선한데도, 저는 자꾸 마음에 맞는 것만 취하고 고난은 피하고 싶어 합니다. 나의 연약함을 불쌍히 여겨 주옵소서.

단순히 내 뜻대로 안 되어서 견디기 힘든 것이 고생이라면, 이제는 고생이 아닌 고난을 통해 연단되기를 바랍니다. 지금의 고독과 고통과 고난이 인생의 걸림돌이 아니라 디딤돌이 되어, 그 덕에 체질이 바뀌고 인격이 바뀌는 은혜를 경험하게 하옵소서. 내 고통의 문제를 통해서 나를 빚으시고, 문제를 일으키는 내 성품까지도 하나님의 목적을 위해 사용하실 것을 신뢰합니다. 예수님의 이름으로 기도합니다. 아멘.

> 자녀이면 또한 상속자 곧 하나님의 상속자요 그리스도와 함께 한 상속자니 우리가 그와 함께 영광을 받기 위하여 고난도 함께 받아야 할 것이니라 롬 8:17

My Prayer

고난의 의미를 알고 싶을 때

하나님이 감추어 둔
축복의 사건

공부는 많은 것을 가르쳐 주지만, 고난은 더 많은 것, 더 나아가 모든 것을 가르쳐 주는 것을 믿습니다. 인생에 어떤 것도 내 것이란 없다는 사실을 깨닫게 해주는 이 고난의 수업을 값진 선물로 받기 원합니다. 고난을 통해 인생의 축이 바르게 세워지는 유익을 경험하게 하소서.

지금 겪는 고난의 의미를 내 영혼에 잘 새길 수 있기를 기도합니다. 이 고난이 하나님이 감추어 둔 축복의 사건으로 이해되게 하옵소서. 현재의 고난을 장차 올 영광의 시간에서 바라봄으로 고난을 감당하도록 도와주옵소서. 고난의 끝이 비할 수 없는 하나님의 영광의 시간이 될 것을 믿습니다. 예수님의 이름으로 기도합니다. 아멘.

> 생각하건대 현재의 고난은 장차 우리에게 나타날 영광과 비교할 수 없도다 롬 8:18

My Prayer

고난의 의미를 알고 싶을 때

좁은 길을 피하지 않겠습니다

주님은 고난을 없애 주겠다 하지 않고 "두려워 말라"고 하십니다. 대로(大路)로만 이끌겠다 하지 않고 좁은 길을 걷게 하겠다고 하십니다. 너무 견디기 힘든 고통이지만, 이 땅의 모든 것을 합하여 선을 이루시는 줄 믿기에 고난을 감당하겠습니다. 좁은 길을 피하지 않겠습니다. 다만 주님을 향한 사랑이 지금보다 더 뜨거워져서 끝까지 달려가야 할 이 길을 주님과 함께 달려갈 수 있도록 도와주옵소서.

요한계시록의 서머나 교회처럼 다만 환난과 궁핍을 견디고, 마지막 순간까지 예수님을 믿는 믿음으로 주님을 영화롭게 하기를 원합니다. 죽었다가 살아나신 예수님을 붙들고 최후의 시간까지 견디며 믿음을 지키게 하옵소서. 오직 사랑으로, 이 길을 걸어가도록 제 손을 꼭 잡아 주옵소서. 예수님의 이름으로 기도합니다. 아멘.

> 너는 장차 받을 고난을 두려워하지 말라 볼지어다 마귀가 장차 너희 가운데에서 몇 사람을 옥에 던져 시험을 받게 하리니 너희가 십 일 동안 환난을 받으리라 네가 죽도록 충성하라 그리하면 내가 생명의 관을 네게 주리라 계 2:10

My Prayer

고난의 의미를 알고 싶을 때

고난의 길은 승리가 약속된 길입니다

인생에 피할 수 없는 시험과 환난이 있음을 미리 알고 가기를 원합니다. 더불어 주님이 저에게 말씀대로 살아갈 힘과 예수님의 이름을 부인하지 않을 힘 주실 것을 알게 하옵소서.

주님, 제가 주님의 사랑에서 끊어지지 않으며, 반드시 면류관을 받을 것이라 말씀하셨습니다. 두려워하지 않고 담대히 고난을 이기게 하옵소서. 하나님 나라의 기둥이 될 사람은 큰 능력을 가진 사람이 아니라 오직 이기는 자라고 말씀하셨습니다. 유혹을 이기고, 시험을 이기고, 고난을 이기는 자라고 하셨습니다. 주님, 제가 그 한 사람이 되기를 원합니다.

소망 없이 흔들리고 낙심하는 '고생의 길'이 아니라, 죽음의 권세를 이기신 예수 그리스도가 이끄시고 승리할 '고난의 길'을 잘 통과하게 하옵소서. 예수님의 이름으로 기도합니다. 아멘.

이기는 자는 내 하나님 성전에 기둥이 되게 하리니 그가 결코 다시 나가지 아니하리라 내가 하나님의 이름과 하나님의 성 곧 하늘에서 내 하나님께로부터 내려오는 새 예루살렘의 이름과 나의 새 이름을 그이 위에 기록하리라 계 3:12

My Prayer

Prayer 098

고난의 의미를 알고 싶을 때

주님의 일을 감당할 용사

주님이 이 땅에 오셔서 고난을 받으시므로 제 죄가 용서받고 구원을 받았습니다. 이제 주님은 저를 주님의 일을 감당할 용사로 부르십니다. 주님은 제가 교회가 되어서 복음을 전할 때 고난과 박해가 있으리라고 예고하셨습니다. 이 고난이 영적 전쟁인 것을 알기에 신발 끈을 조이고 경계를 늦추지 않으며 전장에 임하는 군사가 되겠습니다. 바람 앞의 등불같이 약해 보일지라도, 이미 승리하신 예수님 한 분만 의지하고 나아가겠습니다.

그 시간은 곧 하나님의 보호하심을 경험하는 시간임을 믿습니다. 사탄이 우는 사자처럼 삼키겠다고 쉴 새 없이 달려들어도, 고난 속에서 제 믿음이 더 깊이 뿌리를 내리고 더 넓게 퍼져 나가기를 기도합니다. 눈물과 기도로 저의 믿음을 견고하게 세워 가게 하옵소서. 예수님의 이름으로 기도합니다. 아멘.

우리가 잠시 받는 환난의 경한 것이 지극히 크고 영원한 영광의 중한 것을 우리에게 이루게 함이니 고후 4:17

My Prayer

Prayer
099

부활 신앙으로 살고 싶을 때

부활이 내 삶에
새겨지게 하소서

이 땅의 모든 생명은 죽습니다. 아무리 이 땅의 삶이 화려해도 누가 죽음을 피할 수 있습니까? 그래서 세상 사람들은 예수님의 부활이 비이 성적이고 반경험적이라 믿을 수 없다고 비웃습니다. 그러나 예수님은 부활을 예고하셨고 실제로 부활하셨습니다. 예수님의 부활 사건은 우리의 경험이나 이성, 열심으로는 믿을 수 없는 것입니다.

창조가 믿어져서 성경 전체가 믿어지고, 부활이 믿어져서 살아 계신 예수님이 믿어지는 믿음 사건을 허락해 주옵소서. 세상의 그 어떤 것보다 믿음을 선물로 주시길 간구합니다. 예수님과 함께 십자가에서 죽었던 나의 죽음 뒤에는 반드시 예수님과 더불어 일어나는 부활이 있음을 믿습니다. 소신이나 신념, 확신이 아닌 믿음으로 믿습니다. 창조와 십자가와 부활이 제 삶에 새겨지게 하옵소서. 예수님의 이름으로 기도합니다. 아멘.

> 예수께서 이르시되 나는 부활이요 생명이니 나를 믿는 자는 죽어도 살겠고 요 11:25

My Prayer

부활 신앙으로 살고 싶을 때

면류관을 씌워 주실 인생

이미 영생을 받았고 날마다 영생을 누리며 살지만 언젠가는 죽게 될 것을 압니다. 땅에서 난 것은 땅으로, 하늘에서 난 것은 하늘로 돌아갈 것입니다. 땅에서는 슬픔 속에 장례를 치러도 하늘에서는 기쁨 가운데 환영 잔치가 열릴 것을 믿습니다.

시험공부를 게을리하면 시험관이 두렵고, 죄를 지으면 재판관이 두렵습니다. 죽음 이후 주님을 만날 때 두려움 대신 기쁨과 감사함으로 만나게 하옵소서. 하나님 앞에 설 때까지 믿음을 지키며, 그 믿음으로 오래 참고 때를 얻든지 못 얻든지 복음을 전하는 전도자의 삶을 살게 하옵소서. 오직 믿음으로만 완주하는 인생이 되도록 은혜를 주시옵소서. 예수님께서 선한 싸움을 잘 싸웠다고 면류관을 씌워 주실 그날을 바라보며 소망 가운데 인생을 살게 하옵소서. 예수님의 이름으로 기도합니다. 아멘.

> 나는 선한 싸움을 싸우고 나의 달려갈 길을 마치고 믿음을 지켰으니
> 딤후 4:7

My Prayer

Prayer

101

부활 신앙으로 살고 싶을 때

죽기 살기로 사는 이유가
무엇입니까

예수님은 부활이고 생명이십니다. 예수님을 믿는 나는 마땅히 부활 생명으로 살아가야 합니다. 하지만 현실에서는 죽음의 두려움과 존재의 불안으로 허덕이며 힘겹게 살아갑니다. 주님을 모르는 사람들과 다를 바 없는 인생입니다.

주님, 죽을 수밖에 없는 나의 유한한 생명이 무한한 예수님의 생명에 접속되었음을 매 순간 깨닫기 원합니다. 예수 그리스도라는 접속 아이디와 믿음이라는 패스워드로 영생에 접속되어 하나님 나라의 시민권자로 살게 하옵소서. 모든 것에 자유하고 모든 것에 만족하는 삶으로 육신을 전부라 여기는 세상에 하나님 나라를 보이며 살게 하옵소서. 결핍과 불만과 불안에 시달리는 세상 속에서 하나님이 나의 아버지셔서 부족함이 없다고 고백하는 삶을 살게 하옵소서. 예수님의 이름으로 기도합니다. 아멘.

예수께서 이르시되 나는 부활이요 생명이니 나를 믿는 자는 죽어도 살겠고 무릇 살아서 나를 믿는 자는 영원히 죽지 아니하리니 이것을 네가 믿느냐 요 11:25-26

My Prayer

부활 신앙으로 살고 싶을 때

잘 죽고 싶습니다

세상은 장수를 복이라 하지만, 주님은 예수 믿는 것이 복이며 잘 죽는 것이 복이라고 말씀하십니다. 성도라면 젊어서 죽든 나이 들어서 죽든, 건강하게 죽든 병들어 죽든, 믿음 안에서 죽는 것이 복임을 아멘으로 받기를 원합니다.

이 땅에서의 수고를 그치고 마침내 쉬는 것이 죽음인 것을 믿습니다. 죽음은 끝이 아니라, 주님과 함께 낙원에 들어가는 시작인 것을 믿습니다.

잘 죽기 위해서 믿음을 굳게 지키며 살기 원합니다. 시간과 물질과 생명을 손해 보지 않으려고 애쓰는 데 힘을 낭비하지 않기를 원합니다. 탐심은 우상 숭배라 하셨으니 세상 것에 욕심부리지 않도록 늘 깨어 있기를 원합니다. 오직 주님 앞에 섰을 때 단 한 가지, 착하고 충성된 자의 상을 받는 인생이 되게 하옵소서. 예수님의 이름으로 기도합니다. 아멘.

> 또 내가 들으니 하늘에서 음성이 나서 이르되 기록하라 지금 이후로 주 안에서 죽는 자들은 복이 있도다 하시매 성령이 이르시되 그러하다 그들이 수고를 그치고 쉬리니 이는 그들의 행한 일이 따름이라 하시더라 계 14:13

My Prayer

Prayer
103

부활 신앙으로 살고 싶을 때

하늘나라를 생각하는 하루

신앙은 위의 것을 생각하는 삶입니다. 땅에 속한 오늘도 하늘나라를 생각하는 하루가 되기를 기도합니다. 땅에 매여 살다가 마지막 때 갈 바를 몰라 후회하고 고통스러워할까 두렵습니다. 이 땅에서 그리스도인으로서 잘 살다가 떠날 때는 더 잘 떠나기를 바랍니다. 잘 사는 것은 예수님이 이 땅에서 사는 동안 보여 준 삶을 따르는 것인 줄 믿습니다. 그렇게 살다가 달동네 판잣집에서 널찍한 새 아파트로 이사 가는 자의 감격과 기대를 안고 천국 본향을 향하게 하옵소서.

인생이 해석되고, 가야 할 곳이 명확할 때 떠나는 것이 어렵지 않을 줄 믿습니다. 항상 내가 돌아가야 할 곳 하늘나라를 생각하며, 땅의 것을 부러워하거나 아쉬워하지 않게 하옵소서. 그래서 나의 마지막 순간이, 정말로 기쁘고 감사한 천국 환송식이 되게 하옵소서. 예수님의 이름으로 기도합니다. 아멘.

위의 것을 생각하고 땅의 것을 생각하지 말라 골 3:2

My Prayer

부활 신앙으로 살고 싶을 때

노 마일리지, 노 크레디트,
노 포인트

열심히 새벽기도하고, 열심히 헌신하고, 또 열심히 헌금하는 것이 천국 가는 마일리지를 쌓기 위한 열심이 아닌지 의심해 봅니다. 주님은 천국은 노력으로 가는 곳이 아니라 하십니다. 세상에서 누구보다 열심히 마일리지를 쌓고 부지런히 포인트를 모아도 그것으로 천국에 갈 수는 없습니다.

천국은 우리가 찾아가는 곳이 아니라 주님이 우리 속으로 가져오는 것임을 믿습니다. 나로서는 천국에 갈 어떤 조건도 만들 수 없어서 주님이 선물로 거저 주십니다. 선물로 받은 그 천국을 누리기 원합니다. 폭포수처럼 쏟아붓는 그 사랑에 마음이 얼얼합니다. 주님, 아무런 조건 없이 사랑받고 인정받고 모든 죄를 용서받았으니 그 기쁨으로 오늘 여기서 천국을 살아가게 하옵소서. 예수님의 이름으로 기도합니다. 아멘.

누구든지 목마르거든 내게로 와서 마시라 나를 믿는 자는 성경에 이름과 같이 그 배에서 생수의 강이 흘러나오리라 하시니 요 7:37하-38

My Prayer

Prayer 105

부활 신앙으로 살고 싶을 때

살아도 죽어도
나는 주님의 것입니다

그리스도인은 대적에게 등을 보이지 않고 앞을 향해 걷는 사람입니다. 주님이 앞서가시면 그 뒤를 따르는 자입니다. 삶과 죽음의 문제 역시 동일한 믿음을 가지고 주님이 인도하실 때 담대히 따르기를 원합니다.

주님, 육체의 사슬에 매여서 언젠가는 이 땅을 떠나게 될 것을 압니다. 그러나 그때가 언제건, 어디서건 살아도 죽어도 내가 주의 것이라고 증언할 수 있기를 기도합니다. 날마다 내 마음을 확정하고 또 확정하고, 항상 기뻐하고 쉬지 않고 기도하며, 모든 것에 감사하기를 기도합니다. 주님의 부르심을 받는 날까지, 성령 충만해서 말씀을 받고, 받은 말씀을 증거하게 하옵소서. 이를 위해 성령 충만하게 하옵소서. 예수님의 이름으로 기도합니다. 아멘.

이 일을 위하여 내가 쇠사슬에 매인 사신이 된 것은 나로 이 일에 당연히 할 말을 담대히 하게 하심이라 엡 6:20

My Prayer

관계의 갈등으로 힘들 때

편견이 관계의 적입니다

상대방이 기분을 상하게 해서 내 기분이 나쁘다고 생각했습니다. 화가 나는 것도 그 사람의 잘못 때문이라고 여겼습니다. 하지만 그 사람이 아니라 나 때문임을 알았습니다. 내가 옳다고 생각해서 그를 정죄하는 내 속의 경박함과 조급함이 원인임을 깨닫습니다.

편식을 하면 몸이 병들듯이, 편견으로 인해 영혼이 병드는 것을 깨닫기 원합니다. 미움의 근원은 그가 아니라 그에게 투영된 나라는 것을 깨달아 알기를 바랍니다. 마음에 들어서 이해하고 용납하는 것이 아니라, 이해하고 용납하기로 결정했기 때문에 마음을 바꿀 수 있게 하옵소서. 가까이 있는 버거운 그 한 사람을 품고 용납함으로, 바로 여기서 천국을 만들어 가는 은혜를 주옵소서. 예수님의 이름으로 기도합니다. 아멘.

> 누가 누구에게 불만이 있거든 서로 용납하여 피차 용서하되 주께서 너희를 용서하신 것같이 너희도 그리하고 골 3:13

My Prayer

Prayer
107

내 속을 갉아먹는 독한 감정

충분히 좋은 관계를 만들 수 있는데도 시기심이 눈을 흐려 놓아 관계를 깨뜨립니다. 이 시기심으로 인해 대적에게 겨눠야 할 총구를 같이 힘을 모아야 할 친구에게 도리어 겨누게 됩니다. 남보다 내가 낫다는 것을 입증하기 위해 사력을 다하는 사이, 시기와 질투, 경쟁심이 내 속을 갉아먹습니다. 시간과 감정과 힘을 낭비하면서까지 상대를 미워합니다.

하나님 아버지, 이 독과 같은 감정을 버려두지 말고 다스려 주시고 제하여 주옵소서. 모르는 사이 믿음에서 한 발짝 벗어나 있기에 다른 사람과 끊임없이 비교하며 따집니다. 바른 믿음을 회복하여 인격과 믿음이 성숙해지게 하옵소서. 사람을 향한 시선을 거둬 오로지 아버지 하나님만 주목함으로 하나님의 안목을 갖기 원합니다. 예수님의 이름으로 기도합니다. 아멘.

> 모세가 그에게 이르되 네가 나를 두고 시기하느냐 여호와께서 그의 영을 그의 모든 백성에게 주사 다 선지자가 되게 하시기를 원하노라 민 11:29

My Prayer

관계의 갈등으로 힘들 때

화평을 짓는 자

내가 옳다고 고집하는 것이 갈등의 원인임을 깨닫습니다. 갈등 상황에 놓였을 때 내가 먼저 그 소용돌이에서 빠져나와 갈등을 해결하는 피스메이커가 되기 원합니다. 예수님이 십자가를 지심으로 이 땅에 평화를 가져왔듯이, 나의 십자가를 짐으로 나와 상대의 편견과 아집을 깨뜨려 평화를 이루게 하옵소서.

전쟁이 한창인데 자기 몫을 목청껏 주장하는 군인은 없습니다. 내 몫은 전쟁이 끝난 뒤에 생각해도 늦지 않습니다. 지금 바로 여기서 내 의견을 관철해야 한다는 뿌리 깊은 아집을 꺾어 주옵소서. 손해를 각오할 때 생각지도 않던 도움과 채움의 손길을 경험할 수 있기를, 물질적인 손실과는 비교할 수 없는 기쁨과 평강을 덤으로 받을 수 있기를 간절히 기도합니다. 내가 곧 교회라 하셨사오니, 첨예하게 갈등하는 이 사회에서 가는 곳마다 화평의 씨앗을 뿌리는 자로 살게 하옵소서. 예수님의 이름으로 기도합니다. 아멘.

> 그는 우리의 화평이신지라 둘로 하나를 만드사 원수 된 것 곧 중간에 막힌 담을 자기 육체로 허시고 엡 2:14

My Prayer

관계의 갈등으로 힘들 때

편안한 사람이 되고 싶습니다

세상에서는 어제의 적이 오늘의 친구가 됩니다. 이해관계만 맞으면 합종연횡도 무시로 일어납니다. 그런 세상을 살자니 불안하고 불편합니다.

힘들고 어려운 인간관계가 있다면 먼저 기도하게 하옵소서. 충동적으로 말하고 행동하지 않기를 원합니다. 칼이 칼집에 있을 때는 칼이지만 휘두르고 나면 상처가 되기에 말과 행동에 앞서 태산 같은 침묵으로 기도하게 하옵소서.

갈등 관계에 있는 그가 누구든, 어떤 상황이든, 그것에 어떻게 반응하느냐가 내 인격의 크기를 결정하겠지요. 어느 누구와도 선한 관계를 만들어 갈 수 있도록 나의 마음과 생각을 지켜 주시고 인격을 성숙시켜 주옵소서.

가정과 일터에서 참으로 온유한 사람이 되기를 원합니다. 갈등이 없어서 편안한 사람이 아니라, 갈등을 해소할 줄 알아서 평안한 사람이 되게 하옵소서. 예수님의 이름으로 기도합니다. 아멘.

> 화평하게 하는 자는 복이 있나니 그들이 하나님의 아들이라 일컬음을 받을 것임이요 마 5:9

My Prayer

관계의 갈등으로 힘들 때

어려운 사람을
견뎌 내게 하소서

내가 보기 싫은 사람만 많은 줄 알았는데, 나를 보기 싫어하는 사람은 더 많은 것을 알았습니다. '네가' 부족해서 갈등하고 반목하는 것이 아니라, '나도' 부족해서 다투고 싸울 수밖에 없음을 고백합니다. 이 사실을 인정함으로 매사에 겸손하기를 원합니다.

나를 고치지 못하고 남을 고쳐 보겠다고 많은 시간을 낭비했습니다. 인생은 문제를 푸는 과정이라기보다 관계를 겪어 내는 여정임을 알게 하옵소서. 어디서나 어려운 사람을 잘 견뎌 내게 하옵소서. 사랑할수록 사랑이 더 커지고 배려할수록 더 속 깊은 사람이 될 줄 믿사오니 내 속에 주님의 사랑을 부어 주옵소서. 예수님의 이름으로 기도합니다. 아멘.

> 내가 너희 영혼을 위하여 크게 기뻐하므로 재물을 사용하고 또 내 자신까지도 내어 주리니 너희를 더욱 사랑할수록 나는 사랑을 덜 받겠느냐
> 고후 12:15

My Prayer

Prayer
111

관계의 갈등으로 힘들 때

빗장을 열고
밧줄을 풀기 원합니다

사람들로 인해 받는 상처가 너무 아파서 내 안의 문들을 굳게 잠갔습니다. 그럴수록 고독했고 답답했습니다. 누군가 문을 열어 주지 않을까 기대하지만, 그 문은 바깥이 아니라 안에서만 열 수 있음을 깨닫게 하옵소서. 나를 어떻게 생각하고 평가할지, 사람들의 시선이 질긴 밧줄처럼 느껴집니다. 그러나 그 밧줄로 나를 묶는 사람도, 그 밧줄을 풀 수 있는 사람도 나 자신이라는 것을 깨닫게 하옵소서.

이제 빗장을 열고 밧줄을 풀기 원합니다. 예수님이 죄인이든 세리든 누구든지 받아 주고 그들과 떡을 나누신 것처럼, 나도 나를 옥죄던 것들을 풀어 헤쳐 사람들을 환대하게 하옵소서.

한 개의 노를 저어 앞으로 가는 배는 없듯이, 혼자 힘으로 세상을 헤쳐 나가는 사람이 없음을 압니다. 나만의 세상을 벗어나 다른 사람과 더불어 같이 갈 수 있는 용기를 주옵소서. 끝까지 사랑하기를 포기하지 않도록 주님의 마음을 차고 넘치도록 부어 주옵소서. 예수님의 이름으로 기도합니다. 아멘.

사랑 안에 두려움이 없고 온전한 사랑이 두려움을 내쫓나니 요일 4:18상

My Prayer

관계의 갈등으로 힘들 때
불평을 부르는 악순환

그 사람 때문에 힘이 듭니다. 피할 수 없는 사람이라서 더 고통스럽습니다. 불의한 그 사람을 세상이 편드는 것 같아서 더 화가 납니다.

주님, 불의를 미워하다 불의의 늪에 빠지고, 부정을 비난하다 부정의 덫에 걸리고, 부패를 질타하다 부패의 구덩이에 떨어지는 안타까운 인생이 될까 두렵습니다. 불평이 새어 나오는 입을 막고 이 시대를 주님이 친히 다스려 공의를 회복하실 때까지 오래 참으며 잘 견뎠으면 좋겠습니다.

당장은 불의가 승리하는 것 같아도 하나님이 심판하실 것을 믿고 내 손으로 피를 흘리지 않기를 원합니다. 악한 자들의 형통을 부러워하지 않고 다만 주님만 바라보게 하옵소서. 불평함으로 불평을 부르는 악순환에서 벗어나 악한 시대와 힘든 사람들을 잘 넘어가게 하옵소서. 예수님의 이름으로 기도합니다. 아멘.

> 여호와 앞에 잠잠하고 참고 기다리라 자기 길이 형통하며 악한 꾀를 이루는 자 때문에 불평하지 말지어다 시 37:7

My Prayer

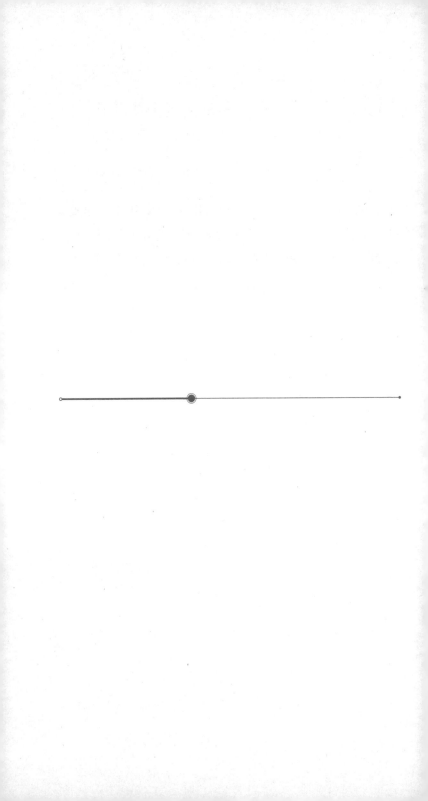

5

113
-
140

현실에서 도망치고 싶을 때

일상에서 영성이 자랍니다

사랑하는 주님께 나의 몸과 마음 전부를 드리기 원합니다. 몸과 마음
이 온전히 하나가 되는 순전한 참 예배를 드리기 소원합니다. 일상에 함
몰되어 삶을 소진하지 않고, 매 순간 하나님 앞에서 살아가므로 저의 일
상이 하나님을 기쁘시게 하는 영적 예배가 되게 하옵소서.

성전이나 수도원, 심산유곡에서 빚어지는 영성이 아닌, 고통스러운
삶의 현장에서 갈고 닦이는 영성이 되기를 기도합니다. 제가 선 이 자리
가 주님이 나를 영적인 사람으로 빚으려고 허락하신 자리임을 믿습니다.
요셉이 노예의 신분이든 죄인의 신분이든 총리의 신분이든 하나님만 신
뢰하며 삶의 자리를 지킨 것처럼 저도 제게 주어진 자리를 성실과 충성
으로 지키게 하옵소서. 상상할 수도 없는 방법으로 제 삶에서 일하시는
주님이 형통의 길로 인도하실 줄 믿습니다. 예수님의 이름으로 기도합니
다. 아멘.

> 이는 여호와께서 요셉과 함께하심이라 여호와께서 그를 범사에 형통하
> 게 하셨더라 창 39:23하

My Prayer

현실에서 도망치고 싶을 때

"세상은 내 밥이다"로
변하게 하소서

출애굽한 이스라엘 백성은 40년간이나 광야 훈련을 받았습니다. 그것은 하나님을 하나님으로 인정하는 훈련이었고, 전적으로 하나님만 의지하는 삶을 배우는 훈련이었습니다.

예수님은 구약의 이 광야 훈련 교과과정을 전면 개편하시고, 교회라는 새로운 이름을 주셨습니다. 이름은 바뀌었지만 광야 훈련과 교회 훈련의 본질은 같다는 것을 깨닫습니다. 차라리 애굽으로 돌아가겠다고 울부짖던 이스라엘 백성의 불순종을 따르지 않게 하옵소서. 가나안 족속 앞에 메뚜기 같은 존재라며 두려워 떨던 불신앙을 되풀이하지 않게 하옵소서. "세상은 내 밥이다"라고 외칠 때 이 훈련은 끝나는 줄 믿습니다. 세상이 온통 희어져 추수할 때가 되었다고 고백할 때 이 훈련이 끝날 줄 믿습니다. 그러나 이 훈련은 나 혼자 하는 것이 아니라 성령님과 함께하므로 승리할 줄 믿습니다. 예수님의 이름으로 기도합니다. 아멘.

다만 여호와를 거역하지 말라 또 그 땅 백성을 두려워하지 말라 그들은 우리의 먹이라 그들의 보호자는 그들에게서 떠났고 여호와는 우리와 함께하시느니라 그들을 두려워하지 말라 하나 민 14:9

My Prayer

Prayer
115

현실에서 도망치고 싶을 때
인내할 수 있는 유일한 연료

하나님 아버지, 살아 내야 하는 시간이 힘겹습니다. 계획대로 되는 일이 하나도 없고 온통 캄캄한 터널을 하염없이 걷는 것 같습니다. 상황은 좋아질 것 같지 않고 도움을 청할 곳도 없습니다. 그러나 인내로 이 시간을 잘 견디게 하옵소서. 생명의 주인이며 인생의 주관자는 오직 하나님 한 분뿐임을 분명히 깨닫는 시간이 되게 하옵소서.

인내할 수 있는 유일한 연료가 믿음임을 압니다. 믿음을 붙들 힘조차 없을 때, 믿음이 나를 붙들고 말씀이 나를 이끌고 가는 은혜를 주옵소서. 언제 끝날지 알 수 없는 이 터널도 주님의 손을 붙잡고 있으면 한 걸음 한 걸음 끝을 향해 걷다 반드시 빠져나가게 될 줄 믿습니다. 예수님의 이름으로 기도합니다. 아멘.

보라 인내하는 자를 우리가 복되다 하나니 너희가 욥의 인내를 들었고 주께서 주신 결말을 보았거니와 주는 가장 자비하시고 긍휼히 여기시는 이시니라 약 5:11

My Prayer

현실에서 도망치고 싶을 때

하나님 안에
내가 있을 자리가 있습니다

하나님을 벗어나는 것, 하나님을 떠나고 거부하는 것이 자유가 아님을 압니다. 하나님 안에서 어디 있을 것인지를 선택하는 것이 참된 자유임을 깨닫습니다. 현실이 힘들어서 다 놓아 버리고 도망치지 않게 하옵소서. 그럼에도 불구하고 하나님 안에서 어떠한 모습으로 현실의 자리를 지킬 것인가를 선택하기 원합니다.

아들에게 주시는 하나님 아버지의 유업이 있기에, 하나님 아버지 것이 제 것임을 믿습니다. 그렇기에 지금 눈에 보이는 현실이 괴로워도, 아버지의 풍요함과 자유를 제 것으로 취하며 만족할 수 있기를 기도합니다. 종처럼 무서워하고 두려워하며 눌린 삶이 아니라 어떤 상황이건 아버지와 친밀하게 교제하며 감당할 수 있게 하옵소서. 예수님의 이름으로 기도합니다. 아멘.

그러므로 네가 이후로는 종이 아니요 아들이니 아들이면 하나님으로 말미암아 유업을 받을 자니라 갈 4:7

My Prayer

현실에서 도망치고 싶을 때

내 영혼에 빛을 비춰 주소서

내 영혼의 방에 온통 곰팡이가 피었습니다. 그런데도 나는 죽지 않고 살아 있으며, 더구나 만사가 형통하다고 착각하며 지냅니다. 그러나 그 어느 때보다 이때가 가장 위험한 때이며 가장 불행한 때라는 걸 압니다. 주님, 제 영혼을 고쳐 주옵소서.

예수님의 밝은 빛으로 비추지 않으면 저의 중심은 깨끗해질 수 없음을 고백합니다. 주님의 빛으로 소독해 주시고 주님의 말씀으로 정결케 하옵소서. 더욱더 말씀과 기도의 자리를 지킬 수 있도록 제 발을 붙들어 주옵소서.

예수님 안에 잘 머물 때 이 위기가 지나가고 영의 사람으로 든든히 설 줄 믿습니다. 이 위기의 시간이 지난 후, 내가 싸운 것 같은데, 알고 보니 싸우시는 분 뒤에 있었을 뿐이라고 고백하게 될 것을 믿습니다. 예수님의 이름으로 기도합니다. 아멘.

사랑하는 자여 네 영혼이 잘됨 같이 네가 범사에 잘되고 강건하기를 내가 간구하노라 요삼 1:2

My Prayer

Prayer 118

때를 따라 아름답게 하시는 하나님의 손

일도 짐이고 관계도 짐이고 취미도 짐처럼 느껴집니다. 그런데도 이 짐을 내려놓으면 큰일이 날 것 같고 어떻게든 더 많이 져야 할 것 같아 마음이 눌립니다. 더 이상 버틸 힘이 없을 때까지 나를 몰아붙이지 않도록 도와주옵소서. 두드리면 응답하시는 주님께 짐을 내려놓게 하옵소서.

그러나 힘에 부치는 지금 이 순간도 때를 따라 아름답게 하시는 하나님의 손에 있음을 고백합니다. 내 안에 심어 둔 영원으로 오늘을 보고 내일을 바라봄으로 지금도 확장되고 있는 하나님 나라를 기뻐하게 하옵소서.

육신의 시간 안에 갇혀 살고 있기에 마음에 평안이 없습니다. 하지만 답답한 현실 안에서도 하나님의 선하심과 아름다움을 발견하고, 감사하며 찬양하기 원합니다. 땅에서 살면서 하늘을 사는, 놀라운 축복을 경험하게 하옵소서. 예수님의 이름으로 기도합니다. 아멘.

> 하나님이 모든 것을 지으시되 때를 따라 아름답게 하셨고 또 사람들에게는 영원을 사모하는 마음을 주셨느니라 그러나 하나님이 하시는 일의 시종을 사람으로 측량할 수 없게 하셨도다 전 3:11

My Prayer

현실에서 도망치고 싶을 때

주님과 함께 걸어온
과거, 현재, 미래

지금 처한 현실이 너무 곤고해서 답답합니다. 과거를 돌아보면 후회와 상처로 가득하고, 미래를 생각하면 막막할 따름입니다.

답이 없다고 생각하는 저에게 주님이 믿음 주시기를 구합니다. 하나님을 신뢰하는 믿음이 부어지면, 과거와 현재, 현재와 미래를 새롭게 연결할 수 있음을 믿습니다. 과거를 바른 관점에서 해석하고, 미래를 살아낼 능력은 오직 믿음뿐임을 믿습니다.

두려워하고 의기소침하던 베드로가 다윗의 고백을 자신의 고백 삼아 담대하게 복음을 전했듯이, 제게도 베드로와 같은 믿음의 변화가 일어나기를 기도합니다. 후회뿐인 과거, 회피하고 싶은 현재, 알 수 없는 미래까지도 주님과 함께 걸어온 믿음의 길로 해석할 수 있기를 원합니다. 예수님이 그리스도이시며 부활하셨다는 것이 사실과 지식에 그치지 않고 제 삶의 사건이 되게 하옵소서. 예수님의 이름으로 기도합니다. 아멘.

> 다윗이 그를 가리켜 이르되 내가 항상 내 앞에 계신 주를 뵈었음이여 나로 요동하지 않게 하기 위하여 그가 내 우편에 계시도다 행 2:25

My Prayer

Prayer
120

고통당하는 누군가를 돕고 싶을 때

은밀하게 믿음으로

누군가를 돕고자 할 때 그 속에 의도된 나의 의로움이 있는지 살피기 원합니다. 내가 의롭다는 자의식, 내가 드러나기를 원하는 외식과 교만이 상대를 불편하게 하고 주님의 이름에 손상을 입히지 않을까 두렵습니다.

내가 가진 어떤 것도 내 것이라 주장할 수 없다는 것을 압니다. 남을 돕는 것도 내 것이 아닌 하나님의 것을 가지고 하는 것입니다. 나는 그저 주님이 맡기신 물질을 전달하는 도구라는 사실을 잊지 않게 하옵소서. 그럼에도 의식적이든 무의식적이든 자꾸 나를 주장하고 싶어 합니다. 내 의와 자랑이 묻은 상한 구제를 하지 않게 하옵소서.

상한 음식을 주는 것이 해가 되듯, 상한 도움을 주는 것은 해악입니다. 오직 하나님만 드러나는 도움을 줄 수 있도록 내 마음을 정결하게 하옵소서. 은밀하게 남을 도울 때 은밀한 곳에서 보시는 하나님이 세실 것을 믿습니다. 예수님의 이름으로 기도합니다. 아멘.

> 너는 구제할 때에 오른손이 하는 것을 왼손이 모르게 하여 네 구제함을 은밀하게 하라 은밀한 중에 보시는 너의 아버지께서 갚으시리라 마 6:3-4

My Prayer

고통당하는 누군가를 돕고 싶을 때

소리 없는 나눔과 배려

하나님은 지금도 약자를 살피는 선한 사마리아인들을 찾으십니다. 제가 주님이 찾으시는 선한 사마리아인이 되게 하옵소서. 소리 없는 나눔과 배려를 하게 하옵소서. 꼭 필요한 사람에게 물질과 재능, 마음을 흘을 수 있기를 소망합니다.

인간의 끝없는 탐욕의 유일한 해독제는 거룩인 것을 깨닫습니다. 하나님 사랑에서 시작된 이 거룩이 사회 곳곳에 웅크린 약자들을 배려하고 섬기는 거룩으로 확산되게 하옵소서. 환경이 어렵고 마음이 어려운 이웃에게 손을 펴고, 마땅히 써야 할 때 인색하지 않게 하옵소서. 돈 때문에 시험에 들지 않을 수 있는 분별의 지혜를 주시옵소서. 예수님의 이름으로 기도합니다. 아멘.

너희가 너희의 땅에서 곡식을 거둘 때에 너는 밭모퉁이까지 다 거두지 말고 네 떨어진 이삭도 줍지 말며 네 포도원의 열매를 다 따지 말며 네 포도원에 떨어진 열매도 줍지 말고 가난한 사람과 거류민을 위하여 버려두라 나는 너희의 하나님 여호와이니라 레 19:9-10

My Prayer

고통당하는 누군가를 돕고 싶을 때

말씀으로 최고의 도움을 주겠습니다

다른 사람이 하나님을 힘입어 일어날 수 있도록 돕는 말씀의 사람이 되기를 기도합니다. 먼저 내가 말씀에 힘입어 일어날 때, 말씀으로 누군가에게 힘을 줄 수 있는 것을 믿습니다. 누군가를 위로하는 것은 내 능력이 아닌 하나님의 능력입니다. 함께 말씀을 보며 힘을 내자고, 함께 기도로 길을 찾자고 권면하는 그 한 사람이 되기를 기도합니다.

내 문제로 가득 찬 기도 보따리를 들고 와서 풀었다가, 그 보따리 다시 싸서 들고 가는 신앙에서 한 걸음 더 성숙하기를 원합니다. 이제는 남을 위로해 주다가 자기 위로가 필요 없어지는 바른 신앙이 되기를 기도합니다. 예수님의 양 떼로 잘 성장하여 이리와 늑대의 무리로 가득 찬 세상에서 호랑이처럼 담대하고 용맹하게 살게 하옵소서. 내가 가진 말씀으로 남을 일으켜 세우고 생명을 전할 수 있게 하옵소서. 예수님의 이름으로 기도합니다. 아멘.

이 복음을 위하여 그의 능력이 역사하시는 대로 내게 주신 하나님의 은혜의 선물을 따라 내가 일꾼이 되었노라 엡 3:7

My Prayer

고통당하는 누군가를 돕고 싶을 때

나만이 다가갈 수 있는
아픈 사람

아프지 않으면 알 수 없는 외로움이 있고, 외롭지 않으면 알 수 없는 아픔이 있습니다. 돌이켜 보니 내가 겪은 아픔과 외로움이 다른 사람을 공감하고 체휼하는 재료가 되었습니다. 만지시고 고치시는 주님의 손길이 있었으므로 그 아픔과 외로움이 내게도 약이 되고 남에게도 약이 될 수 있었습니다. 주님께 감사합니다.

주위를 살펴보니 오직 나만이 힘이 되어 줄 수 있는 사람이 보입니다. 지금 나도 위로가 필요하지만 그 사람을 찾아가 위로하고 힘이 되길 원합니다. 그때에 내가 더 빨리 회복되고 세상이 줄 수 없는 위로를 받을 줄 믿습니다. 오늘도 내게 임한 하나님의 위로를 전하는 상처 입은 치유자로 살아가기를 소망합니다. 예수님의 이름으로 기도합니다. 아멘.

> 우리의 모든 환난 중에서 우리를 위로하사 우리로 하여금 하나님께 받는 위로로써 모든 환난 중에 있는 자들을 능히 위로하게 하시는 이시로다
> 고후 1:4

My Prayer

고통당하는 누군가를 돕고 싶을 때

우는 자와 함께 울게 하소서

그리스도인은 좋은 환경에서 예배드리고 슬픔과 걱정 없이 행복하게 사는 것이 목적이 아닙니다. 울고 있는 사람, 고통을 겪는 사람 곁에 다가가 손을 잡아 주는 것이 그들을 십자가의 길로 인도하는 첫걸음이며 믿음으로 사는 삶의 첫 자리임을 믿습니다. 그들을 버려둔 채 우리만의 예배, 우리만의 천국에서 즐거워하는 무지와 무감각이 없기를 기도합니다.

누구에게나 일어날 수 있는 슬픔과 절망이 내게 일어나지 않은 것에 감사하기보다 상실의 아픔을 겪고 있는 이들에게 다가가 함께 울며 위로할 수 있기를 원합니다. 그들과 함께 구원의 길을 가게 하옵소서. 예수님의 이름으로 기도합니다. 아멘.

즐거워하는 자들과 함께 즐거워하고 우는 자들과 함께 울라 롬 12:15

My Prayer

고통당하는 누군가를 돕고 싶을 때

손발로 증명하는 사랑

하나님 아버지, 사랑 결핍의 시대를 살고 있습니다. 인간의 모든 문제와 세상의 모든 문제가 결국은 사랑이 없어서임을 깨닫습니다. 저 역시 고통받는 사람을 돕고 싶지만, 내 안에 남의 허물을 덮어 주고 끝까지 견디는 사랑이 없음을 고백합니다.

사랑이신 하나님, 그 사랑을 보여 주신 예수님, 그 사랑을 살아 내게 하시는 성령님을 믿습니다. 삼위일체 하나님을 따라 성숙한 사랑을 하기 원합니다. 알아도 제대로 알지 못하고, 생각이 미숙하고 말하는 것도 어리지만, 내게 붙여 주신 이들과 뜨겁게 서로 사랑함으로 모든 것에서 자라 갈 수 있기를 소망합니다.

고통받는 자들을 향하여 사랑한다고 한순간 입술로 말한 것을 손발로 성실히 증명하며 살 수 있게 하옵소서. 예수님의 이름으로 기도합니다. 아멘.

오직 사랑 안에서 참된 것을 하여 범사에 그에게까지 자랄지라 그는 머리니 곧 그리스도라 엡 4:15

My Prayer

고통당하는 누군가를 돕고 싶을 때

실패할지라도,
끝까지 사랑합니다

예수님을 사랑한다는 것은 사람을 사랑하는 것입니다. 그러나 주님의 양 떼를 돌보는 일은 내 결단과 의지만으론 불가능합니다. 매번 무너지고, 상처받고, 더는 사랑하고 싶지 않습니다. 예수님은 영혼을 섬기는 것은 '네가 원치 않는 곳으로 묶여서 끌려가는 것'이라고 말씀하십니다. 세상 기준으로 보면 처음부터 실패하러 가는 길이라고 말씀하십니다.

영혼을 섬기고 사람을 돕는 일이 내 비전을 이루는 도구가 되지 않기를 원합니다. 사랑의 관계에서 오는 기쁨은 세상의 성취와는 비교할 수 없는 것이므로, 오늘도 고통 속에 있는 그 한 사람을 찾아가 함께 기쁨을 누리게 하옵소서. 예수님의 이름으로 기도합니다. 아멘.

> 세 번째 이르시되 요한의 아들 시몬아 네가 나를 사랑하느냐 하시니 주께서 세 번째 네가 나를 사랑하느냐 하시므로 베드로가 근심하여 이르되 주님 모든 것을 아시오매 내가 주님을 사랑하는 줄을 주님께서 아시나이다 예수께서 이르시되 내 양을 먹이라 요 21:17

My Prayer

하나님이 기뻐하시는 교회가 고민될 때

본질로 귀환하는 교회

지금 교회들은 여러 문제로 소란스럽습니다. 예수님을 입으로 시인하고 구주로 고백해도, 각자 자기 방식대로 이해하고 자기 소견에 옳은 대로 살아가기에 세상에 선한 영향력을 끼치지 못합니다.

주님, 너비와 길이, 높이와 깊이를 알 수 없는 예수 그리스도를 우리의 편협한 틀 안에 가두며 제한하지 않도록 도와주십시오. 교리와 율법에 매인 자들이 그것을 무기 삼아 성도들을 힘들게 하고 무거운 짐을 지우는 것을 멈추게 하옵소서.

건강한 교회를 만나고 싶습니다. 타협할 수 없는 본질인 그리스도의 복음에 충성하되, 비본질적인 것들에는 관용하고 너그럽게 품는 건강한 교회들이 많아지기를 기도합니다.

성도 한 사람 한 사람이 먼저 내가 교회가 되어서 본질로 돌아갈 수 있기를 원합니다. 오직 예수님만을 갈망하고 그분께 더 가까이 나아가는 교회가 되도록 성령님께서 역사하여 주옵소서. 예수님의 이름으로 기도합니다. 아멘.

내가 복음을 위하여 모든 것을 행함은 복음에 참여하고자 함이라 고전 9:23

My Prayer

Prayer 128

세상이 포기 못하는 것을 포기하는 교회

교회가 세상의 지혜와 방법을 배우는 데 열심인 시대입니다. 그러나 무엇을 배우건 붙들어야 할 것마저 버리고 따라가지 않도록 중심을 잡아 주옵소서. 갈등과 분쟁에 휘말릴지라도 교회 지도자들이 함께 예배드리고 기도하고 금식하며 주의 뜻을 구할 때 분란이 멈추게 될 줄 믿습니다. 그를 통해 교회가 세상과 다르다는 걸 증명하길 원합니다. 교회는 사람이지만 사람의 것이 아니기에 나는 죽고 하나님이 드러나기를 결단하게 하옵소서.

교회가 하나님의 방식을 따라 하나님의 뜻에 순종하기를 기도합니다. 하나님의 뜻을 구할 때 사람의 뜻이 꺾이고 하나님의 뜻이 드러나는 놀라운 은혜를 허락해 주옵소서. 그럴 때 교회가 비로소 세상이 포기할 수 없는 것을 포기하고, 세상이 할 수 없는 일을 해냄으로써 교회다워질 것을 믿습니다. 예수님의 이름으로 기도합니다. 아멘.

> 내가 그리스도와 함께 십자가에 못 박혔나니 그런즉 이제는 내가 사는 것이 아니요 오직 내 안에 그리스도께서 사시는 것이라 갈 2:20상

My Prayer

하나님이 기뻐하시는 교회가 고민될 때

이단을 분별하도록 도와주소서

시대를 어지럽게 하는 이단들은 '열심'이 화근입니다. 열심 때문에 원망과 불평이 자라고, 열정 때문에 정욕과 교만에 휘둘립니다. 남다른 입을 가졌지만 그것을 자기 이익을 위해 사용하기에 덕을 세우지 못하고 성령에 반하는 길을 갑니다.

그러나 이단이 내 밖에 있는 것이 아니라 내 안에도 있기에 더욱더 경계에 힘쓰게 하옵소서. 교회 안에서 정통의 이름과 전통의 인습을 내세우며 교묘히 몸을 숨기고 있는 이단을 분별하도록 도와주옵소서. 암세포가 자라나 숙주의 몸을 못 쓰게 만들듯, 교회 안팎의 수많은 이단들이 크고 작은 교회를 공격해 넘어뜨리는 이 시대를 주님 감찰하시고 다스려 주시길 간구합니다.

교회인 내가 먼저 믿음 위에 굳건히 서기를 바랍니다. 내가 먼저 거룩한 하나님의 성전이 되어, 열심이 아닌 은혜로 하나님의 영광을 구하게 하옵소서. 예수님의 이름으로 기도합니다. 아멘.

> 하나님의 성전과 우상이 어찌 일치가 되리요 우리는 살아 계신 하나님의 성전이라 고후 6:16상

My Prayer

Prayer
130

십자가를 확인하는 장소

십자가를 통과하지 않았다면 하나님을 섬기는 것이 아니라 결국은 나를 섬기는 것입니다. 교회에서 중직을 맡고 성경을 많이 공부해도 하나님과 상관없는 신앙을 가질 수 있습니다. 그렇다면 무슨 일을 해도 하나님의 일이 아니라 내 일을 하는 것임을 깨닫습니다.

하나님 아버지, 우리 각자가 십자가에서 먼저 죽기를 소원합니다. 이를 위해 교회가 날마다 십자가를 확인하는 자리가 되게 하옵소서. 누구든 교회가 되면 인생의 관점이 달라지고, 사람을 보는 시선이 달라지며, 삶의 목적이 새로워질 것을 믿습니다. 말씀과 기도, 예배를 통해 구원을 경험하고 나 중심이 아닌 하나님 중심으로 삶의 축이 옮겨지는 은혜를 받기 원합니다. 주 안에서 거듭나 이전의 나는 죽고 내 안에 오직 예수 그리스도만 살게 하옵소서. 예수님의 이름으로 기도합니다. 아멘.

하나님을 찬미하며 또 온 백성에게 칭송을 받으니 주께서 구원받는 사람을 날마다 더하게 하시니라 행 2:47

My Prayer

하나님이 기뻐하시는 교회가 고민될 때

거룩한 허비를 하겠습니다

가정은 앞가림을 못하는 아이가 있어 가정이고, 세상은 제 몫을 다하지 못하는 약자가 있어 세상인 것을 알았습니다. 약한 사람이 없으면 공동체도 없고, 약한 사람을 무시하면 공동체를 지킬 수 없습니다.

하나님 아버지, 약하고 부족한 사람들을 귀하게 여기고 주님의 긍휼로 품어 주는 교회가 되기를 기도합니다. 교회가 연약하고 아픈 사람들을 위해 기꺼이 거룩한 허비를 하기 원합니다. 세상이 좇는 효율을 버리고 아름다운 비효율을 선택하게 하옵소서. 자발적인 남용으로 사랑을 흘려보내게 하옵소서. 이 땅의 교회와 그리스도인들이 풍족해서 나누는 것이 아니라 부족해도 그리할 수 있도록 하옵소서. 힘이 남아돌지 않아도 크게 기뻐함으로 지체와 사회와 나라를 섬기게 하옵소서. 예수님의 이름으로 기도합니다. 아멘.

> 내가 너희 영혼을 위하여 크게 기뻐하므로 재물을 사용하고 또 내 자신까지도 내어 주리니 너희를 더욱 사랑할수록 나는 사랑을 덜 받겠느냐 고후 12:15

My Prayer

Prayer 132

율법의 시작과 끝

교회가 목마른 사람들에게 답이 되어 주지 못하고, 무거운 짐 진 사람들에게 쉼이 되어 주지 못하므로 많은 그리스도인이 흔들리고 있습니다. 사랑에는 인색하고 기득권 지키기에만 열을 올린 까닭에 믿지 않는 이들이 교회를 도무지 신뢰하지 않습니다. 본질이 아닌 비본질을 붙잡고 사랑을 잃은 한국 교회를 불쌍히 여겨 주시옵소서.

교회가 율법의 시작과 끝인 하나님 사랑과 이웃 사랑을 붙들기를 기도합니다. 예수님의 생명이 흘러넘치는 교회로 회복시켜 주옵소서. 예수님이 주인이신 교회, 말씀이 왕 노릇하는 교회, 오직 구원에 소망을 두는 교회로 새롭게 변화시켜 주옵소서. 성도 한 사람 한 사람이 예수님과 함께 교회가 되고, 예수님 안에서 뜨겁게 사랑하는 교회로 회복시켜 주시옵소서. 예수님의 이름으로 기도합니다. 아멘.

> 화 있을진저 외식하는 서기관들과 바리새인들이여 너희가 박하와 회향과 근채의 십일조는 드리되 율법의 더 중한 바 정의와 긍휼과 믿음은 버렸도다 그러나 이것도 행하고 저것도 버리지 말아야 할지니라 마 23:23

My Prayer

하나님이 기뻐하시는 교회가 고민될 때

세상이 백번 바뀌어도
할 수 없는 일

살아 있다고는 하지만 사실상 죽은 사데 교회를 생각합니다. 교회는 세상의 생각과 방법, 노력으로 부흥하는 것이 아닙니다. 자꾸 세상의 방식을 닮아 가는 이 땅의 교회를 불쌍히 여겨 주시옵소서.

교회의 본질은 단 한 가지, 거룩임을 알기 원합니다. 세상이 백번 바뀌어도 할 수 없는 일, 서로 사랑하는 일을 힘써 행하는 교회가 되게 하옵소서. 세상을 향해 그리스도의 넘치는 사랑을 흘려보내는 교회의 본질과 능력을 회복시켜 주옵소서. 교회 건물을 크게 짓고 화려한 프로그램으로 사람들에게 손짓하는 교회가 아니라 목마른 자들에게 언제나 생수한 그릇을 건넬 수 있는 교회가 되게 하옵소서. 모든 것으로 구제하고 헌신해도 무익하다는 평가를 받지 않도록, 오직 사랑으로 일하고 사랑으로 섬기며 사랑으로 예배하는 교회가 되게 하옵소서. 예수님의 이름으로 기도합니다. 아멘.

사데 교회의 사자에게 편지하라 하나님의 일곱 영과 일곱 별을 가지신 이가 이르시되 내가 네 행위를 아노니 네가 살았다 하는 이름은 가졌으나 죽은 자로다 계 3:1

My Prayer

Prayer 134

부부 관계를 회복하고 싶을 때

예수님 안에서 하나 되겠습니다

나와는 다른 존재인 배우자를 내 쪽으로 끌어당기기 위해 쉼 없이 수고하고 애를 씁니다. 나처럼 말하고, 나처럼 생각하고, 나처럼 행동하라고 불가능한 것을 강요하니 나도 배우자도 고통스럽습니다.

하나님은 우리 부부가 하나 되기를 원하십니다. 그런데 부부가 하나 되는 일은 누군가 한 사람이 다른 사람에게 온전히 동화되는 것이 아니라, 예수님 안에서 하나 되는 것임을 깨닫습니다. 죄인끼리 하나 되어서 더 큰 죄를 짓는 것이 아니라, 예수님 안에서 하나 되어 새 생명을 잉태하는 부부가 되기를 기도합니다.

모든 것을 용납하시는 크신 하나님 안에서 서로 다른 다양성이 공존하되 조화롭게 통일되게 하옵소서. 주님 안에서 우리 부부가 충성된 종으로 하나 되게 하옵소서. 예수님의 이름으로 기도합니다. 아멘.

> 나는 세상에 더 있지 아니하오나 그들은 세상에 있사옵고 나는 아버지께로 가옵나니 거룩하신 아버지여 내게 주신 아버지의 이름으로 그들을 보전하사 우리와 같이 그들도 하나가 되게 하옵소서 요 17:11

My Prayer

부부 관계를 회복하고 싶을 때
그의 허물은 완전히 잊겠습니다

끝없이 저울질하느라 사랑이 더 뜨거워지지 못하고 식어 갑니다. 헌신이 버겁게 여겨집니다. 그러면서 "할 만큼 했습니다. 더 이상 못합니다" 하며 관계 회복을 포기하려 했습니다. 그러나 주님은 단 한 번도 나를 포기하신 적이 없으셨습니다. 하나님 아버지, 내 사랑이 부족한 줄 모르고 배우자를 탓하고 원망하는 이 옹졸함을 불쌍히 여겨 주시옵소서.

사랑 없이 침묵했기에 상대를 오해했습니다. 사랑 없이 말만 많았기에 상처만 주었습니다. 이제는 사랑 때문에 말하고, 사랑 때문에 침묵할 수 있도록 내 입술에 파수꾼을 세워 주옵소서. 그의 허물은 덮을 뿐 아니라 완전히 잊어버리고, 내가 섬긴 것은 섬긴 줄도 모르게 하옵소서.

녹슬고 색이 바랜 부부 관계가 우리를 용납한 예수님의 십자가 사랑으로 새로워지기를 바랍니다. 예수님의 이름으로 기도합니다. 아멘.

모든 것을 참으며 모든 것을 믿으며 모든 것을 바라며 모든 것을 견디느니라 고전 13:7

My Prayer

부부 관계를 회복하고 싶을 때

계산하지 않기로 결단합니다

악인이든 선인이든 고루 햇빛을 비추시고 때에 맞는 비를 내려 주시는 주님의 조건 없는 사랑을 닮기 원합니다. 하지만 주님, 자꾸 따지고 계산하게 됩니다. 자꾸만 판단하고 다투고 잔소리가 나옵니다. 내가 한 것에 생색을 내고 싶고, 배우자가 그런 나를 인정해 주지 않아서 화가 납니다.

사랑은 처음부터 돌아갈 퇴로를 끊고 가는 길인 줄 알면서도 자꾸 뒤를 돌아봅니다. 배우자와 죽는 날까지 같이 가기로 작정한 이상 돌아갈 길은 없사오니 배우자를 오직 한마음으로 사랑하게 하옵소서. 역경을 만나도 힘든 사건을 겪어도 오직 서로 사랑하게 하옵소서. 그의 약점과 허물까지도 인정하게 하옵소서. 저를 오래 참고 기다리신 예수님의 사랑받는 자이기에, 나도 배우자를 참고 기다리며 끝까지 사랑하게 하옵소서. 예수님의 이름으로 기도합니다. 아멘.

> 이같이 한즉 하늘에 계신 너희 아버지의 아들이 되리니 이는 하나님이 그 해를 악인과 선인에게 비추시며 비를 의로운 자와 불의한 자에게 내려 주심이라 마 5:45

My Prayer

Prayer
137

부부 관계를 회복하고 싶을 때

천적이 아니라 천사입니다

배우자를 자꾸 판단하고 미워하고 정죄하게 됩니다. 인간은 믿음의 대상이 아니라 사랑의 대상임을 잊어버립니다. 그저 불쌍히 여기고 사랑하면 되는데, 그게 참으로 힘이 듭니다. 그 힘든 배우자를 사랑할수록, 내가 믿을 만한 사람이 된다는 것을 깨닫기 원합니다.

나는 말을 자주 바꾸고 감정과 태도가 오락가락하면서, 상대방에게 믿을 만한 사람이 되라고, 사랑할 만한 사람이 되라고 요구합니다. 내가 먼저 판단하지 않고 정죄하지 않으며 상대방에게 믿을 만한 사람이 되게 하옵소서.

나를 힘들게 하는 배우자는 모난 나를 쳐서 다듬는 주님의 손길임을 순간순간 기억하게 하옵소서. 나를 속상하게 하는 배우자는 나의 천적이 아니라 주님이 보내 주신 천사임을 믿게 하옵소서. 주 안에서 관점의 변화가 이뤄져 오직 사랑하게 하옵소서. 예수님의 이름으로 기도합니다. 아멘.

> 그러나 너희도 각각 자기의 아내 사랑하기를 자신같이 하고 아내도 자기 남편을 존경하라 엡 5:33

My Prayer

Prayer
138

부부 관계를 회복하고 싶을 때
내가 탕감받은 큰 빚을
기억하게 하소서

부부 사이에 피차 불만이 있을지라도 불평하지 말고 서로 용납하라고 말씀하십니다. 부부 사이에 깨어진 화평을 다시 이루기 위해 내가 먼저 주님께 용서를 받고, 그를 용서해야 하지만 나를 먼저 이해해 달라고 요구하고 주장합니다. 긍휼히 여겨 주옵소서.

나는 내 힘으로 용서할 수 없습니다. 내 안에 계신 예수님만이 용서할 수 있습니다. 주님의 은혜와 사랑으로 고통이 없는 용서까지 나아가게 하옵소서. 하나님 아버지, 겨우겨우 용서하는 것에서 사랑까지 나아갈 수 있도록 주님의 사랑을 넘치게 부어 주옵소서.

우리 부부 사이에 미움의 악취가 아닌 용서의 향기가 다시금 풍겨 나기를 원합니다. 우리 가정에 주님이 함께하신다는 간증이 있기를 원합니다. 예수님의 이름으로 기도합니다. 아멘.

마음을 같이하여 같은 사랑을 가지고 뜻을 합하며 한마음을 품어 빌 2:2

My Prayer

부부 관계를 회복하고 싶을 때

깊은 사랑을 위해
인내가 필요합니다

결혼했다고 해서 인생의 고통과 고난이 사라지는 것이 아님을 압니다. 때로는 둘이어서 더 외롭습니다. 예수님의 십자가로 받은 구원은 오래 참고 견디며 믿고 순종함으로 이뤄 가는 것인 줄 알았습니다. 결혼생활도 그와 같게 하옵소서.

배우자와 오랜 시간을 보내는 것이 그의 존재를 깊이 아는 것에는 미치지 못한다는 것을 알았습니다. 또한 그를 깊이 아는 것이, 진실로 사랑하는 것에는 미치지 못함을 깨닫습니다. 많이 알고 깊이 아는 것을 넘어서 배우자를 진실로 사랑하게 하옵소서. 하나님 아버지, 결혼의 진정한 의미를 알기 원합니다. 깊은 사랑을 경험하기 위해 인내하게 하옵소서. 배우자와 하나 되기까지 견디게 하옵소서. 예수님의 이름으로 기도합니다. 아멘.

이제 인내와 위로의 하나님이 너희로 그리스도 예수를 본받아 서로 뜻이 같게 하여 주사 롬 15:5

My Prayer

부부 관계를 회복하고 싶을 때

감사함으로 이겨 내게 하소서

구원받은 자의 능력은 감사임을 깨닫습니다. 그리스도의 이름만으로 감사하고, 하나님을 아버지라고 부를 수 있는 것만으로도 감사하는 것이 능력입니다. 허락하신 환경에 감사하고 배우자를 만나 함께할 수 있음에 감사하기를 바랍니다. 불만과 불평이 차고 넘치는 시대에 부부가 서로를 향해 감사할 수 있다면, 그 자체로 능력이며 기적인 줄 믿습니다.

하나님 아버지, 배우자에게 허물이 있어도 감사하게 하옵소서. 그 감사가 우리의 능력이 되게 하옵소서. 부부 사이에 위기가 오고 어려움이 닥쳐도 참 신랑 되신 예수님을 의지할 때 환난을 이기게 하실 줄 믿습니다. 배우자를 감사함으로 바라볼 때 주께서 새롭게 일하실 줄 믿고 감사합니다. 예수님의 이름으로 기도합니다. 아멘.

이와 같이 남편들도 자기 아내 사랑하기를 자기 자신과 같이 할지니 자기 아내를 사랑하는 자는 자기를 사랑하는 것이라 엡 5:28

My Prayer

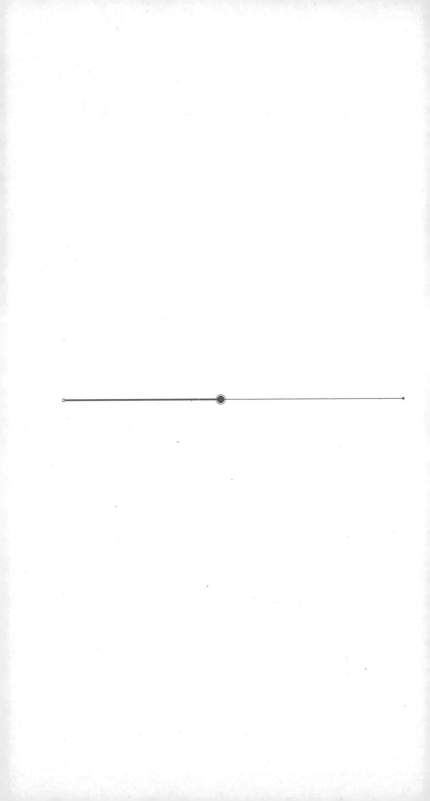

6

141
-
168

자녀 교육이 힘겨울 때
가족은 존재 자체가 감사입니다

가족은 항상 곁에 있기에 귀한 줄 모르고 멀리 있는 것만 좇아 헤매던 날들을 용서해 주시옵소서. 오만 가지 일을 하더라도 사랑하지 않으면 헛일이고, 온 세상을 다 얻어도 사랑받지 못하면 빈손이라는 것을 몰랐습니다.

제 곁의 자녀들을 바라봅니다. 미안하다고, 내가 부족했노라고 용서를 구할 수 있는 참된 용기를 주옵소서.

내가 잘못한 것이 없을 때도 먼저 용서를 구하게 하옵소서. 동시에 자녀가 큰 잘못을 해 놓고 용서를 구하지 않더라도 내가 먼저 용서하라고 제 옆에 허락하신 존재임을 깨닫기 원합니다. 소중한 가족과 눈길을 나누고, 마음을 나눌 수 있는 복을 허락해 주옵소서. 그저 서로 바라볼 수 있는 것만으로도 한없이 감사하게 하옵소서. 예수님의 이름으로 기도합니다. 아멘.

네 집 안방에 있는 네 아내는 결실한 포도나무 같으며 네 식탁에 둘러 앉은 자식들은 어린 감람나무 같으리로다 시 128:3

My Prayer

자녀 교육이 힘겨울 때

저 주겠습니다

　두 눈 부릅뜨고 야단친다고 자녀가 변하는 것이 아님을 알았습니다. 자녀에게 속는 것은 지혜임을 알았습니다. 속는 것은 어리석지만 속이 빤해도 속아 주고 참아 주고 기다려 주는 사랑 속에서 우리 아이들이 용납받은 은혜의 경험을 누리며 자라기를 기도합니다. 제게 자녀를 위해 한 눈 감는 넉넉함을 허락하여 주옵소서.

　자녀를 살리는 것은 돈이 아니라 사랑이고, 자녀를 세우는 것 역시 힘이 아니라 사랑임을 깨닫는 부모가 되게 하옵소서. 사랑이 빠진 나 중심의 도움과 열심이 자녀에게는 위험한 독이 될 수 있음을 알게 하옵소서.

　사랑하기 때문에 오늘도 져 주기 원합니다. 사랑하는 것이 힘들고 어렵지만, 고통 없이 사랑할 수 없음을 예수님을 통해 봅니다. 나를 포기하는 참 사랑으로 가정을 작은 천국으로 만들어 가게 하옵소서. 예수님의 이름으로 기도합니다. 아멘.

> 사랑은 오래 참고 사랑은 온유하며 시기하지 아니하며 사랑은 자랑하지 아니하며 교만하지 아니하며 고전 13:4

My Prayer

자녀 교육이 힘겨울 때

주님의 시간 안에서
자라게 하소서

자녀를 내 힘으로 변화시킬 수 있다는 착각을 버리기 원합니다. 오직 하나님만이 만물을 새롭게 하실 수 있음을 겸허히 고백하게 하옵소서. 아무리 조심스럽게 충고한다고 해도, 듣는 자녀에게 잔소리로 느껴진다면 멈추기를 원합니다. 잘못을 나무랄수록 자녀가 나아지지 않고 더 메말라 간다는 것을 깨닫게 하옵소서.

비록 내가 낳아서 키웠지만, 자녀는 저로부터 시작되지도 않았고 제가 끝낼 수도 없다는 것을 압니다. 자녀 삶의 시작과 끝에 하나님이 계심을 믿음으로 고백합니다. 주님의 시간 안에서 자녀가 자라도록 하나님께 내 자녀를 온전히 의탁합니다. 양육하여 주옵소서. 예수님의 이름으로 기도합니다. 아멘.

너희 염려를 다 주께 맡기라 이는 그가 너희를 돌보심이라 벧전 5:7

My Prayer

자녀 교육이 힘겨울 때

인생의 바닥을 쳐도 괜찮습니다

자녀가 인생의 바닥을 치는 것을 두려워하지 않기를 원합니다. 바닥을 쳐야 올라가고, 바다를 경험할 기회가 없는 것이 도리어 안타까운 일임을 알게 하옵소서. 부모인 나 자신의 고통이 두려워 자녀들이 바다로 내려갈 기회를 빼앗는 어리석음에 빠지지 않게 하옵소서.

형편이 어려우면 어려운 대로, 풍성하면 풍성한 대로, 솔직한 부모와 자녀 사이가 되기를 원합니다. 자녀가 하나님을 갈망하고, 하나님 사랑을 가로막는 자기 자신이라는 우상을 스스로 깨뜨리기를 원합니다. 하나님이 우리 자녀에게 주시는 모든 상황과 여건 속에서, 하나님의 섭리를 먼저 굳게 믿고 기도로 도울 수 있는 부모가 되게 하옵소서. 예수님의 이름으로 기도합니다. 아멘.

내가 새벽 날개를 치며 바다 끝에 가서 거주할지라도 거기서도 주의 손이 나를 인도하시며 주의 오른손이 나를 붙드시리이다 시 139:9-10

My Prayer

자녀 교육이 힘겨울 때

불통이 소통으로 바뀌게 하소서

서로 듣고 싶은 것만 듣고 하고 싶은 말만 하려고 하니 자녀와 소통이 되지 않습니다. 대화를 많이 할수록 오히려 오해가 쌓입니다. 그럴 때 '내가 죄인이구나' 깨닫게 하옵소서. 진정한 대화는 내 확신을 내려놓을 때 가능하다는 것을 깨달아 나의 편견과 고정관념을 내려놓기를 기도합니다.

나의 굳고 악한 마음을 회개할 때, 내가 먼저 변할 때, 자녀와의 관계가 회복될 것을 믿습니다. 내가 말하고 싶은 대로가 아니라 성령님이 말하게 하심을 따라 말하게 하옵소서. 모든 언어와 생각을 하나로 통일하실 수 있는 성령님, 막힌 담이 허물어지고, 불통이 소통으로 바뀌게 하옵소서. 부모와 자녀가 소통되고, 부부가 소통되고, 나이 든 세대와 젊은 세대가 소통되어 새로운 관계가 시작되기를 소망합니다. 예수님의 이름으로 기도합니다. 아멘.

> 내가 그들에게 한 마음을 주고 그 속에 새 영을 주며 그 몸에서 돌 같은 마음을 제거하고 살처럼 부드러운 마음을 주어 겔 11:19

My Prayer

Prayer 146

자녀 교육이 힘겨울 때

구원 프로젝트의 그 한 사람

우리의 자녀들이 참 부족해 보입니다. 이 세상을 잘 살 수 있을까 걱정이 됩니다. 그러나 똑똑한 사람일수록 땅속에 묻힌 보화인 예수님을 찾기 어렵다는 사실을 깨닫습니다. 땅 위에 모든 것이 있어서 땅을 팔 일이 없는 자녀보다는, 연약하고 부족하더라도 땅속의 보화에 주목하고 자기가 가진 모든 것을 팔아 그 땅을 사는 자녀가 되기를 기도합니다.

가진 것이 너무 많아서 자기 것만 구하다가 하나님의 부르신 목적을 잊어버리는 자녀가 되지 않기를 기도합니다. 하나님의 구원 프로젝트에 쓰일 만한 겸손하고 순전한 자녀가 되기를 원합니다. 오직 그 한 가지만을 소망한다면 반드시 시간과 환경과 지위와 재능까지도 허락하실 것을 신뢰합니다. 우리 자녀가 세상의 지혜롭고 강한 이들을 부끄럽게 할 구원 프로젝트의 그 한 사람이 되게 하옵소서. 예수님의 이름으로 기도합니다. 아멘.

> 그러나 하나님께서 세상의 미련한 것들을 택하사 지혜 있는 자들을 부끄럽게 하려 하시고 세상의 약한 것들을 택하사 강한 것들을 부끄럽게 하려 하시며 고전 1:27

My Prayer

자녀 교육이 힘겨울 때

위로부터 오는 비전

우리 자녀들이 돈을 많이 벌고 즐겁게 살고 싶다는 꿈을 넘어 하늘로부터 임하는 비전을 가질 수 있기를 기도합니다.

진정한 비전은 어디에 있든지 사람을 사랑하며 살리는 것입니다. 사람을 회복시키고, 거듭나도록 돕고, 말씀과 기도의 사람이 되게 하는 것입니다. 그런 비전을 갖기 위해서 우리 자녀들이 먼저 하나님을 만나게 하옵소서. 그에 앞서 부모로서 하나님을 사랑하고 이웃을 섬기는 삶을 보여 줄 수 있기를 기도합니다.

기도할 때 위로부터 오는 하나님의 뜻을 나의 비전, 그리고 우리 자녀들의 비전으로 품게 하실 것을 믿습니다. 내가 비전을 이루는 것이 아니라 비전이 나를 이루어 가는 것을 보게 하옵소서. 그 모습을 보고 우리의 자녀들이 영원한 하나님 나라의 비전을 사모하게 하옵소서. 예수님의 이름으로 기도합니다. 아멘.

> 그 후에 내가 내 영을 만민에게 부어 주리니 너희 자녀들이 장래 일을 말할 것이며 너희 늙은이는 꿈을 꾸며 너희 젊은이는 이상을 볼 것이며 욜 2:28

My Prayer

사춘기 자녀를 양육할 때

부모라는 얄팍한 기득권을 내려놓습니다

생명은 하나님의 것임을 고백합니다. 하나님께로부터 생명이 왔다는 고백을 잊는다면 자녀의 생명이 어디서 비롯된 것인지 놓치게 될 수밖에 없습니다. 자녀의 진로와 학업과 인생을 내 뜻대로, 나를 위해 결정하려는 것이 악한 일임을 깨닫게 하옵소서. 그것이 생명의 주인이신 하나님을 부인하는 것임을 알기 원합니다. 자녀는 부모를 위해 존재하는 것이 아님을 날마다 기억하게 하옵소서.

내 기준에 자녀를 굴복시키려 했던 나의 완악함을 회개합니다. 부모라는 얄팍한 기득권을 내려놓을 때, 진정한 관계의 회복이 일어날 줄 믿습니다. 예수님의 이름으로 기도합니다. 아멘.

항상 경외하는 자는 복되거니와 마음을 완악하게 하는 자는 재앙에 빠지리라 잠 28:14

My Prayer

Prayer
149

사춘기 자녀를 양육할 때

위선을 회개합니다

잎이 시드는 것은 뿌리의 약함 때문이고, 아이들이 시드는 것은 어른들의 약함 때문입니다.

집 안에서 하는 말과 집 밖에서 하는 말이 달랐던 위선을 용서하옵소서. 아이들에게 집에서부터 위선을 배우게 한 것을 회개합니다.

부모가 병들면 아이들도 따라서 병이 나고, 부모가 세상 욕심으로 가득하면 아이들도 제대로 꿈을 꿀 수 없습니다. 내가 바로 병든 부모, 세상 욕심만 가득했던 부모입니다. 내가 먼저 마음을 찢는 회개로 변화되기를 원합니다. 내 뜻대로 되지 않는 '원수 같은 자녀'가 내 인생의 장애물이 아니라 가장 큰 축복임을 깨닫고 그 자녀 때문에 내가 먼저 하나님 앞에 엎드리고 하나님께로 돌이키게 하옵소서. 예수님의 이름으로 기도합니다. 아멘.

맡은 자들에게 주장하는 자세를 하지 말고 양 무리의 본이 되라 벧전 5:3

My Prayer

사춘기 자녀를 양육할 때

자녀와 동행하기 위해
기다리겠습니다

자녀들을 이제까지 자라게 하시고 키워 주셔서 감사합니다. 아이들이 성장하고 성숙해지듯이 부모인 저도 성숙해지기를 기도합니다.

힘든 말을 들어도, 속상한 거절을 당해도, 마음 상하지 않게 하옵소서. 몸과 마음이 크느라 애쓰고 힘든 아이들이오니 다만 끝없이 사랑하게 하옵소서. 사랑하기 때문에 기다려 주고, 믿기 때문에 소망을 품고 인내하기 원합니다. 그렇게 사랑의 맷집이 단단해지길 소원합니다. 또한 합당한 때에 자녀를 떠나보내는 성숙한 부모가 되게 하옵소서. 그리하여 주 안에서 자녀와 아름다운 동행을 하게 하옵소서. 예수님의 이름으로 기도합니다. 아멘.

사람이 여호와의 구원을 바라고 잠잠히 기다림이 좋도다 애 3:26

My Prayer

Prayer
151

사춘기 자녀를 양육할 때

입장을 바꿔 보는 사랑

자녀는 분명 주님이 주신 선물인데도 때로 더없이 아픈 매로 느껴집니다. 부모로 사는 인생이 선물임에도 부모 됨이 때로 혹독한 채찍처럼 여겨집니다.

주님은 복을 주시든 매를 드시든 사람을 사용하십니다. 지금 자녀는 주님이 보내신 매요 회초리임을 깨닫습니다. 방황하는 자녀로 인해 아프고 고통스러운 것이 주님께 돌아가는 회개의 시간임을 알게 하옵소서.

반항하는 자녀의 모습에서 나 자신을 발견합니다. 내가 먼저 고집과 아집을 버릴 때 자녀도 변하게 될 줄 믿습니다. 자녀 입장에서 보고 말하고 사랑을 줄 때 그 사랑은 결코 실패하지 않을 줄 믿습니다. 그것이 주님이 날 사랑한 방법이었음을 깨닫기 원합니다. 주님이 주신 자녀가 하나님의 기업임을 감사로 인정하게 하옵소서. 예수님의 이름으로 기도합니다. 아멘.

어찌하여 형제의 눈 속에 있는 티는 보고 네 눈 속에 있는 들보는 깨닫지 못하느냐 마 7:3

My Prayer

사춘기 자녀를 양육할 때

먼저 사랑하기를 힘씁니다

하나님 아버지, 포기하지 않는 사랑을 하고 싶습니다. 자녀를 가르쳐 변화시키고, 바른길로 이끌고 전도하겠다고 애쓰기 전에 먼저 사랑하기를 힘쓰게 하옵소서.

자녀는 사랑할 대상이지 전도할 대상이 아님을 깨닫습니다. 충분히 사랑해 주지 않으면서 주일 성수해라, 헌금해라 강요만 한 것을 회개합니다. 체면으로 사랑하지 말고 희생으로 사랑하는 부모가 되게 하옵소서. 오직 사랑으로 자녀를 대하고 보살필 때, 굳이 예수님 믿으라고 채근하지 않아도 스스로 주님께 가까이 다가갈 줄 믿습니다. 굳이 말씀을 가르치지 않아도 스스로 성경을 펴게 될 줄 믿습니다.

희생으로 사랑하신 주님으로 인해 내 안에 언제나 새 생명이 솟아나기 원합니다. 그 사랑에 사로잡혀 자녀를 사랑하고 섬기게 하옵소서. 예수님의 이름으로 기도합니다. 아멘.

아비들아 너희 자녀를 노엽게 하지 말지니 낙심할까 함이라 골 3:21

My Prayer

Prayer 153

내 마음 하나 바꾸면 됩니다

변하지 않을 것 같은 자녀의 모습을 보며 낙심될 때가 많습니다. 어떻게 해야 자녀를 잘 양육하는 것인지 오리무중에 빠지곤 합니다.

선하신 분은 오직 하나님 한 분밖에 없습니다. 그런데 매 순간 내가 선한 줄 착각하고 자녀에게 내 방식을 강요합니다. 내 눈에 못마땅해서 자녀를 바꾸려 했습니다. 그러니 자꾸 관계가 어긋나게 됩니다. 용서하여 주시옵소서.

내 마음부터 바꾸게 하시고 자녀 양육을 새롭게 시작하게 하옵소서. 지금은 보이지 않고, 들리지 않고, 생각할 수 없는 것들조차도, 지금도 일하시는 하나님을 기대하며 기도하게 하옵소서. 예수님의 이름으로 기도합니다. 아멘.

> 기록된 바 하나님이 자기를 사랑하는 자들을 위하여 예비하신 모든 것은 눈으로 보지 못하고 귀로 듣지 못하고 사람의 마음으로 생각하지도 못하였다 함과 같으니라 고전 2:9

My Prayer

Prayer
154

사춘기 자녀를 양육할 때

주고 또 주는 공동체가
가정입니다

가정은 누군가는 주고 또 주고, 누군가는 받고 또 받기만 해도 존속이 가능한 사랑의 공동체입니다. 하지만 나는 "부모인 내가 이만큼 해주었으니 자식으로서 너도 이만큼은 해라" "네가 이만큼을 해야 나도 너에게 이만큼 주겠다"는 식으로 사랑을 거래하려 했습니다. 세상의 기준인 효율성과 생산성의 잣대로 자녀를 평가하고 기준에 못 미치면 속상해했습니다. 주님, 용서하여 주시옵소서.

하나님이 주신 공동체인 우리 가정에서 하나님의 형상이 빚어지고 회복되기를 원합니다. 계속해서 엇나가고 불협화음이 나는 것 같은 우리의 자녀들에게, 주고 또 주는 사랑을 하게 하옵소서. 사람은 실수하는 것이 정상이고 사랑은 실수하는 사람을 용서하는 것임을 깨닫습니다. 아직 완성되지 않은 우리 자녀들의 실수를 끝없이 용서하며 하나님의 성품을 배워 가게 하옵소서. 예수님의 이름으로 기도합니다. 아멘.

너희가 거저 받았으니 거저 주라 마 10:8하

My Prayer

Prayer 155

구원보다 큰일이 없습니다

오늘날은 인간이 인간을 구원할 수 있다고 믿는 세대입니다. 과학과 기술, 경제, 정치, 문화와 교육이 사람을 구원할 수 있다고 말합니다. 그래서 예수님이 필요 없다고 주장합니다. 예수 믿는 것이 조롱거리가 되는 시대에 자라나는 우리 자녀들을 보살펴 주옵소서.

우리 자녀들이 성령으로 자아가 소멸되는 경험을 통해 하나님과 소통하기를 기도합니다. 내가 죽음으로 곁에 있는 영혼들에 눈뜨기를 소망합니다.

세상에 구원보다 큰일이 없고, 영원한 생명보다 값진 것이 없음을 우리 자녀들이 깨닫게 하옵소서. 성령님, 우리 자녀들에게 불같이 임하셔서 그들이 날마다 그리스도의 새 생명으로 살게 하옵소서. 예수님의 이름으로 기도합니다. 아멘.

홀연히 하늘로부터 급하고 강한 바람 같은 소리가 있어 그들이 앉은 온 집에 가득하며 마치 불의 혀처럼 갈라지는 것들이 그들에게 보여 각 사람 위에 하나씩 임하여 있더니 행 2:2-3

My Prayer

자녀를 위해 기도하고 싶을 때

감사를 유산으로
물려주기 원합니다

우리 자녀들에게 무엇을 물려주어야 할지를 생각합니다. 나쁜 습관은 더 빨리 전염됩니다. 나의 분노와 불평과 악한 습관들이 그대로 대물림될까 두렵습니다. 지금 이 순간, 오랜 시간 대물림해 온 악이 끊어지고 자녀들에겐 믿음의 유산만 물려줄 수 있기를 기도합니다.

특별히 우리 자녀들이 무슨 일이든지 먼저 감사함으로 남다른 기초자산을 가진 인생이 되게 하옵소서. 어둠과 혼돈과 무질서로 가득한 이 세상에서 부모 세대가 보여 준 감사를 기억하게 하시고 감사와 기쁨으로 세상을 이기게 하옵소서. 미움과 불평이 가득한 세상에서 부모 세대가 보여 준 이웃 사랑을 기억해 냄으로 화평의 관계를 짓는 자로 살게 하옵소서. 예수님의 이름으로 기도합니다. 아멘.

내가 대회 중에서 주께 감사하며 많은 백성 중에서 주를 찬송하리이다
시 35:18

My Prayer

Prayer
157

자녀를 위해 기도하고 싶을 때

오직 성령 충만을 구합니다

저는 자녀를 위해 마땅히 구할 것을 알지 못하는 어리석고 연약한 부모입니다. 자녀를 위해 무릎을 꿇으면 저절로 눈물이 나고 애통한 기도만 나옵니다. 하지만 돌아서면 자녀를 향해 분노의 화살을 쏘는 어리석은 부모입니다.

부모의 역할은 아이가 낙심하지 않도록 사랑하고 또 사랑하는 것뿐임을 압니다. 자녀를 바꾸기 위해 죽을힘을 다해 싸우다가 자녀도, 나도 죽는 어리석음을 범하지 않게 하옵소서. 이제는 죽을힘을 다해 제 기도의 제목을 성령님께 올려 드리며 나도 살고 자녀도 살게 하옵소서.

제가 부모로서 구할 것은 오직 자녀의 믿음과 성령 충만인 것을 깨닫습니다. 성령님, 자녀의 필요와 간구를 책임져 주옵소서. 성령님, 연약함을 도우시고 자녀를 위해 친히 간구해 주옵소서. 예수님의 이름으로 기도합니다. 아멘.

이와 같이 성령도 우리의 연약함을 도우시나니 우리는 마땅히 기도할 바를 알지 못하나 오직 성령이 말할 수 없는 탄식으로 우리를 위하여 친히 간구하시느니라 롬 8:26

My Prayer

자녀를 위해 기도하고 싶을 때

기도보다 앞서지 않겠습니다

이 땅에서 자녀를 위해 해야 할 일들이 너무 많은 것처럼 느껴집니다. 그러나 그 모든 것에 앞서 자녀의 영혼 구원을 위해 기도하길 원합니다.

이스라엘 백성을 위해서 생명을 내놓고 기도했던 모세의 중보기도를 기억합니다. 패역한 골리앗을 향해 달려가며 드린 다윗의 기도, 시간을 정해 놓고 성전을 향해 드렸던 다니엘의 기도를 기억합니다. 무너진 예루살렘으로 인해 애통하던 느헤미야의 기도를 기억합니다. 우리 자녀를 위해 이렇게 기도하게 하옵소서. 믿음의 부모가 드린 기도로 자녀가 살아나고 영과 육이 주님 받으시기에 합당한 제물이 되도록 성장하게 하옵소서.

하늘과 땅의 모든 권세를 가지신 예수님의 이름으로 기도하오니, 자녀를 향한 구원의 역사를 완성하여 주옵소서. 예수님의 이름으로 기도합니다. 아멘.

그 두루마리를 취하시매 네 생물과 이십사 장로들이 그 어린양 앞에 엎드려 각각 거문고와 향이 가득한 금 대접을 가졌으니 이 향은 성도의 기도들이라 계 5:8

My Prayer

Prayer
159

자녀를 위해 기도하고 싶을 때

레마를 붙들 수 있는 은혜

자녀가 언약의 자녀라는 확신은 하나도 없이, 부모인 나의 바람만을 구하는 기복적인 기도를 할 때가 많습니다. 나의 소원을 관철하기 위해 "하나님, 내 기도를 들어주실 줄 믿습니다" 하고 떼를 쓰는 기도를 합니다. 생각해 보면 그것은 자녀를 위한 기도도 아니었고 하나님을 기쁘시게 하는 기도는 더더욱 아니었습니다.

자녀를 향한 하나님의 뜻을 받아들이기 위해 저와 자녀가 하나님의 말씀을 붙들기 원합니다. 우리에게 특별히 주시는 언약의 말씀, 레마를 붙들 수 있는 은혜를 주옵소서. 그 말씀을 붙들고 기도할 때, 아무것도 염려하지 않게 될 줄 믿습니다. 자녀의 인생이 말씀대로 되어 가기를 구할 때, 하나님이 제가 입 밖에 내지도 않은 은밀한 기도까지 응답해 주시는 분이 하나님임을 믿습니다. 예수님의 이름으로 기도합니다. 아멘.

우리 가운데서 역사하시는 능력대로 우리가 구하거나 생각하는 모든 것에 더 넘치도록 능히 하실 이에게 엡 3:20

My Prayer

자녀를 위해 기도하고 싶을 때

매일 말씀의 만나를
먹게 하소서

게을러서 또는 지식이 없어서 자녀의 신앙 교육을 교회에만 맡겼습니다. 주님, 용서하여 주시옵소서. 이제부터라도 우리 가정이 성경 안에서 씨줄과 날줄로 엮인 지혜의 그물을 발견하기를 원합니다. 특별히 부모와 자녀가 같이 성경을 읽고 기도하게 하옵소서. 우리 자녀가 부모에게 들을 교훈과 훈계를 성경 말씀으로 들으며, 매일 만나를 먹듯 성경을 먹게 하옵소서. 그리할 때 삶의 목적과 공부할 목적을 찾게 될 줄 믿습니다.

말씀에서 길어 올린 가치관과 세계관이 우리 자녀의 삶 속에 깊이 뿌리내리길 간절히 소원합니다. 그 말씀이 때를 따라 돕는 길이요 등불이 될 줄 믿습니다. 훗날 풍성한 열매로 하나님을 기쁘게, 사람을 유익하게 하는 자녀가 되기를 소원합니다. 예수님의 이름으로 기도합니다. 아멘.

> 그는 시냇가에 심은 나무가 철을 따라 열매를 맺으며 그 잎사귀가 마르지 아니함 같으니 그가 하는 모든 일이 다 형통하리로다 시 1:3

My Prayer

자녀를 위해 기도하고 싶을 때

성령님께 로그인하는 자녀

세상은 먹고 마시고 욕망하고 소유하는 데 급급합니다. 그런 세상에서 아직 말씀으로 여물지 않은 우리 자녀들이 시기하고 질투하고 비교하고 갈등하는 삶을 살아갑니다. 모든 욕망은 결코 충족되지 않기에 욕구를 버리지 않는 한 이 불행의 쳇바퀴는 영원히 돌아갈 것입니다. 이 악하고 음란한 세대에서 우리 자녀들이 성령의 사람으로 살게 하옵소서.

늘 하나님께 플러그인하는 우리 자녀들이 되게 하옵소서. 성령으로 로그인하고 내 죄를 깨달아 주님을 붙드는, 영원히 사는 길을 걷는 우리 자녀들이 되게 하옵소서. 자녀들이 하나님을 '나의 하나님'으로 만나는 날을 위해 간절히 기도합니다. 그리하여 비록 나의 자녀이지만 하나님 아버지를 한 아버지로 모시는 영적인 형제자매로 새롭게 만나게 하옵소서. 예수님의 이름으로 기도합니다. 아멘.

무릇 하나님의 영으로 인도함을 받는 사람은 곧 하나님의 아들이라 롬 8:14

My Prayer

건강한 가정을 이루고 싶을 때

가정이 거룩의 토대입니다

죄에 빠져 살며 몸에 밴 나쁜 버릇 때문에 내 힘으로는 나 자신을 바꾸거나 고칠 수 없습니다. 그런 나를 위해 하나님은 '구원'이라는 프로젝트와 '거룩'이라는 키워드로 이 땅에 오셨습니다. 주님, 저를 거룩한 주의 백성으로 빚어 주시옵소서.

내 자녀가 헛된 것에 마음을 빼앗기는 것은 제가 하나님께 깊이 뿌리박힌 삶을 살지 않았기 때문임을 회개합니다. 내 자녀가 병든 관계를 맺는 것은 제가 신앙 전수를 위해 목숨을 걸지 않았기 때문임을 회개합니다. 주님, 불쌍히 여기시고 용서하여 주시옵소서.

이제 삶으로 보여 주는 신앙 전수에 목숨을 걸겠습니다. 자녀들이 주님의 백성으로 양육되도록 우리 가정이 거룩의 토대가 되게 하옵소서. 예수님의 이름으로 기도합니다. 아멘.

> 너희는 헛된 것들에게로 향하지 말며 너희를 위하여 신상들을 부어 만들지 말라 나는 너희의 하나님 여호와이니라 레 19:4

My Prayer

Prayer 163

건강한 가정을 이루고 싶을 때

가정은 도피성입니다

가족을 바꾸기 위해, 더 나은 사람을 만들기 위해 애쓰는 것이 사랑인 줄 알았습니다. 그러나 그것이 상대를 존재 자체로 사랑하지 못하고 내 기준에 부합한 사람으로 만들려는 못난 사랑이라는 걸 깨닫습니다. 사랑은 나 보기에 더 나은 사람을 만드는 일이 아니라 한번 붙든 사람과 끝까지 아름다운 동행을 하는 것임을 몰랐습니다. 내 못난 사랑으로 상처 입은 가족들을 치유하여 주옵소서.

도무지 갚을 수 없는 십자가 사랑을 빚진 자로서 가장 가까운 내 가족을 깊이 사랑하게 하옵소서. 제가 우리 가족의 피할 성역, 도피성이 되기를 원합니다. 이 세상의 비난과 처벌, 두려움과 주저함으로부터 피하여 평안을 누리는 우리 가정이 되도록 축복하여 주옵소서. 예수님의 이름으로 기도합니다. 아멘.

> 마른 떡 한 조각만 있고도 화목하는 것이 제육이 집에 가득하고도 다투는 것보다 나으니라 잠 17:1

My Prayer

건강한 가정을 이루고 싶을 때

달라서 조화를 이루는
우리 가정

돌아와서 보면 원수 같던 그 사람이 내게 붙여 주신 특별한 사람임을 발견하게 됩니다. 지나고 보니 소중하지 않은 것이 없습니다. 주님, 내 가족이 주님의 특별한 선물임을 깨닫게 하옵소서. 가정이 곧 제가 일할 사역지임을 깨닫게 하옵소서. 지금 이 순간 내 가족과 가정을 소중히 여기며 잘 지키게 하옵소서.

달라서 사랑하게 되었고 결혼까지 하게 되었는데, 살아 보니 그 다름이 지옥을 만들었습니다. 그러나 이제 달라서 불화하는 것이 아니라 달라서 최고의 조화를 이루기를 기도합니다. 예수님의 눈으로 그 사람을 바라봄으로 나와 다른 그 점을 인정하게 하옵소서. 성령의 기름 부음으로 주 안에서 하나 되는 가정이 되게 하옵소서. 예수님의 이름으로 기도합니다. 아멘.

> 네 헛된 평생의 모든 날 곧 하나님이 해 아래에서 네게 주신 모든 헛된 날에 네가 사랑하는 아내와 함께 즐겁게 살지어다 그것이 네가 평생에 해 아래에서 수고하고 얻은 네 몫이니라 전 9:9

My Prayer

Prayer
165

건강한 가정을 이루고 싶을 때

돈 버는 것보다 더 중요한 일

일도 예배도 중요하지만, 예수님은 그보다 형제간에 화목하는 것이 더 중요하다고 하십니다. 먼저 다툰 형제와 화해하고 예배드리라고 하십니다. 하지만 돌아보니 제게 우선순위는 일이었고 사람들에게 인정받는 것이었습니다. 사람을 사랑하고 가정을 섬기는 일을 나중으로 미뤘습니다.

결국 인생 전체를 통틀어 사람을 사랑하는 것이 가장 중요하다는 걸 깨닫습니다. 지금 더 사랑하고 더 많이 용서하기를 결단합니다.

나 자신만을 추구하다 가정이 망가지고 관계가 어그러지고 성품이 타락하지 않기를 간구합니다. 돈 벌고 유명해지는 것보다 더 중요한, 사랑하기 위해 가족에게 먼저 다가가겠습니다. 먼저 사랑하고 먼저 용서하고 먼저 화해하도록 은혜를 주옵소서. 예수님의 이름으로 기도합니다. 아멘.

예물을 제단 앞에 두고 먼저 가서 형제와 화목하고 그 후에 와서 예물을 드리라 마 5:24

My Prayer

건강한 가정을 이루고 싶을 때

음란을 이기는 오직 한 길

하나님 아버지, 음란이 광속으로 퍼져 나가는 악한 시대에 살고 있습니다. 우상이 하나님과의 관계를 파국으로 몰아가듯이, 잠시 품은 음욕이 부부 관계와 가정을 파탄으로 몰고 간다는 걸 깨닫기 원합니다. 가정의 울타리를 허무는 작은 여우를 사냥하는 분별을 허락하여 주옵소서. 특히 컴퓨터 앞에 앉을 때나 핸드폰을 볼 때나 깨어 있게 하옵소서. 별생각 없이 누르는 클릭 한번이 생사의 갈림길이 될 수 있다는 경각심을 갖게 하옵소서.

음란은 곧 타락한 자기애이며 간음은 음란의 확장인 것을 알았습니다. 늘 목이 마르고 불안해서 가짜 사랑에 속습니다. 차고 넘치는 하나님의 진짜 사랑에 잠기게 하옵소서. 음란을 이기는 오직 한 길, 아버지의 사랑받는 자가 되길 기도합니다. 우리 가정이 날마다 예수님의 사랑을 노래하는 거룩한 가정이 되게 하옵소서. 예수님의 이름으로 기도합니다. 아멘.

하나님의 뜻은 이것이니 너희의 거룩함이라 곧 음란을 버리고 살전 4:3

My Prayer

건강한 가정을 이루고 싶을 때

내 것은 하나도 없습니다

'이 세상에 내 것은 없구나'를 깨닫는 것이 구원의 본질입니다. 나는 내 것이 아니라 하나님의 것입니다. 하지만 내가 내 것이 아닌데 내 것이라 주장하며 살고 있습니다. 죄란 종일 내 생각하는 것이고, 의란 종일 내 생각 안 하는 것임을 알게 하옵소서.

배우자와 자녀도 내 것이 아님을 깨닫기 원합니다. 단지 하나님께 위탁받았을 뿐인데 그들을 내 것인 줄 알고 내 마음대로 하려 했습니다. 그것이 곧 횡령이요 배임임을 깨닫습니다. 오직 잘 섬기라고 붙여 주신 내 가족을 감사로 사랑하고 성실로 책임지게 하옵소서. 서로 사랑하며 겸손히 섬기는 우리 가정을 보고 세상이 하나님을 인정하게 되길 기도합니다. 예수님의 이름으로 기도합니다. 아멘.

> 야곱아 너를 창조하신 여호와께서 지금 말씀하시느니라 이스라엘아 너를 지으신 이가 말씀하시느니라 너는 두려워하지 말라 내가 너를 구속하였고 내가 너를 지명하여 불렀나니 너는 내 것이라 사 43:1

My Prayer

Prayer
168

건강한 가정을 이루고 싶을 때

피차 복종하기를 기도합니다

성령님이 아니고는 예수님을 주라고 고백할 수 없듯이, 성령님이 아니고는 제게 주어진 질서에 순종할 수 없음을 고백합니다. 우리 부부 가운데 함께하시는 성령님으로 인해 자기를 낮추고 서로 존중하며 복종하기를 기뻐하게 하옵소서.

상대를 미워하고 원망하고 비난하는 일을 멈추기 원합니다. 주님이 내 안에 살아 역사하셔서 손해를 자처하게 하시고 나와 다름이 사랑스럽게 여겨지게 하옵소서.

하나님 아버지, 우리 가운데 오셔서 서로로 인한 기쁨과 감동을 회복시켜 주옵소서. 예수님을 경외하게 하셔서 피차 복종하게 되는 은혜를 주옵소서. 이 위험하고 악한 세상에서, 예수 믿는 가정이 소망이라고 고백하는 우리 부부가 되기를 소망합니다. 예수님의 이름으로 기도합니다. 아멘.

그리스도를 경외함으로 피차 복종하라 엡 5:21

My Prayer

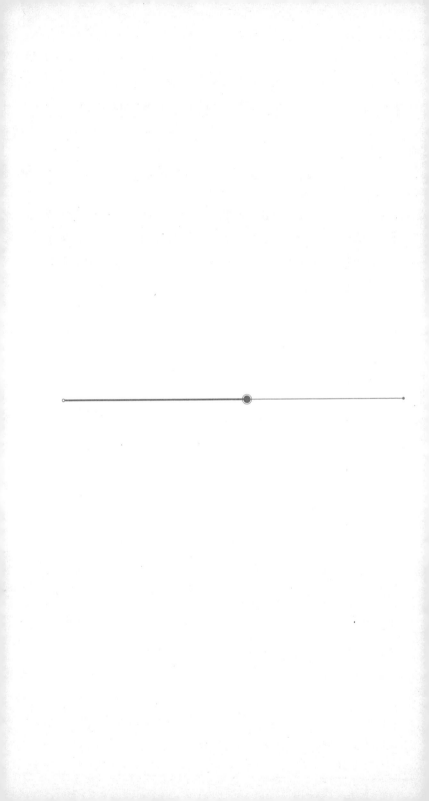

7

169
-
196

몸과 마음이 병들었을 때
믿음을 지키는 것이 본질입니다

하나님 아버지, 몸이 아픕니다. 열심히 신앙생활하고 주님을 섬겼는데 돌아오는 것은 육신의 병이라니 납득하기 어렵고 입술에서 원망이 터져 나옵니다. 그러나 암에 걸려도, 부도가 나도, 고치기 힘든 병에 걸려도 하나님은 선하시다는 믿음을 붙드는 것이 신앙의 뿌리이고 본질인 것을 믿습니다. 무너지지 않겠습니다. 끝까지 믿음의 경주를 할 수 있도록 도와주옵소서.

죽고 사는 것은 하나님의 소관입니다. 다만 바다에 번진 적조를 태풍이 순식간에 걷어 가듯, 내 영혼의 적조 같은 육체의 고난을 한순간에 걷어 가기를 원합니다. 병으로 인한 고난이 축복으로 바뀌는 기적을 믿음의 두 손으로 붙들고 끝까지 놓치지 않게 하옵소서. 예수님의 이름으로 기도합니다. 아멘.

히스기야가 낯을 벽으로 향하고 여호와께 기도하여 이르되 여호와여 구하오니 내가 진실과 전심으로 주 앞에 행하며 주께서 보시기에 선하게 행한 것을 기억하옵소서 하고 히스기야가 심히 통곡하더라 왕하 20:2-3

My Prayer

몸과 마음이 병들었을 때

하나님과 시선을 마주합니다

야곱이 밤이 맞도록 천사와 씨름하며 축복해 달라 요구했을 때, 주님은 그의 환도뼈를 치심으로 그의 중심을 돌려놓는 회개를 시키셨습니다. 그날 이후 야곱은 평생 다리를 절게 되었지만, 하나님만 의지하는 겸손의 삶을 살게 된 것을 묵상합니다. 육신에 어떤 장애가 있든지, 하나님이 그것을 축복의 통로로 삼으시고 인생을 새롭게 이끌어 가실 것을 믿습니다. 나의 아픔이 다른 누군가의 아픔을 돕기 위한 손과 발이 되게 하시기를 기도합니다. 육체의 고통을 바라보지 않고 그 고통을 허락하신 하나님과 시선을 마주하게 하옵소서.

이제는 내 육신의 아픔에 묶이지 않기를 기도합니다. 이 아픔을 통해 하나님이 나를 새롭게 빚어 가시기를 기대합니다. 하나님이 주신 이 육체의 가시를 당당히 감당하게 하옵소서. 가시의 은혜가 내게 족하다는 고백이 깊은 심중에서 터져 나오게 하옵소서. 예수님의 이름으로 기도합니다. 아멘.

그가 브니엘을 지날 때에 해가 돋았고 그의 허벅다리로 말미암아 절었더라 창 32:31

My Prayer

Prayer 171

육신의 고난이 자아를 깨뜨립니다

인생이 평탄할 때는 내가 말씀을 잘 듣고 잘 사는 줄 알았습니다. 그러나 비가 오고 강이 범람하고 태풍이 불자, 열매 맺은 삶과 열매 없는 삶이 갈리는 걸 봅니다. 그제야 나의 실체도 드러납니다.

하나님 아버지, 내가 본질적으로 변하지 않았기에 인생의 문제가 근본적으로 해결되지 않은 것을 깨닫습니다. 이 육신의 아픔을 통해 고래 힘줄 같은 내 자아의 끈이 끊어지고, 바위같이 단단한 마음이 쪼개지고 갈리기를 기도합니다. 이 육신의 고난이 축복이 되어 하나님 나라를 유업으로 받게 하옵소서. 위기를 기회로 바꿔 주시는 주님을 신뢰합니다. 예수님의 이름으로 기도합니다. 아멘.

> 그러므로 누구든지 나의 이 말을 듣고 행하는 자는 그 집을 반석 위에 지은 지혜로운 사람 같으리니 비가 내리고 창수가 나고 바람이 불어 그 집에 부딪치되 무너지지 아니하나니 이는 주초를 반석 위에 놓은 까닭이요
>
> 마 7:24-25

My Prayer

몸과 마음이 병들었을 때
모든 갈증의 뿌리

나를 벗어던지기가 무서워 차라리 하나님을 회피하고 외면하며 살았습니다. 그러다 여러 모양의 중독에 빠졌습니다. 하나님 앞에서는 나를 주장할 수 없고, 내가 나를 죽여야 한다는 것이 싫고 힘들었습니다. 그러나 내 자아는 누더기와 같고 내 영혼은 성말라 죽어 가고 있습니다. 내 영혼의 목마름은 하나님 사랑에 대한 갈증 때문입니다. 돈에 목마르고 성(性)에 목마르고 인기에 목마른 것이 본질이 아니라 먼저 아버지 사랑에 목말랐음을 고백합니다.

하나님 아버님, 두 손 높이 들고 주께 나옵니다. 이 영혼과 육신의 병을 하나님의 생기로 고쳐 주옵소서. 내 힘으로는 아무리 애써도 끊어지지 않는 모든 중독에서 건져 주옵소서. 이제부터는 추악한 과거에 매이지 않고 주님이 주신 비전을 붙들고 미래로 나아가게 하옵소서. 예수님의 이름으로 기도합니다. 아멘.

> 오호라 너희 모든 목마른 자들아 물로 나아오라 돈 없는 자도 오라 너희는 와서 사 먹되 돈 없이, 값없이 와서 포도주와 젖을 사라 사 55:1

My Prayer

Prayer 173

몸과 마음이 병들었을 때

허기진 영혼이
자족하게 되는 비결

내 힘으로는 갖고 싶은 물건 하나, 성적인 욕망 하나, 비난하고 싶은 욕망 하나 컨트롤하지 못합니다. 성령이 내 안에서 육체의 소욕을 거스르도록 도와주옵소서. 성령님을 따라 행할 때 욕심으로 허기진 영혼이 자족하게 될 것을 믿습니다. 성령님이 오신 까닭은 내가 원하는 것을 얻도록 도와주시기 위해서가 아니라, 오히려 내가 원하는 것을 하지 못하게 하시기 위해서임을 깨닫게 하옵소서.

불편해도 내 뜻을 꺾고 예수님 뜻을 따를 때 예전에 맛보지 못한 평안과 기쁨을 얻기를 기도합니다. 매 순간 성령님의 인도하심 따라 나의 병든 부분을 주님 앞에 올려 드리게 하옵소서. 그럴 때 나의 무거운 욕망의 짐이 벗겨지고 대신 쉽고 가벼운 주님의 멍에를 메고 주님과 동행하게 될 것을 믿습니다. 예수님의 이름으로 기도합니다. 아멘.

> 육체의 소욕은 성령을 거스르고 성령은 육체를 거스르나니 이 둘이 서로 대적함으로 너희가 원하는 것을 하지 못하게 하려 함이니라 갈 5:17

My Prayer

Prayer
174

몸과 마음이 병들었을 때

정죄하지도,
정죄받지도 않을 자유

죄를 묻고 죄를 따지고 죗값을 요구하는 정죄의 화살 아래에서 무력하기만 합니다. 내가 이렇게 엉망인데 신앙생활은 대체 무슨 의미가 있나, 내가 나아질 가능성은 있을까 부정적인 감정이 몰려옵니다. 그러나 예수 안에 있으면 총알이 사방에서 날아다니는 전장에서도 안전하다 하십니다. 성령님이 참호가 되어 주셔서 사탄이 쏘는 정죄의 화살로부터 나를 보호하여 주옵소서.

예수 안에 있으면 정죄함이 없습니다. 더 이상 법적으로 처벌받아야 할 근거도, 더 이상 내가 갚아야 할 죗값도 없음을 믿습니다. 내 안에 예수님이 계시고, 내가 예수님 안에 있기에 더 이상 나 자신을 설명하고 증명하고 애써 변호할 필요가 없음에 감사합니다. 저 또한 누구도 정죄할 필요가 없음을 깨닫습니다. 이제는 정죄받지도, 정죄하지도 않는 이 평안과 감사를 온전히 누리게 하옵소서. 예수님의 이름으로 기도합니다. 아멘.

> 그러므로 이제 그리스도 예수 안에 있는 자에게는 결코 정죄함이 없나니
> 롬 8:1

My Prayer

몸과 마음이 병들었을 때
치유와 기적을 넘어선
영원한 생명

영원이라는 무한한 시간에 계시다가, 우리에게 영생이라는 무한한 생명을 주시기 위해 이 땅의 시간 안으로 오신 예수님을 생각합니다. 예수님은 죽음을 시간의 끝으로 여기는 세상에 죽음이 시간의 새로운 시작이라는 소식을 전해 주셨습니다. 그리고 친히 땅의 시간에 묶인 자들을 하늘의 시간 속으로 건져 주셨습니다.

병이 나아도 또 다른 병에 걸릴 수 있습니다. 나사로도 죽었다가 살아났지만 다시 죽었습니다. 예수님은 수많은 병든 이들을 치유하고 고치셨지만, 주님의 관심은 병 낫는 것이 아니라 영생하는 생명에 있었음을 묵상합니다. 저는 육신의 고통에서 치유되는 기적만 바라고 있지 않은지 돌아봅니다. 육신의 연약함이 고쳐지는 것을 넘어서 영원한 생명과 복음에 시선을 고정하게 하옵소서.

영원한 생명을 가진 자로서 두려움과 절망 대신에 소망을 품게 하시고, 사람을 살리는 자로 살게 하옵소서. 예수님의 이름으로 기도합니다. 아멘.

이르시되 우리가 다른 가까운 마을들로 가자 거기서도 전도하리니 내가 이를 위하여 왔노라 하시고 막 1:38

My Prayer

재정 문제로 고민될 때

나의 주인은 누구입니까?

섬김은 세상을 섬기거나 하나님을 섬기거나 둘 중 하나인 것을 깨닫습니다. 세상은 곧 돈인데, 돈이 없으면 불안합니다. 넘치도록 많은 돈을 가지면 안심이 될 것 같습니다. 그렇기에 돈에 종 된 삶을 끊기가 어렵습니다. 주님, 연약한 우리를 불쌍히 여겨 주옵소서.

인생에서 겪는 가난은 홀로 광야를 걷는 것처럼 고통스럽습니다. 그러나 주변을 보면 부자도 여전히 주리고 목이 마른 것을 봅니다. 인생의 갈증은 돈이 해결해 줄 수 없음을 깨닫습니다.

주님은 그리스도를 소유하면 영원히 목마르지 않을 것이라고 약속하셨습니다. 주님의 약속을 굳게 잡고 세상이 아니라 하나님만 섬기기를 원합니다. 하나님이 내 삶의 주인이 될 때 쉴 만한 물가와 푸른 초장으로 인도받게 될 것을 믿습니다. 예수님의 이름으로 기도합니다. 아멘.

> 그들이 다시는 주리지도 아니하며 목마르지도 아니하고 해나 아무 뜨거운 기운에 상하지도 아니하리니 계 7:16

My Prayer

재정 문제로 고민될 때

먹고사는 문제가
발목을 잡습니다

하나님이 주신 것은 모자람이 없이 완벽한데도, 저는 늘 먹을 것과 입을 것을 걱정하고 불안해합니다. 이 같은 걱정과 불안에는 내 힘으로 벌어야만 살 수 있고, 내 힘이 아니고는 삼시 세끼를 해결할 수 없다는 뿌리 깊은 불신이 있음을 고백합니다. 부모의 보호를 받고 사는 자녀는 의식주를 걱정하지 않습니다. 힘든 일을 당할 때 부모에게 찾아가 의논하고 위로를 받습니다. 하나님이 나의 보호자이시고 요새이신데 무엇이 두렵겠습니까. 주님, 저의 불신앙을 용서해 주시옵소서.

육신의 걱정거리에 매여 시간을 허비하지 않기를 기도합니다. 다만 썩지 않을 하나님의 말씀을 묵상하며 모든 것을 더해 주실 하나님을 신뢰하게 하옵소서. 주님이 내 삶을 책임져 주실 것을 굳게 믿고 더 이상 두려움과 불안에 매이지 않게 하옵소서. 예수님의 이름으로 기도합니다. 아멘.

> 너희가 악한 자라도 좋은 것으로 자식에게 줄 줄 알거든 하물며 하늘에 계신 너희 아버지께서 구하는 자에게 좋은 것으로 주시지 않겠느냐
> 마 7:11

My Prayer

Prayer
178

재정 문제로 고민될 때

엄마 품에 안긴 아기처럼

엄마 품에 안긴 아기는 엄마가 주는 것은 묻지도 따지지도 않고 받아먹고 마십니다. 아기에게 엄마는 절대적인 존재이니까요. 주변에 먹을 것, 즐길 것이 차고 넘쳐도 엄마가 없으면 아기는 잘 자랄 수 없습니다. 주님의 품은 제게 엄마의 품입니다. 그 품에 안긴 아기로 살게 하옵소서.

주님은 먹고사는 문제보다 영적인 문제가 더 중요하다고 거듭 말씀하십니다. 성경에 인생 사용 설명서가 있건만, 걱정과 염려에 막혀 말씀 앞에 바로 서지 못합니다. 나의 작은 믿음을 불쌍히 여겨 주옵소서. 의식주의 해결보다 더 중요하고 귀한 것, 성령받기를 사모하며 오늘도 내 삶의 우선순위를 확정하게 하옵소서. 예수님의 이름으로 기도합니다. 아멘.

> 예수께서 그 어린아이들을 불러 가까이하시고 이르시되 어린아이들이 내게 오는 것을 용납하고 금하지 말라 하나님의 나라가 이런 자의 것이니라 눅 18:16

My Prayer

재정 문제로 고민될 때

돈 버는 목적이 무엇입니까?

하나님 아버지, 돈을 많이 벌고 싶은 것이 저의 솔직한 마음입니다. 그러나 주님은 탐욕스러운 마음이 곧 우상 숭배라고 말씀하십니다. 단순히 욕심으로 돈을 벌고자 하지는 않은지 분별하는 힘을 주옵소서.

목적이 부정직하면 쌓다가 무너질 것이나, 목적이 분명하면 하나님께서 반드시 도와주실 것을 믿습니다. 돈을 벌고자 하는 소원이 하나님의 뜻 안에 있게 하시고, 돈을 버는 목적이 하나님의 선한 일이 되게 하옵소서.

돈 버는 과정도 하나님의 의를 따라 정직하기를 바랍니다. 기쁘게 번 돈을 기쁘게 쓰도록 움킨 손을 넉넉히 펴게 하옵소서. 오직 필요한 양식으로 나를 먹이실 하나님의 공평하심과 선하심을 깊이 신뢰하며, 항상 돈 앞에서 나의 욕심인지 하나님의 뜻인지를 분별하게 하옵소서. 예수님의 이름으로 기도합니다. 아멘.

> 나를 가난하게도 마옵시고 부하게도 마옵시고 오직 필요한 양식으로 나를 먹이시옵소서 잠 30:8하

My Prayer

재정 문제로 고민될 때

바르게 사는 것이
잘 사는 것입니다

세상은 일용할 양식에 만족하지 않고 그보다 더 많이 소유하는 것을 능력이라고 합니다. 그래서 나도 모르게 일용(日用)할 양식이 아니라 주용(週用)할 양식, 연용(年用)할 양식, 일생용(一生用)할 양식을 얻겠다고 힘쓰고 틈만 나면 대박을 꿈꿉니다. 마음속에 돈 생각이 가득한데 입으로만 하나님을 찾고 복음을 말합니다. 그러니 내 안에 평안이 없습니다.

내가 매일 먹고 자고 쓰고 할 수 있는 것은 내 힘으로 돈을 벌어서가 아니라 주님의 공급하심 때문임을 깨닫기 원합니다. 필요한 양식으로 나를 먹이시고 공급하실 하나님을 온전히 신뢰하게 하옵소서.

잘 사는 것은 많이 갖는 것이 아니라 바르게 사는 것임을 깨닫게 하옵소서. 일용할 양식으로 자족하는 마음을 주시고, 돈 앞에서 바른 선택을 하게 하옵소서. 물질 만능 사회를 거슬러 주님의 공급으로만 안식을 누릴 수 있기를 소망합니다. 예수님의 이름으로 기도합니다. 아멘.

오늘 우리에게 일용할 양식을 주시옵고 마 6:11

My Prayer

재정 문제로 고민될 때

돈은 거름과 같습니다

주님은 돈이 있는 곳에 반드시 좀과 녹이 슬기에, 이 땅에서 돈을 쌓기 시작하면 그것이 나를 병들게 할 것이라 경고하십니다. 그렇기에 나를 위해 돈을 쌓지 말라 하십니다.

하나님 아버지, 눈에 보이는 재물을 눈에 보이지 않는 관계로 환전할 수 있는 지혜를 주시옵소서. 돈이 나를 해치기 전에 돈을 선한 관계로 바꿀 수 있는 분별력을 허락하옵소서. 내가 귀히 여기는 이 돈을 하늘에 쌓기 원합니다. 재물이 나를 부패하게 하기 전에 생명을 살리는 데 사용할 수 있도록 도와주옵소서.

돈은 거름과 같아서 쌓아 두면 썩는 냄새가 나지만, 흩어 버리면 땅을 기름지게 할 것을 압니다. 내 마음이 가는 곳이 아니라 하나님의 마음이 계신 곳에 재물을 흩게 하옵소서. 사람들을 내게 묶어 두기 위해서가 아니라 하나님께 인도하기 위해 돈을 사용하게 하옵소서. 예수님의 이름으로 기도합니다. 아멘.

오직 너희를 위하여 보물을 하늘에 쌓아 두라 거기는 좀이나 동록이 해하지 못하며 도둑이 구멍을 뚫지도 못하고 도둑질도 못하느니라 마 6:20

My Prayer

Prayer 182

재정 문제로 고민될 때

돈의 질서를 거스르는 힘

돈 앞에서는 사랑하는 사람도, 가족도, 윤리와 도덕도 저버릴 수 있는 미혹된 시대입니다. 내 힘으로 이 돈의 질서를 거부할 수 없기에 그보다 더 강력한 힘을 의지합니다. 주님, 도와주옵소서.

나를 지키기 위해 돈을 의지하는 길이 거꾸로 나를 잃는 지름길입니다. 그러니 돈과 싸우지 않고, 나를 내 힘으로 지키는 것을 포기하기 원합니다. 믿고 의지하고 섬길 대상이 하나님밖에 없다는 단순하고 강력한 신앙으로 되돌아가게 하옵소서.

하나님만으로는 안 된다는 사탄의 속삭임에 속지 않기를 기도합니다. 주야로 돈을 묵상하는 대신 말씀을 묵상하고, 소명을 생각하느라 돈 생각할 겨를이 없게 하옵소서. 물질이 아니라 하나님께 온전히 매여 비전을 좇아 사는 자가 되게 하옵소서. 예수님의 이름으로 기도합니다. 아멘.

> 한 사람이 두 주인을 섬기지 못할 것이니 혹 이를 미워하고 저를 사랑하거나 혹 이를 중히 여기고 저를 경히 여김이라 너희가 하나님과 재물을 겸하여 섬기지 못하느니라 마 6:24

My Prayer

Prayer
183

허무에서 충만으로
인도해 가실 주님

노년에 돈과 건강, 사람을 잃게 되면 어떡하나, 내 인생에 대한 통제
권을 잃으면 어쩌나 두려움이 엄습합니다. 불안하고 낙심됩니다. 그러나
두려움은 하나님이 주시는 마음이 아니라 어두운 영이 주는 마음이므로
그 마음을 단호히 거절하기를 원합니다. 하나님의 능력과 끝없는 사랑이
내 존재 전체를 덮게 하옵소서.

오늘도 존재의 두려움, 근원적인 두려움, 상황이 주는 두려움 등 갖가
지 두려움에서 주님이 건져 내실 것을 믿습니다. 낙심할 수밖에 없는 이
사회의 무한경쟁 시스템에서 건져 내셔서 나의 인생행로를 바꾸어 주옵
소서. 내 인생의 목적과 가치관이 하나님 나라의 것으로 새롭게 세워지
기를 기도합니다. 하나님이 허무에서 충만으로 가도록 가장 선한 것을
주실 줄 믿고 감사드립니다. 예수님의 이름으로 기도합니다. 아멘.

그러므로 우리가 낙심하지 아니하노니 우리의 겉사람은 낡아지나 우리
의 속사람은 날로 새로워지도다 고후 4:16

My Prayer

**Prayer
184**

노년이 궁금하고 걱정될 때

나는 약속의 자녀입니다

다른 사람들이 불안한 앞날을 탄식할 때 주의 자녀인 저는 나를 향한 주님의 계획과 목적을 묻고 또 묻습니다. 나를 지으시고 나보다 더 나를 잘 아시는 하나님과 독대하여 "나는 누구입니까? 나는 어디로 와서 어디로 갑니까?"를 물으며 인생의 답을 찾습니다.

주님, 돌아보면 하나님은 제게 언제나 때를 따라 돕는 은혜를 주셨습니다. 저와 신실하게 동행하셨으며 한 번도 저를 혼자 두시지 않았습니다. 세상 끝날까지 함께하시겠다는 주님의 언약을 신실하게 내 인생에서 행하셨습니다. 감사합니다.

남들이 불확실한 미래를 이야기할 때 삶도 죽음도 주님께 있음을 고백하며 더 큰 소망을 품게 하옵소서. 약속의 자녀를 영원에서 영원까지 지키실 주님을 신뢰하며, 오늘을 평안으로 누리게 하옵소서. 예수님의 이름으로 기도합니다. 아멘.

> 하나님은 사람이 아니시니 거짓말을 하지 않으시고 인생이 아니시니 후회가 없으시도다 어찌 그 말씀하신 바를 행하지 않으시며 하신 말씀을 실행하지 않으시랴 민 23:19

My Prayer

노년이 궁금하고 걱정될 때

유한한 삶을
영원에 접속하게 하소서

하나님은 인생이 잠시 피었다 시드는 풀과 같고 해가 뜨면 사라지는 아침 안개와 같다고 말씀하십니다. 100세 시대라 하지만, 영원에 비교하면 100년은 순간에 불과함을 깨닫습니다. 이 순간의 삶만을 위해 아등바등 살지 않기를 기도합니다.

예수님의 부활이 나와 아무 상관이 없다면 건강이, 돈이, 지위가 없어질까 두려워하며 이 땅의 모든 것에 목을 맬 것입니다. 그러나 예수님을 믿으면 죽어도 살고, 살아서 믿으면 영원히 죽지 않을 것을 믿으므로 살아도, 죽어도 두렵지 않습니다.

이 육신의 생명을 가지고 영생을 위한 일을 할 수 있기를 기도합니다. 가족의 밥을 차리고, 회사에 다니고, 공부를 하고, 청소를 하는 사소하고 평범한 일상에서도 영원한 생명에 접속되기를 소망합니다. 날마다 걷는 이 한 걸음 한 걸음이 곧 영원을 걷는 발걸음이 되게 하옵소서. 예수님의 이름으로 기도합니다. 아멘.

이는 그가 우리의 체질을 아시며 우리가 단지 먼지뿐임을 기억하심이로다 인생은 그날이 풀과 같으며 그 영화가 들의 꽃과 같도다 시 103:14-15

My Prayer

Prayer
186

노년이 궁금하고 걱정될 때

'예수 팔로워'라는 이름만 남기를

내가 더 이상 의지할 곳이 없어서 예수님을 찾을 때, "나를 따르라"는 주님의 음성을 듣게 하옵소서. 현재에도 미래에도 주님이 부르실 때 모두 버리고 따라가겠다고 할 수 있는 겸손한 마음을 주시옵소서. 두려워하지 않고 주님이 이끄시는 길로 좇아가게 하옵소서.

나이 들수록 건강도, 지위도, 지금 당연하게 누리고 있는 것들도 없어질 것입니다. 그러나 내면은 해가 갈수록 더 깊어지는 하나님의 은혜 때문에 어느 것과도 비교할 수 없는 기쁨으로 가득 차기를 기도합니다. 내 육신은 늙어 가나 내 영혼은 주님이 주신 비전으로 나날이 살아 생동하게 하옵소서. 그리하여 내가 죽었을 때 '예수 팔로워'라는 이름만 남기를 소망합니다. 예수님의 이름으로 기도합니다. 아멘.

> 예수께서 그곳을 떠나 지나가시다가 마태라 하는 사람이 세관에 앉아 있는 것을 보시고 이르시되 나를 따르라 하시니 일어나 따르니라 마 9:9

My Prayer

노년이 궁금하고 걱정될 때

지혜자나 우매자나
다를 게 없습니다

종일 나를 묵상하며 내가 이룬 것들에 도취되어 자고(自高)하였습니다. 그러나 그것들은 영원하지 않기에 허무하고 또 허무합니다. 솔로몬은 죽음을 앞둔 이는 지혜자나 우매자나 다를 게 없음을 발견했습니다. 가진 것이 많을수록 남겨 두고 떠나는 일이 힘든 것을 봅니다. 쌓은 탑이 높을수록 뒷감당하기 어려운 것을 봅니다. 살아서 지혜자라도 죽어서는 우매자가 될 수 있음을 깨닫습니다.

하나님 아버지, 이제 영원하신 주님께 시선을 돌리기 원합니다. 내가 한 일이 아니라 하나님이 행하시는 일에 주목하게 하옵소서. 이제까지 나를 붙드시고 이끄신 주님의 은혜에 감사하며 기뻐하게 하옵소서. 그리고 자녀들과 가족에게 오직 믿음만 유산으로 남기고 갈 수 있도록 나를 지켜 주옵소서. 예수님의 이름으로 기도합니다. 아멘.

> 어떤 사람은 그 지혜와 지식과 재주를 다하여 수고하였어도 그가 얻은 것을 수고하지 아니한 자에게 그의 몫으로 넘겨주리니 이것도 헛된 것이며 큰 악이로다 전 2:21

My Prayer

노년이 궁금하고 걱정될 때
단순하게 주님을 믿겠습니다

나이가 들수록 앞일이 두렵습니다. 앞으로 닥칠 노후의 위기를 어떻게 피할지 고민하느라 피곤합니다. 그러나 근심은 믿음이 없으므로 찾아오는 것임을 깨닫습니다. 주님은 좌고우면(左顧右眄)하지 말고 단지 믿으라 하십니다. 주님, 고민해 봐야 고단할 뿐인 근심을 믿음으로 내려놓습니다. 주님이 이 짐을 져 주옵소서.

이제 내 아버지 하나님이 누구신지를 알기에 걱정하지 않겠습니다. 여전히 믿음 없음으로 하나님의 뜻을 복종하지 못할 때 하박국 선지자가 경험한 하나님의 뜨거운 구원의 열망을 보게 하옵소서. 가진 것 하나 없고 손에 쥔 것 하나 없어도 구원의 하나님으로 인하여 기뻐하게 하옵소서. 원수조차 품기 원하시는 하나님이 자녀인 저를 고아처럼 버려두지 않으실 것을 믿습니다. 하늘에 소망을 두고 주님이 인도하는 빛을 따라 살아가도록 은혜가 마르지 않게 하시옵소서. 예수님의 이름으로 기도합니다. 아멘.

> 내 아버지 집에 거할 곳이 많도다 그렇지 않으면 너희에게 일렀으리라
> 내가 너희를 위하여 거처를 예비하러 가노니 요 14:2

My Prayer

노년이 궁금하고 걱정될 때

시작과 끝이 한결같기를

하나님을 향한 믿음과 지혜로 성전을 건축한 솔로몬이 말년에 이방 신전을 들임으로 신앙에서 멀어진 것을 봅니다. 널리 존경받던 지도자들이 말년에 넘어졌다는 이야기들도 듣습니다. 성경도 신앙의 여정이 처음 같기가 어려움을 가르칩니다.

주님, 내 신앙 여정의 시작과 끝이 한결같기를 기도합니다. 혹시 내가 넘어지고 끝내 타락해 버린다면 인생 막대기를 들어 나를 치셔서 구원의 길로 돌이켜 주옵소서. 인간이 하나님을 떠나 할 수 있는 것이 우상숭배의 길밖에 없음을 깨닫기 원합니다. 무엇보다 믿음을 지켜 주옵소서.

잘 시작하는 것이 중요하지만, 잘 마무리하는 것은 더 중요함을 깨닫습니다. 시작보다 더 아름다운 끝이 될 수 있도록 은혜의 손길을 거두지 말아 주시옵소서. 예수님의 이름으로 기도합니다. 아멘.

의인은 종려나무같이 번성하며 레바논의 백향목같이 성장하리로다… 그는 늙어도 여전히 결실하며 진액이 풍족하고 빛이 청청하니 시 92:12, 14

My Prayer

일과 삶의 균형을 되찾고 싶을 때

예수님과 함께 출근합니다

하나님을 떠난 탁월함은 내 생명을 갉아먹을 수 있습니다. 내 생명뿐 아니라 다른 사람의 생명마저도 해칠 수 있다는 것을 알았습니다. 일중독에 빠져 의식하지 못하는 사이 가정이 망가지고 내 주변의 사람들이 아픔과 상실의 고통을 당했습니다. 저는 천하를 얻고도 목숨을 잃는 참으로 어리석은 사람이었습니다. 불쌍히 여겨 주옵소서.

주님, 내 인생의 우선순위를 바로잡아 주옵소서. 진정한 탁월함은 나를 드러내는 것이 아니라 사랑과 생명, 비전을 드러내는 것임을 깨닫습니다. 내가 사랑하는 것이 무엇인지 매 순간 일깨워 주셔서 또다시 사랑을 잃고 사람을 잃는 잘못을 범하지 않게 하옵소서. 날마다 예수님과 함께 출근하고 일하겠습니다. 나의 일터가 하나님이 다스리는 일터로 회복되게 하옵소서. 예수님의 이름으로 기도합니다. 아멘.

사람이 만일 온 천하를 얻고도 제 목숨을 잃으면 무엇이 유익하리요 사람이 무엇을 주고 제 목숨과 바꾸겠느냐 마 16:26

My Prayer

일과 삶의 균형을 되찾고 싶을 때

하나님이 정하신 우선순위

사탄은 상황과 형편에 따라 계속해서 말을 바꾸면서 하나님이 정하신 우선순위를 허물려 합니다. 원칙과 정도(正道)가 아닌, 상황 윤리와 지름길을 따르라고 충동합니다. 주님, 버릴 것을 버리고 버리지 말아야 할 본질을 지키는 것이 믿음의 기본이듯이, 저의 인생에서도 중요한 것과 중요하지 않은 것을 분별하게 하옵소서. 중요한 것, 먼저 해야 할 것을 흘려보내고 부수적인 일들에 마음을 빼앗기지 않도록 지켜 주옵소서.

예수님은 이 땅에 오셔서 하나님의 우선순위를 따르며 모든 것을 다 이루셨습니다. 예수님처럼 하나님의 우선순위를 따라 살면 내게 주어진 인생의 시간이 결코 부족하지 않을 것임을 믿습니다. 허락하신 소명을 더욱 온전히 이루기 위해, 말씀의 우선순위가 바로 세워지게 하옵소서. 예수님의 이름으로 기도합니다. 아멘.

> 너의 행사를 여호와께 맡기라 그리하면 네가 경영하는 것이 이루어지리라 잠 16:3

My Prayer

일과 삶의 균형을 되찾고 싶을 때

방향을 점검하며
목적을 살핍니다

말씀의 자리, 기도의 자리에 앉으면 자꾸 다른 일을 먼저 해야 할 것 같고 마음의 쓴 뿌리가 올라옵니다. 말씀대로 구하지 못하게 막고, 기도하지 못하게 훼방하는 사탄의 전략에 속아 넘어가지 않도록 지켜 주옵소서.

사람을 만나기 전에, 만나는 동안에, 만나고 나서도 기도하길 원합니다. 하루가 시작될 때 말씀을 묵상하며 세상이 알 수 없는 주님과의 교제의 기쁨을 누리길 원합니다. 속도가 빠를수록 어디를 향하고 있는지 방향을 점검하며, 높이 오를수록 목적을 살피고, 깊이 내려갈수록 출구가 어디인지 기억하게 하옵소서. 과속으로 목숨을 잃고, 높이 올랐다가 끝없이 추락하고, 깊이 팠다가 판 곳에 묻히는 실수를 범하지 않게 하옵소서. 예수님의 이름으로 기도합니다. 아멘.

너는 범사에 그를 인정하라 그리하면 네 길을 지도하시리라 잠 3:6

My Prayer

일과 삶의 균형을 되찾고 싶을 때

목적지가 확실합니까?

인생의 크고 작은 전쟁에서 나 보기에 좋은 대로만 선택하고, 모든 것을 하나님께 돌려드리는 완전한 봉헌을 꺼려 했습니다. 믿음의 본질은 제사가 아니라 순종임에도, 순종하는 대신에 더 성공해서 하나님을 기쁘게 하겠다는 만용을 부렸습니다. 주님, 용서해 주시옵소서.

많은 것을 이루고도 허망한 인생이 있고, 특별할 것 없지만 알곡 같은 인생이 있음을 봅니다. 죽을힘을 다해서 달려갔건만 목적지가 틀린 허망한 인생이 되지 않기를 기도합니다. 나의 전부를 드렸다고 자부했는데 하나님이 받지 않으시는 인생이 되지 않을까 두렵습니다. 전투에서 이기고 전쟁에서 지는 어리석은 자가 되지 않게 하옵소서. 인생에서 승리하는 길, 죽어도 영원히 사는 길로 저를 부르시는 주님의 말씀이 나의 우선순위가 되게 하옵소서. 예수님의 이름으로 기도합니다. 아멘.

> 사무엘이 이르되 여호와께서 번제와 다른 제사를 그의 목소리를 청종하는 것을 좋아하심 같이 좋아하시겠나이까 순종이 제사보다 낫고 듣는 것이 숫양의 기름보다 나으니 삼상 15:22

My Prayer

Prayer 194

너무 많은 일을
하고 있지 않습니까?

많은 일을 하다 보니 화가 많아졌습니다. 가족들에게 짜증을 내고, 게으른 동료를 채근하며 나의 기준을 강요했습니다. 이렇게 열심히 사는 내가 옳고, 내 기준에 부합하지 못하는 다른 사람들이 틀렸다고 생각했습니다.

세상은 분주하게 움직이고 열심히 사는 것이 미덕이며 능력이라고 믿습니다. 그러나 예수님은 관계를 해칠 만큼 많은 일을 하고 있다면 과연 그 일을 왜 하느냐고 물으십니다. 일보다 중요한 사람을 잃지 않는 지혜를 주옵소서. 많은 일을 하기보다 소중한 한 사람에게 집중하게 하옵소서. 내 기준이 아니라 그의 기준을 존중하게 하옵소서. 내가 틀리고 그가 옳을 수 있다는 걸 인정하게 하옵소서. 예수님이 굳이 한 사람을 만나기 위해 먼 길을 찾아가신 것처럼 한 사람을 위한 수고를 아끼지 말게 하옵소서. 주의 길을 따름으로 선한 영향을 미치는 그리스도의 향기가 되기를 원합니다. 예수님의 이름으로 기도합니다. 아멘.

> 주께서 대답하여 이르시되 마르다야 마르다야 네가 많은 일로 염려하고 근심하나 몇 가지만 하든지 혹은 한 가지만이라도 족하니라 마리아는 이 좋은 편을 택하였으니 빼앗기지 아니하리라 하시니라 눅 10:41-42

My Prayer

일과 삶의 균형을 되찾고 싶을 때

그 일의 목적은 무엇입니까?

쉼 없는 분주함으로 삶이 소란스러웠습니다. 어디까지 올라갈지만 생각했지, 어디에서 출발했는지를 겸손히 돌아보지 못했습니다. 인생에는 버려야 할 성공도 있고 취해야 할 실패도 있다는 것을 몰랐습니다. 수고하고 애쓰는 그 일이 바른 목적을 갖지 못했다면 남은 일은 추락하는 것밖에 없음을 깨닫습니다.

실패할지라도 주님의 나라와 의를 구하는 목적에 합당했다면 이미 주님이 계수하신 것을 믿으며 감사하기를 원합니다. 돈 때문에, 사람 때문에, 야망 때문에 일하지 않게 하옵소서. 주님이 주신 비전 때문에 일하고 싶습니다. 주님의 말씀을 순종하므로 일하게 하옵소서. 실패를 두려워하지 않고 하나님을 증거하는 삶을 살게 하옵소서. 예수님의 이름으로 기도합니다. 아멘.

> 오늘 네 하나님 여호와께서 이 규례와 법도를 행하라고 네게 명령하시나니 그런즉 너는 마음을 다하고 뜻을 다하여 지켜 행하라 신 26:16

My Prayer

일과 삶의 균형을 되찾고 싶을 때

기꺼이 손해를 감수하겠습니다

그리스도인으로서 지혜로운 삶은 편안한 삶이 아니라 더 수고하고 섬기는 데 있음을 알았습니다. 예수님이 "누구든지 너로 억지로 오 리를 가게 하거든 그 사람과 십 리를 동행하라"고 하셨듯이, 기꺼이 힘든 일에 동참하기를 바랍니다. 인정받고 더 잘나가기 위해서가 아니라 그리스도인으로서 살기 위해 힘쓰게 하옵소서. 어느 때나 어디서나 시대를 거스르는 그리스도인으로 살도록 도와주옵소서.

믿는 자의 삶은 거창한 것이 아니라 다른 이들을 배려하고, 사회의 규범을 성실하게 지키며, 일상생활에 최선을 다하는 것임을 깨닫습니다. 기쁘게 일하고 한 사람의 생명을 천하보다 귀하게 여기며 기꺼이 손해를 감수하는 것이 내가 죽고 내 안에 그리스도가 사는 길임을 믿습니다. 도와주옵소서. 예수님의 이름으로 기도합니다. 아멘.

또 누구든지 너로 억지로 오 리를 가게 하거든 그 사람과 십 리를 동행하고 마 5:41

My Prayer

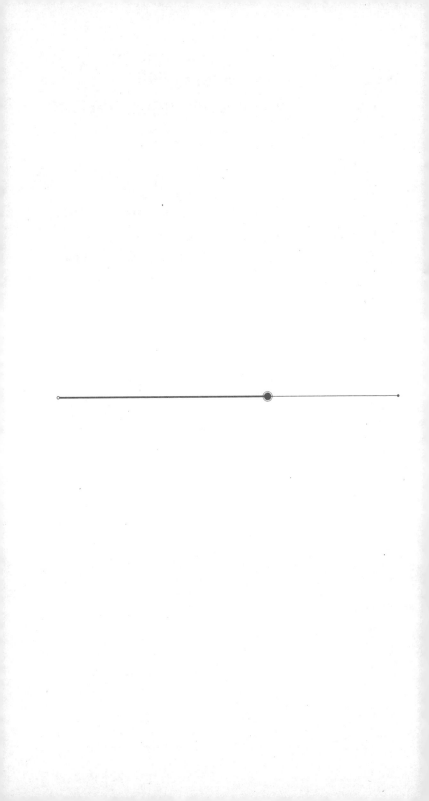

8

197
-
224

신앙생활이 무미건조할 때

처음 자리로 돌아갑니다

신앙생활을 오래 하면서 매너리즘에 빠진 나의 모습을 봅니다. 하나님을 부인하거나 예배를 드리지 않는 것은 아니지만, 현실과 적당히 타협하고 살면 어떠냐는 마음이 불쑥불쑥 올라옵니다. 좋은 게 좋은 것 아니냐고, 하나님이 세상 만물을 다 주셨는데 좀 즐기면 어떠냐고 나 자신을 설득하려 합니다. 그러나 저는 세상을 바꾸도록 부름받은 사람입니다. 세상을 변혁할 책임이 제게 있습니다.

죄인은 포용해도 죄를 용납하지 않으며, 사람들과 더불어 살지만 세상을 닮지 않기로 결단합니다. 평생 예수님만 사랑하겠다고 마음먹은 처음 자리로 돌아가게 하옵소서. 처음 사랑을 회복시켜 주옵소서. 거룩한 복음을 붙든 구별된 자로서 어두운 세상에 불을 밝히는 자로 세워 주옵소서. 예수님의 이름으로 기도합니다. 아멘.

그러나 너를 책망할 것이 있나니 너의 처음 사랑을 버렸느니라 계 2:4

My Prayer

신앙생활이 무미건조할 때

생명을 살리는 사명

하나님 아버지, 영적인 매너리즘에 빠졌습니다. 어떻게 하면 편안할까, 어떻게 하면 좀 더 많이 벌어서 풍족하게 누릴까에 관심을 기울입니다. 왜 예배를 드리는지 고민하지 않고 습관을 따라 예배를 드립니다. 말씀도 습관에 따라 읽을 뿐 내 삶의 길이요 빛으로 초대하지 않습니다.

예수님은 제자들을 불러 사람을 낚는 어부가 되라고 하셨습니다. 저에게도 생명을 살리는 사명을 주셨음을 깨닫습니다. 다시금 달려갈 길을 분명히 하옵소서. 믿음을 새롭게 하옵소서. 게을러서 현실에 안주하지 말고 하나님의 형상을 회복하는 일에 힘쓰게 하옵소서. 가치 없는 사람을 가치 있게 만드는 이 거룩한 일에 생명을 던질 때 하나님이 절대 손해 보지 않게 하실 줄 믿습니다. 예수님의 이름으로 기도합니다. 아멘.

말씀하시되 나를 따라오라 내가 너희를 사람을 낚는 어부가 되게 하리라 하시니 마 4:19

My Prayer

신앙생활이 무미건조할 때

말씀으로 부요하게 하옵소서

교회는 다니지만 무엇을 위해 부름을 받았는지 어디로 보냄을 받았는지 모릅니다. 내 귀에 울리도록 말씀하신 주님의 음성이 어느새 아스라이 잊혀 갑니다. 주님은 네가 곤고하고 가난하며 눈멀고 벌거벗었다고 날카롭게 책망하십니다. 바른 믿음이 전혀 없다고 말씀하십니다.

주님, 단 하나도 나의 힘과 능으로 여기까지 온 것이 없는데, 배부르고 등 따습다고 그새 주님을 잊었습니다. 용서하여 주옵소서. 말씀을 먹지 못하면 저는 죽은 목숨이나 다름없습니다. 매일 주님이 주시는 양식으로 생명을 회복하게 하옵소서. 차지도 덥지도 않으며 벌거벗어 수치를 당한 나의 믿음을 새롭게 하여 주옵소서. 이제 주 앞에 심령이 가난하고 애통한 자로 나가기 원하오니 말씀으로 부요하게 하옵소서. 예수님의 이름으로 기도합니다. 아멘.

> 네가 말하기를 나는 부자라 부요하여 부족한 것이 없다 하나 네 곤고한 것과 가련한 것과 가난한 것과 눈먼 것과 벌거벗은 것을 알지 못하는도다 계 3:17

My Prayer

신앙생활이 무미건조할 때

이곳은 전쟁터입니다

주님은 저를 그리스도의 군사로 부르셨습니다. 그러니 내 삶의 자리가 곧 전쟁터입니다. 그런데 저는 전쟁이 난 줄도 모르고 내가 군사인 줄도 모르고 마냥 나태합니다. 더구나 제가 싸워야 할 적이 누군지 알지 못합니다. 이쪽도 저쪽도 아닌 흐릿하고 혼탁한 영적 상태로 마치 전쟁터에서 방황하고 있는 패잔병과 흡사합니다.

주님, 부패한 나의 영을 새롭게 하옵소서. 이 싸움은 물러서는 순간 죽음이 임하는 삼엄하고 살벌한 싸움입니다. 그러나 나의 지휘관이 하나님이심을 분명히 할 때 전쟁은 이미 승리한 것임을 믿습니다. 말씀의 전신갑주를 입고 주님과 함께 전쟁에 나가야만 백전백승할 줄 믿습니다. 눈에 보이지 않는 적을 분별하여 능히 대적하는 주의 군사가 되게 하옵소서. 예수님의 이름으로 기도합니다. 아멘.

끝으로 너희가 주 안에서와 그 힘의 능력으로 강건하여지고 마귀의 간계를 능히 대적하기 위하여 하나님의 전신갑주를 입으라 엡 6:10-11

My Prayer

Prayer 201

신앙생활이 무미건조할 때

내게 꼭 맞는 달란트

주님은 제게 소명과 그 소명을 감당할 달란트를 주셨습니다. 그 달란트를 사용할 시간도 주셨습니다. 그런데도 저는 자꾸 남이 가진 달란트가 탐이 나고 질투가 납니다. 그래서 주님의 잔치에 참예할 수 없는 나의 어리석음을 용서하여 주옵소서.

이제 땅을 향하던 시선을 하늘로 향하기 원합니다. 몸의 지체는 각기 다르지만 하나라도 없으면 안 되듯이, 내가 받은 달란트는 내게 꼭 알맞은 것임을 깨닫기 원합니다. 그렇게 나의 소명에 합당하게 살 때 주님은 '착하고 충성된 종'이라 부르시며 하나님 나라 잔치에 초대해 주실 줄 믿습니다. 주인이신 하나님 아버지의 즐거움에 참여하고 기쁨을 맛보는 삶이 회복되게 하옵소서. 예수님의 이름으로 기도합니다. 아멘.

그 주인이 이르되 잘하였도다 착하고 충성된 종아 네가 적은 일에 충성하였으매 내가 많은 것을 네게 맡기리니 네 주인의 즐거움에 참여할지어다 하고 마 25:21

My Prayer

신앙생활이 무미건조할 때

영적 싸움을 싸울 각오

우리 씨름의 상대가 혈과 육, 즉 사람들이 아님을 기억하길 원합니다. 사람들 배후에 있는 악한 영적 존재들이 곧 우리가 싸울 상대입니다. 가장 힘든 싸움은 내가 누구와 싸우고 있는지 모르는 싸움입니다. 더 힘든 싸움은 놀이터인 줄 알고 갔다가 봉변을 당하는 싸움입니다. 이 삶의 현장이 피할 수 없는 전쟁터임을 분명히 알기 원합니다.

사방에서 불화살이 날아드는 전장에서 하나님의 전신갑주를 입게 하옵소서. 악한 세력들을 잘 대적하기 위해 말씀에 뿌리를 내리고 순종하게 하옵소서. 분명한 의지를 가지고 일어서서 싸울 결의를 다지게 하옵소서.

물맷돌을 들고도 하나님의 이름으로 골리앗을 물리친 다윗처럼, 나는 약하나 나와 함께하시는 하나님의 전능하심을 믿고 나아갈 때 싸움에서 승리하게 하실 줄 믿습니다. 예수님의 이름으로 기도합니다. 아멘.

> 그러므로 하나님의 전신갑주를 취하라 이는 악한 날에 너희가 능히 대적하고 모든 일을 행한 후에 서기 위함이라 엡 6:13

My Prayer

신앙생활이 무미건조할 때

하나님의 긴급 호출

부러우면 진다는 말이 있습니다. 정말 그렇습니다. 세상이 부러워서 날마다 묶이고 깎이고 마모되는 인생입니다. 이스라엘 백성이 애굽에서 노예로 살면서 온갖 부림을 당했듯이, 주님의 말씀이 아니면 나도 세상의 노예가 되어 탈진하고 말 것입니다.

이런 저를 탈출시키려고 주님이 교회로 부르셨습니다. 하나님이 부르신 이들과 함께 진리로 자유해지라고 긴급 호출하셨습니다. 공동체와 더불어 예배드리고 지체와 교제하며 말씀 안에서 바르게 살라고 우리를 교회로 부르셨습니다. 감사합니다. 주님을 송축합니다.

이제 저는 하나님의 교회가 되었으니 세상이 부럽지 않습니다. 날마다 주님 안에서 새롭게 빚어지는 기쁨만 있을 뿐입니다. 주님의 백성으로 빚어지는 이 훈련을 잘 받아 독수리처럼 비상하는 믿음의 사람이 되게 하옵소서. 예수님의 이름으로 기도합니다. 아멘.

주는 영이시니 주의 영이 계신 곳에는 자유가 있느니라 고후 3:17

My Prayer

Prayer 204

전도하고 싶을 때

주님의 관심사가
나의 관심사입니다

주님, 바리새인들처럼 하나님의 뜻을 오해하고 왜곡하여 하나님의 관점을 가질 수 없었습니다. 그뿐만 아니라 다른 사람들에게도 나의 관점과 해석을 강요했습니다. 용서하여 주옵소서.

예수님은 안식일에도 일하심으로 하나님의 뜻을 바르게 가르치고자 하셨습니다. 하나님의 뜻이 오염되지 않도록 오직 말씀의 본질을 붙들기 원합니다.

눈을 뜨고 살지만 볼 것을 못 보고 사는 사람들이 있습니다. 안 봐도 그만인 것을 보면서 온갖 죄를 짓는 사람들이 있습니다. 그들의 눈을 뜨게 하는 것이 주님의 관심사입니다. 주님, 저도 어둠 속에서 고통받고 있는 사람들을 찾아가 빛의 시간으로, 안식의 자리로 초청하게 하옵소서. 예수님의 관심사가 나의 관심사가 되고, 주님의 목적이 나의 목적이 되도록 은혜 주시옵소서. 예수님의 이름으로 기도합니다. 아멘.

> 때가 아직 낮이매 나를 보내신 이의 일을 우리가 하여야 하리라 밤이 오리니 그때는 아무도 일할 수 없느니라 요 9:4

My Prayer

Prayer
205

전도하고 싶을 때

주님의 기쁨에
참예하기 원합니다

영혼 구원을 사명으로 주셨건만, 가기 싫은 곳, 만나기 싫은 사람이 있습니다. 같이 대화하고 싶지도 않고, 심지어 교회에 오면 싫을 것 같은 사람마저 있습니다.

하지만 주님, 저 역시 받을 자격이 없는 죄인으로 복음을 받았음을 기억하길 원합니다. 하나님이 지금도 오래 참고 견디신다는 것을 깨닫게 하옵소서. 추수할 때가 된 들녘으로 나가 주님의 동역자로 일하게 하옵소서.

주님께 동역자가 없어서 저를 부르신 것이 아닙니다. 제게 동역의 기쁨, 순종의 기쁨, 기도 응답의 기쁨을 맛보게 하시려고 부르셨습니다. 이제 복음의 소리꾼이 되어 주님의 기쁨에 참예하기 원합니다. 한 사람이 돌아올 때 하늘의 천군천사가 기뻐하는 그 기쁨을 맛보게 하옵소서. 예수님의 이름으로 기도합니다. 아멘.

너희는 넉 달이 지나야 추수할 때가 이르겠다 하지 아니하느냐 그러나 나는 너희에게 이르노니 너희 눈을 들어 밭을 보라 희어져 추수하게 되었도다 요 4:35

My Prayer

전도하고 싶을 때

기쁘게 이 길을 갑니다

초대 교회 사람들이 받은 박해와 환난과 비교할 수는 없지만, 지금 이 시대에도 복음을 전하기가 어렵습니다. 우리가 전하는 복음을 세상이 달가워하지 않습니다. 어둠인 세상이 빛인 진리를 부담스러워하는 것은 당연한 일입니다. 그러나 혹시 내가 한 알의 밀알로 땅에 떨어져 썩지 않았기 때문에 세상이 나를 싫어하는 것은 아닌지 두렵습니다.

주님, 제가 세상에 속한 사람이 아니기 때문에 세상이 저를 미워하고 싫어하는 이유이기를 바랍니다. 그 때문이라면 그들의 비난과 핍박을 달게 받겠습니다. 주님의 뜻을 제대로 따르다가 받는 고난이라면 감사히 받겠습니다.

십자가의 복음을 전하기 위해 좁은 길을 날마다 기쁘게 선택하기를 기도합니다. 참 좋은 소식, 예수님을 전하며 기쁘게 이 길을 달려가게 하옵소서. 예수님의 이름으로 기도합니다. 아멘.

> 너희가 세상에 속하였으면 세상이 자기의 것을 사랑할 것이나 너희는 세상에 속한 자가 아니요 도리어 내가 너희를 세상에서 택하였기 때문에 세상이 너희를 미워하느니라 요 15:19

My Prayer

전도하고 싶을 때

진정한 충성의 열매

저는 하나님 나라에서 파송된 주님의 대사입니다. 이 땅은 하나님 나라를 전파하는 나의 사역지입니다. 하나님 나라의 대사는 하나님의 뜻을 세상에 전하는 것이 유일한 책무입니다.

하지만 나의 일상을 보면 사명으로 받은 책무와 상관이 없을 때가 너무 많습니다. 일상이 너무 바빠서라고 변명하지만, 사실은 하나님의 일보다 다른 일에 관심이 더 많기 때문임을 회개합니다. 어떡하든지 주의 사랑하는 영혼들을 만나 하나님 나라를 전파하는 데 힘을 쏟아야 하건만 그렇지 못한 것을 용서하옵소서.

사람에게, 조직에게, 목표에 충성하는 사람은 많지만, 전도하라고 주신 사명에 충성하는 사람은 드뭅니다. 주님, 제가 그 한 사람이 되기 원합니다. 내게 붙여 주신 그 한 사람에게 복음 전하기를 힘씀으로 주님께 진정한 충성의 열매를 드릴 수 있기를 소망합니다. 예수님의 이름으로 기도합니다. 아멘.

예수께서 또 이르시되 너희에게 평강이 있을지어다 아버지께서 나를 보내신 것같이 나도 너희를 보내노라 요 20:21

My Prayer

전도하고 싶을 때

주님의 일에 참여자요
증인입니다

주님, 제가 너무 부족해서 과연 다른 사람에게 복음을 전할 수 있을까 의심이 됩니다. 복음 없이도 잘 살 것 같은 사람들에게 과연 복음이 복음으로 들릴까 회의가 됩니다. 그러나 주님은 겨자씨만 한 믿음만 있어도 산을 옮길 수 있다고 말씀하십니다. 믿음이 능력보다 크다 하십니다. 생명을 살리는 일은 내 능력으로 하는 것이 아니라 믿음으로 하는 것임을 깨닫습니다. 그것이 주님의 기쁨에 참예하는 것이기에 믿음에 욕심내기를 바랍니다.

복음 전파는 주님의 뜻이요 주님의 일입니다. 나는 참여자요 증인일 뿐임을 고백합니다. 때를 얻든지 못 얻든지 입을 열어 담대히 복음을 전할 때 주님이 열매를 거두어 주옵소서. 시작도 끝도 하나님이 책임져 주실 줄 믿습니다. 주님의 일에 동역하는 것으로 기쁨이 넘치게 하시고 끝까지 동역하게 하옵소서. 예수님의 이름으로 기도합니다. 아멘.

> 너는 말씀을 전파하라 때를 얻든지 못 얻든지 항상 힘쓰라 범사에 오래 참음과 가르침으로 경책하며 경계하며 권하라 딤후 4:2

My Prayer

Prayer
209

전도하고 싶을 때

영원한 안식의 세계로
초청하는 증인

하나님의 뜻은 우리가 증인이 되어 하나님을 증언하는 것입니다. 그런데 증언은 내 생각과 내 경험을 말하는 것이 아니라고 하십니다. 예수님의 생각과 판단을 우선순위에 두며 그것을 말하는 것이 증인 된 삶이라 하십니다.

'예수님이 사랑이시다'를 증언하기 위해 그 사람을 예수님의 사랑으로 사랑하기를 기도합니다. '예수님이 당신의 죄를 용서하셨다'를 증언하기 위해 그의 죄를 진심으로 용서하기를 원합니다. 증인이 되기 위해 말씀을 믿고 말씀대로 사는 우리의 삶을 세상이 볼 수 있게 하옵소서. 말씀이신 성령님을 깊이 만나 변화된 삶으로 예수님을 증거하기를 원합니다. 단 한 사람이라도 영원한 안식의 세계로 초청하는 증인으로 나를 빚어 주옵소서. 예수님의 이름으로 기도합니다. 아멘.

믿음의 선한 싸움을 싸우라 영생을 취하라 이를 위하여 네가 부르심을 받았고 많은 증인 앞에서 선한 증언을 하였도다 딤전 6:12

My Prayer

전도하고 싶을 때

소명은 일이 아니라 삶입니다

오늘날은 하나님을 주인으로 모시는 삶 자체가 싸움이요 환난임을 깨닫습니다. 그러니 매 순간 내가 점검할 것은 주님이 나의 왕으로 좌정하고 계신가입니다. 예수님을 나의 주, 나의 하나님으로 고백할 때, 죽음에서 부활하신 예수님을 의지하여 이 치열한 싸움에서 이기게 될 줄 믿습니다.

그리스도인에게 하나님의 말씀과 예수 그리스도를 전하는 일은 선택사항이 아니라 소명입니다. 주님, 소명이 일이 아니라 삶임을 깨닫게 하옵소서. 하나님을 사랑하는 것이 나의 삶이 되게 하옵소서. 하나님이 나를 사랑하신다는 것을 삶으로 살아 내게 하옵소서. 예수님을 사랑하며 살다가 환난을 겪더라도 인내하며 사랑이신 예수님을 증거하게 하옵소서. 그때에 한 생명이라도 돌아와 영생을 얻게 될 줄 믿습니다. 예수님의 이름으로 기도합니다. 아멘.

나 요한은 너희 형제요 예수의 환난과 나라와 참음에 동참하는 자라 하나님의 말씀과 예수를 증언하였음으로 말미암아 밧모라 하는 섬에 있었더니 계 1:9

My Prayer

Prayer
211

리더십이 필요할 때

리더십의 처음과 끝은
겸손입니다

주님, 리더십을 갖고 싶고 다른 사람들을 영적으로 잘 인도하고 싶습니다. 그러나 그보다 먼저 내가 구원받은 자로서 구원받은 시간을 살 때 영적 리더십을 갖게 될 줄 믿습니다. 하나님의 일을 하겠다고 욕심부리기 전에 먼저 사람들을 사랑하기 위해 목숨 걸기를 원합니다. 온 마음을 다해 십자가의 삶을 살게 하옵소서.

내 일을 성공시키기 위해 하나님이 존재한다는 생각이 얼마나 큰 교만인지 깨닫습니다. 하나님을 위해 내가 존재하고 하나님을 위해 내가 일한다는 사실을 인정하게 하옵소서. 그것이 믿음의 시작이자 겸손인 것을 알았습니다. 죽을힘을 다한 뒤에도 내가 아무것도 한 것이 없다고 자각하는 성숙한 신앙인이 되게 하옵소서. 오직 겸손함으로 쓰임받는 자가 되도록 도와주옵소서. 예수님의 이름으로 기도합니다. 아멘.

> 젊은 자들아 이와 같이 장로들에게 순종하고 다 서로 겸손으로 허리를 동이라 하나님은 교만한 자를 대적하시되 겸손한 자들에게는 은혜를 주시느니라 벧전 5:5

My Prayer

리더십이 필요할 때

겸손의 꽃을 피우게 하소서

자기를 비워 종이 된 최고의 겸손을 보이셨던 예수님의 리더십을 생각합니다. 예수님은 세상의 상식과 관습을 뛰어넘어 가장 낮은 자리로 오셔서 멸시받는 자를 섬기셨습니다. 그러나 저는 내가 얻게 된 위치와 권위를 누리고 싶습니다. 나보다 남을 낮게 여기기가 힘듭니다. 리더의 자리를 얻은 후 나도 모르게 교만해졌습니다. 나 자신을 온전히 거름으로 묻어 겸손의 꽃을 피울 수 있도록 주님의 마음을 부어 주옵소서.

세상의 질서와 하늘의 질서가 다르다는 것을 매 순간 기억하길 원합니다. 나중 된 자가 먼저 되고, 먼저 된 자가 나중 되는 일이 허다한 것이 하늘의 질서입니다. 세상의 방식을 거슬러 가장 낮은 자로 섬김으로 하늘의 질서를 좇게 하옵소서. 예수님의 이름으로 기도합니다. 아멘.

> 그는 근본 하나님의 본체시나 하나님과 동등됨을 취할 것으로 여기지 아니하시고 오히려 자기를 비워 종의 형체를 가지사 사람들과 같이 되셨고
> 빌 2:6-7

My Prayer

리더십이 필요할 때

가장 힘든 짐을 지겠습니다

때때로 책임을 추궁하고 싶고 화를 내고 싶습니다. 잘한 것보다 못한 것, 문제가 먼저 보여서 지적하기 바쁩니다. 듣고 싶은 것만 듣고 하고 싶은 말만 합니다. 주님, 저는 참으로 부족한 리더입니다. 아니 나쁜 리더입니다.

하나님 아버지, 들어야 할 이야기를 듣고 말해야 할 것을 말하는 사람이 되길 기도합니다. 변명이든 핑계든 상대의 얘기를 경청하는 리더가 되게 하옵소서. 지적하는 대신 함께 책임을 지는 리더가 되고 싶습니다. 가장 어렵고 힘든 짐을 자처해서 지게 하옵소서. 끝까지 책임을 지되 그 상은 다른 사람에게 돌리는 겸손한 리더가 되길 소망합니다. 예수님의 이름으로 기도합니다. 아멘.

오늘까지 날이 오래도록 너희가 너희 형제를 떠나지 아니하고 오직 너희의 하나님 여호와께서 명령하신 그 책임을 지키도다 수 22:3

My Prayer

리더십이 필요할 때

리더십의 본질은 섬김입니다

예수님은 마지막 만찬 자리에서 제자들의 발을 씻기셨습니다. '서로 섬기라'는 가르침을 말씀하시기 전에, 허리에 수건을 두르고 무릎을 꿇어 제자들의 발을 씻기셨습니다. 하인들 중에서도 가장 낮은 하인의 일을 하심으로 섬김의 삶을 보여 주셨습니다. 리더십의 본질이 섬김임을 온몸으로 보여 주셨습니다.

주님, 내 안에 열등감과 교만함이 동시에 있어서, 먼저 낮추기가 힘든 것을 고백합니다. 나를 내려놓지 않고는 할 수 없는 이 진정한 섬김을 말이 아닌 행동으로, 채움이 아닌 비움으로 실천할 수 있기를 바랍니다. 나의 영혼을 새롭게 하셔서 예수님처럼 섬기는 리더로 세워 주옵소서. 예수님의 이름으로 기도합니다. 아멘.

> 내가 주와 또는 선생이 되어 너희 발을 씻었으니 너희도 서로 발을 씻어 주는 것이 옳으니라 요 13:14

My Prayer

리더십이 필요할 때

리더십의 원천

다윗은 군인이자 왕으로서 유능한 사람이었습니다. 그러나 성경은 다윗의 위대함이 그의 능력이 아니라 일과 관계 속에서 하나님을 주목하는 영성에 있다고 하십니다. 리더십의 원천이 능력이 아니라 영성에 있음을 깨닫습니다.

사람들의 관점을 따르지 않고 하나님의 관점을 따라 살면 잃은 것 같아도 결국은 얻게 하실 것을 믿습니다. 목적을 위해서라면 무엇이든 개의치 않는 세상에서 일을 통해서 사람을 얻고 관계를 살릴 수 있는 지혜를 주시옵소서.

하나님이 사람을 섬기고 영혼을 회복시키며 생명을 전하게 하려고 저를 리더로 세우신 줄 믿습니다. 일의 가치보다 사람의 가치를 앞세우고, 예수님이 그러셨듯 나를 버려 남을 얻는 참된 리더십을 갖게 하옵소서. 예수님의 이름으로 기도합니다. 아멘.

> 인자가 온 것은 섬김을 받으려 함이 아니라 도리어 섬기려 하고 자기 목숨을 많은 사람의 대속물로 주려 함이니라 마 20:28

My Prayer

리더십이 필요할 때

믿음과 삶이 일치하는 리더

죄인은 사람을 목적이 아니라 수단으로 삼는 사람인 것을 알았습니다. 내 뜻을 따라 사람들을 통제하고 내 목적을 위해 사람들을 조종했습니다. 내가 드러나는 일을 우선순위로 삼았습니다. 심지어 하나님을 이용하고 동원하여 나의 리더십을 완성하려 했습니다. 예수님은 이 땅에서 믿음과 삶이 일치하는 본을 보이셨건만, 나는 믿음 따로, 삶 따로인지라 사람들을 역겹게 할 뿐입니다. 주님, 용서하여 주시옵소서.

내가 사람을 의식하면 사람에게 상을 받을 것이고, 하나님을 의식하면 하나님께 상을 받을 것입니다. 오직 하나님을 의식하고 하나님께 인정받기를 사모하는 삶이 되기를 기도합니다. 믿음과 삶이 일치함으로 예수님의 향기로 살게 하옵소서. 예수님의 이름으로 기도합니다. 아멘.

사람에게 보이려고 그들 앞에서 너희 의를 행하지 않도록 주의하라 그리하지 아니하면 하늘에 계신 너희 아버지께 상을 받지 못하느니라 마 6:1

My Prayer

리더십이 필요할 때

멀리 가기 위해 함께 갑니다

"빨리 가려면 혼자 가고, 멀리 가려면 같이 가야 한다"는 말의 의미를 되새깁니다. 신앙은 하나님 앞에 홀로 서는 일이지만, 영생은 먼 길이므로 천천히 가더라도 신앙 공동체와 함께 가야 하는 길임을 깨닫습니다. 예수님 한 분만으로도 족하지만, 신앙을 지키기 위해 건강한 교회 공동체와 지체를 만나게 하옵소서.

우리 공동체가 거짓과 위선으로 사랑을 포장하는 대신, 행함과 진실함으로 뜨겁게 사랑할 수 있는 사랑 공동체가 되기를 기도합니다. 도저히 함께할 수 없는 사람을 받아들이기 위해 눈물로 기도하다가 어느새 내가 변하기 원합니다. 그런 나와 가정과 교회와 일터가 되게 하옵소서. 사랑하기 때문에 예배드리고, 전도하고 선교하고 구제하는 건강한 공동체가 되게 하옵소서. 예수님의 이름으로 기도합니다. 아멘.

한 사람이면 패하겠거니와 두 사람이면 맞설 수 있나니 세 겹 줄은 쉽게
끊어지지 아니하느니라 전 4:12

My Prayer

세상에서 그리스도인으로 살고 싶을 때

하나님의 양식을 추구합니다

나에게 월급을 주시는 분, 먹고 살아갈 양식을 주시는 분은 하나님입니다. 양식이 하나님께로부터 오는 것이기에 하나님을 위해 일하길 원합니다. 하나님을 만나러 가듯 출근하고, 하나님을 섬기듯 동료들을 겸손히 섬기며, 하나님의 일을 하듯 회사의 일을 성실히 해내길 원합니다.

광야에서 훈련받던 이스라엘 백성은 날마다 먹이고 입히시는 하나님의 은혜를 경험하고도 인생의 목적을 몰라 하나님을 불신했습니다. 내가 왜 살아야 하는지를 모르면, 죽도록 일하면서도 허무할 수밖에 없습니다. 세상의 무익한 속도전에 휘말리지 않고 오로지 하늘로부터 오는 은혜와 평안에 갈급하기를 소망합니다. 그리하여 하나님의 거룩한 백성으로 살게 하옵소서. 예수님의 이름으로 기도합니다. 아멘.

썩을 양식을 위하여 일하지 말고 영생하도록 있는 양식을 위하여 하라 이 양식은 인자가 너희에게 주리니 인자는 아버지 하나님께서 인치신 자니라 요 6:27

My Prayer

세상에서 그리스도인으로 살고 싶을 때

은혜를 흘려보내고 싶습니다

은혜를 받으니 은혜가 있는 곳에만 머물고 싶습니다. 교회에서 은혜를 받으니 교회에서만 살고 싶으나 주님은 세상 속으로 들어가라고 말씀하십니다. 향수가 상하면 그 냄새가 더 고약하듯이 은혜도 흘러가지 않으면 교만과 독선으로 흐르기에 세상에 흘려보내라 하십니다.

똑똑한 사람이 아니라 따뜻한 사람이 되게 하옵소서. 살 만한 세상을 만드는 섬기는 사람이 되게 하옵소서. 한 영혼이 돌아오는 기쁨을 이 세상 어떤 것보다 큰 기쁨으로 누리는 사람이 되게 하옵소서. 오직 복음 때문에, 자처해서 손해를 보고 좁은 길을 가는 사람이 되길 소망합니다. 주님께 받은 은혜와 사랑이 너무 커서 이웃들과 아무리 나누어도 모자람이 없는 하나님 나라를 누리게 하옵소서. 예수님의 이름으로 기도합니다. 아멘.

이 천국 복음이 모든 민족에게 증언되기 위하여 온 세상에 전파되리니 그제야 끝이 오리라 마 24:14

My Prayer

세상에서 그리스도인으로 살고 싶을 때

나는 그리스도의
영적 군사입니다

주님은 저를 영적 군사로 부르셔서 신을 벗으라 하십니다. 내 신에 끈 덕지게 붙은 세상의 가치관과 욕심과 미움과 시기와 비난을 벗으라 하십니다. 매번 육신에 지는 습관을 버리라 하십니다. 바깥은 살벌한 전쟁터인데 피 흘려 싸우기 싫어 교회로 도피하는 비겁함을 내던지라 하십니다.

영적 군사는 교회 안이든 교회 밖이든 피 흘려 싸우지 않을 곳이 없습니다. 그러나 내 열심으로 싸우지 말게 하시고 주님의 뜻을 바르게 전하기 위해 싸우게 하옵소서.

"다들 그러고 사는데?" 같은 소리에 긴장의 끈을 놓고 싶을 때가 있습니다. 그러나 주님, 지켜야 할 기준과 가치를 지키지 못하면 아무것도 지킬 수 없음을 깨닫습니다. 숨 쉬고, 밥 먹고, 일하고, 교제를 나누는 어떤 순간에도 하나님을 의식하게 하옵소서. 사람의 눈치를 보지 말게 하옵소서. 매 순간 주님의 목소리에 귀를 기울이며 한 발 한 발 나아가도록 나를 이끄소서. 예수님의 이름으로 기도합니다. 아멘.

여호와의 군대 대장이 여호수아에게 이르되 네 발에서 신을 벗으라 네가 선 곳은 거룩하니라 하니 여호수아가 그대로 행하니라 수 5:15

My Prayer

세상에서 그리스도인으로 살고 싶을 때

성숙한 믿음을 보이게 하소서

그리스도의 장성한 분량이 충만한 데까지 이른다는 것은, 예수님이 보여 주신 성숙함까지 이르러야 한다는 것임을 압니다. 많이 알고 많이 배우고 많이 경험하는 성숙이 아닌, 십자가의 성숙을 이루기 원합니다.

진리 밖에 있는 사람들과 말씀 안에서 하나 되기 위해 고민하고 씨름하기 원합니다. 그러나 본질을 지키되 비본질에 대해 불쌍히 여기고 넉넉하게 받아들이게 하옵소서. 말해야 할 때와 침묵할 때를 알게 하시고 위로해야 할 때와 훈계해야 할 때를 분별하는 지혜를 허락하여 주옵소서.

하나님을 아는 일과 제대로 믿는 일이 일치되기를 바랍니다. 그리하여 믿지 않는 사람들에게 사역이 아닌 성숙을 보여 주게 하옵소서. 예수님의 이름으로 기도합니다. 아멘.

> 너희를 박해하는 자를 축복하라 축복하고 저주하지 말라 즐거워하는 자들과 함께 즐거워하고 우는 자들과 함께 울라 롬 12:14-15

My Prayer

세상에서 그리스도인으로 살고 싶을 때

기꺼이 퍼주고도
풍족하게 하소서

이 세상을 살면서 내 것을 남과 나누게 되면 경쟁력이 떨어질 것 같고 손해 볼 것 같습니다. 그러나 내게 있는 것을 퍼주는 것이 하나님의 형상을 회복하는 길임을 믿습니다. 그러므로 남에게 퍼주기 위해 더 열심히 일하고 더 열심히 공부하기 원합니다.

사람들은 나의 성장이 아닌 남의 추락에 관심을 기울이며 피곤한 삶을 살아갑니다. 뺏고 빼앗기는 악순환을 끝도 없이 반복합니다. 하지만 조건 없이 퍼주는 이들에게 더 크게 퍼주시는 하나님 나라의 원리를 이 땅에 옮겨 놓는 이가 되고 싶습니다. 기꺼이 손해 보고 기꺼이 퍼주는 자로 하나님 나라를 전하게 하옵소서. 예수님의 이름으로 기도합니다. 아멘.

구제를 좋아하는 자는 풍족하여질 것이요 남을 윤택하게 하는 자는 자기도 윤택하여지리라 잠 11:25

My Prayer

세상에서 그리스도인으로 살고 싶을 때

복음은 진정한 굿뉴스입니다

점점 더 그리스도인들이 소수가 되어 가는 시대입니다. 그러나 하나님의 족보로 편입되어 예배자로 살아가는 사람들은 언제나 주류가 아니라 비주류였음을 생각합니다. 이 땅의 것을 행복이나 가치의 기준으로 삼지 않음으로써, 굿뉴스가 없는 세상에서 진정한 굿뉴스인 복음을 믿고 살아가게 하시니 감사합니다.

세상 사람들은 문명을 건설하고 문화를 발달시키는 것이 목적이지만, 그리스도인들에게는 문명과 문화는 단지 수단일 뿐임을 압니다. 육신의 생명을 전부로 아는 이들에게 영원한 생명이 있다는 것을 전하기 위해 문명과 문화를 이용하는 지혜를 주시옵소서. 세상에 손을 내미는 접촉점이 되게 하옵소서. 예수님의 이름으로 기도합니다. 아멘.

> 보라 내가 너희를 보냄이 양을 이리 가운데로 보냄과 같도다 그러므로 너희는 뱀같이 지혜롭고 비둘기같이 순결하라 마 10:16

My Prayer

세상에서 그리스도인으로 살고 싶을 때

세상이 부럽습니까

세상과 구별된 삶을 살기로 결단했으면서 끊임없이 세상이 부럽습니다. 여전히 돈과 힘이 좋기만 합니다. 좀 더 높은 곳으로 올라가고 싶은 끝없는 탐욕과 교만을 버리지 못했습니다. 죄에 참여하지 말고, 그들이 받을 심판을 받지 말라고 하시는 주님의 음성에 즉각적으로 반응하고 순종하게 하옵소서.

세상을 벗어나서 살 수는 없으나 세상의 가치관으로 살지 않기를 기도합니다. 머묾이 아닌 떠남에서 비로소 시작되는 신앙의 여정을 잘 걸어가게 하옵소서. 그렇기에 하나님이 나의 구원을 위해 행하신 일들을 날마다 기억하며, 타락하지 않도록 스스로 삼가게 하옵소서. 이 세상을 이미 이기셨고 장차 심판하러 오실 예수님을 바라봅니다. 믿음을 지킨 자에게는 그날이 구원과 승리의 날일 것을 믿습니다. 예수님의 이름으로 기도합니다. 아멘.

이 세상이나 세상에 있는 것들을 사랑하지 말라 누구든지 세상을 사랑하면 아버지의 사랑이 그 안에 있지 아니하니 요일 2:15

My Prayer

9

225
-
252

건강한 이성 교제를 원할 때

영의 눈이 없어
자꾸 판단합니다

예수님이 이 땅에 오셔서 말씀을 전하고 병든 자를 치유했을 때, 사람들은 나사렛에서 무슨 위인이 나오겠냐고 비아냥댔습니다. 예수님이 가진 스펙과 재산, 학력으로 주님을 판단했기에 예수님의 그리스도 되심을 알아보지 못했습니다. 그런데 주님, 내가 바로 예수님을 알아보지 못한 그 사람입니다. 상대를 만났을 때 눈에 보이는 겉모습을 보고 판단하기에 외모와 스펙만 중시합니다.

영의 눈이 뜨이지 않으면 육의 눈으로 세상을 볼 수밖에 없음을 깨닫습니다. 천지를 지으시고 구원을 계획하시는 하나님 아버지의 관점으로 사람을 보고, 세상을 보고, 인생을 보기를 기도합니다. 육의 눈으로 침침해진 내 눈을 영의 눈으로 말갛게 씻어 밝은 눈으로 보게 하옵소서. 예수님의 이름으로 기도합니다. 아멘.

너희는 육체를 따라 판단하나 나는 아무도 판단하지 아니하노라 만일 내가 판단하여도 내 판단이 참되니 이는 내가 혼자 있는 것이 아니요 나를 보내신 이가 나와 함께 계심이라 요 8:15-16

My Prayer

건강한 이성 교제를 원할 때

사람은 사랑할 대상입니다

사랑한다고 입버릇처럼 말해도 결국은 상대방이 아닌 나 자신이 가장 중요하기에 많은 시행착오를 겪습니다. 사람을 두려워하는 것보다 더 큰 덫이 없고, 사람을 기대하는 것보다 더 큰 올가미가 없습니다. 관계에 대한 두려움, 나의 모든 짐을 져 주기를 바라는 기대가 결국은 덫과 올가미가 되어 사랑을 좀먹을 수 있음을 깨닫습니다. 그래서 사람은 믿고 의지할 대상이 아니라, 다만 사랑할 대상임을 깨닫습니다. 이제 진짜 사랑하게 하옵소서.

사랑의 수렁으로 깊이 빠져드는 것이 아니라 한 걸음씩 하늘을 향해 올라가는 사랑을 하게 하옵소서. 남을 나보다 더 귀히 여기는 사랑으로 성숙하고 건강한 사랑을 할 수 있도록 도와주옵소서. 예수님의 이름으로 기도합니다. 아멘.

또 주께서 우리가 너희를 사랑함과 같이 너희도 피차간과 모든 사람에 대한 사랑이 더욱 많아 넘치게 하사 살전 3:12

My Prayer

건강한 이성 교제를 원할 때

말씀만이 힘입니다

절제할 수 없어서 넘지 말아야 할 선을 넘곤 합니다. 잘못된 감정과 성적 충동을 무시하다가 거기에 사로잡히곤 합니다. 그러다 분노와 좌절 감으로 무기력해지곤 합니다. 나의 연약함을 불쌍히 여겨 주옵소서.

이 음란의 시대, 폭력의 시대, 분노의 시대에 청년이 과연 무엇으로 행실을 지키겠습니까? 주님의 사랑이 내 안에 흘러넘쳐서 해소되지 않는 충동과 분노와 결핍을 치유해 주시길 기도합니다. 사랑이 아닌 것을 갈망하다 음란으로 치닫는 나의 악함을 주님이 제어해 주시옵소서. 이 세대의 탁류, SNS와 미디어의 홍수에 휩쓸려 가지 않기를 기도합니다. 불같은 성령의 능력이 아니고는 이길 수 없는 이 정욕과의 싸움에서 주님의 말씀에 사로잡혀 승리하게 하옵소서. 예수님의 이름으로 기도합니다. 아멘.

청년이 무엇으로 그의 행실을 깨끗하게 하리이까 주의 말씀만 지킬 따름 이니이다 시 119:9

My Prayer

건강한 이성 교제를 원할 때

내면에 아름다운 향기를
채우게 하소서

이성 교제에서 잦은 실패로 마음이 위축됩니다. 사랑할 줄 모르므로 시간과 감정만 소모하며 힘이 들었습니다. 하나님 아버지, 꽃의 향기를 따라 벌이 찾아오듯 내 안의 향기를 채우는 게 먼저임을 깨닫습니다. 주님으로 빚는 향기가 가장 아름다운 향기입니다. 주님께 배우기를 소망합니다.

하나님께 구할 것을 사람에게 구하면 실패할 것밖에 없음을 깨닫습니다. 받을 것을 기대하며 사랑하지 말고 합하여 선이 되기 위해 사랑하게 하옵소서. 내 만족을 채우기 위해 결혼하는 것이 아니라 배우자의 부족함을 채워 주는 성숙함을 위해 결혼하게 하옵소서. 예수님의 이름으로 기도합니다. 아멘.

> 내가 기도하노라 너희 사랑을 지식과 모든 총명으로 점점 더 풍성하게
> 하사 빌 1:9

My Prayer

Prayer
229

건강한 이성 교제를 원할 때

성결을 힘써 이루겠습니다

거룩보다 쾌락에 탐닉하는 삶의 방식을 버리게 하옵소서. 하나님보다 나 자신에 몰두하는 삶의 태도가 음란임을 깨닫기 원합니다. 그러나 어디를 가나 무엇을 하나 충동질하고 자극하는 음란으로 가득합니다. 이 음란에서 나를 지키기가 너무 힘이 듭니다. 눈과 귀로 짓는 음행의 죄를 용서하여 주옵소서. 교회 된 성도로서 성결을 이루기 위해 힘쓰기를 기도합니다.

자유란 내 욕망을 채우는 것이 아니라 욕망이 요구하는 것을 거부할 수 있는 능력입니다. 나와 그의 교제가 하나님 안에서 영육 간에 함께 거룩을 이루는 향기로운 길이 되기를 소망합니다. 하나님의 마음에 합한 각자가 되어 하나님을 높이는 더 큰 사랑으로 손잡고 나아가게 하옵소서. 예수님의 이름으로 기도합니다. 아멘.

너희는 나에게 거룩할지어다 이는 나 여호와가 거룩하고 내가 또 너희를 나의 소유로 삼으려고 너희를 만민 중에서 구별하였음이니라 레 20:26

My Prayer

건강한 이성 교제를 원할 때

먼저 그릇을
깨끗이 닦게 하소서

결혼을 위한 기도를 간절히 하고 싶습니다. 하나님이 이 사람과 결혼하라는 건지 말라는 건지 도통 알 수가 없습니다. 하나님의 응답이 지체되어 마음이 조급해집니다. 주님은 그보다 더 크고 중요한 말씀을 하시는데 내 기도 제목에만 응답하라고 떼를 씁니다. 듣는 귀가 없는 저를 용서하여 주옵소서.

부모는 자녀에게 절대로 더러운 그릇에 밥을 담아 주지 않습니다. 자녀가 아무리 배고파도 그릇을 깨끗이 닦은 후에야 밥을 담습니다. 저는 하루가 급해서 응답을 바라며 기도하지만 하나님은 내 그릇이 깨끗해진 뒤에야 필요를 채우시는 분임을 깨닫기 원합니다.

내 뜻을 이루려는 기도를 멈추고 내 뜻보다 더 큰 하나님의 뜻을 구하게 하옵소서. 내 중심이 깨끗해진 뒤에 하나님이 주시는 아름다운 교제의 열매를 경험하길 원합니다. 예수님의 이름으로 기도합니다. 아멘.

하나님이 참으로 이스라엘 중 마음이 정결한 자에게 선을 행하시나 시 73:1

My Prayer

Prayer 231

건강한 이성 교제를 원할 때

진짜를 사랑합니다

가장 큰 사랑은 아직 주님을 만나지 못한 사랑하는 사람이 예수님을 만나도록 길이 되어 주는 것임을 깨닫습니다. 먼저 된 자로서 그가 예수님을 만나 기쁨을 누리는 길을 찾아갈 수 있도록 세워진 표지판이 되게 하옵소서.

그와 내가 한 단계 더 높은 기쁨과 사랑을 나누기 원합니다. 값싼 쾌락과 음란을 넘어선, 영적인 하나됨의 기쁨과 사랑을 깊이 누리도록 도와주옵소서. 그리하여 썩어 없어질 가짜인 이 세상의 쾌락과 만족을 추구하는 것이 아니라 진짜인 하나님 나라의 기쁨과 소망을 간절히 구하게 하옵소서. 예수님의 이름으로 기도합니다. 아멘.

우리가 마음에 뿌림을 받아 악한 양심으로부터 벗어나고 몸은 맑은 물로 씻음을 받았으니 참 마음과 온전한 믿음으로 하나님께 나아가자 히 10:22

My Prayer

복음의 본질이 궁금할 때

죄 사함받고 해방된 것

죄가 무엇인지 모르고 살았습니다. 인간이 죄 때문에 죽는다는 사실도 이해할 수 없었습니다. 그런 나에게 성경은 죄가 죽음의 시작이라고 말씀합니다. 하나님과 단절된 상태에서, 이제 하나님과 다시 연결된 것이 구원이라 말씀합니다.

단번에 속죄제물이 되신 예수님의 십자가가 모든 죄의 문제를 해결했음을 믿습니다. 나의 모든 부족과 허기, 갈증이 예수님의 피로 완벽히 해결된 것을 믿습니다. 존재적 불안, 근원적 불안을 넘어 나를 주장하는 의지로부터 해방된 것을 감사합니다. 감사할 일밖에 없는 나의 완전한 구원을 찬양합니다! 예수님의 이름으로 기도합니다. 아멘.

> 이와 같이 그리스도도 많은 사람의 죄를 담당하시려고 단번에 드리신 바되셨고 구원에 이르게 하기 위하여 죄와 상관없이 자기를 바라는 자들에게 두 번째 나타나시리라 히 9:28

My Prayer

Prayer 233

복음의 본질이 궁금할 때

구원에 합당한 삶을 살겠습니다

예수님은 내 죄를 해결하기 위해 기꺼이 십자가에 못 박혀 죽으셨는데, 저는 여전히 주님을 못 박은 세상을 부러워합니다. 세상 정욕을 좇느라 주님의 이름을 욕되게 하는 것만 구합니다. 주님, 어리석은 저를 긍휼히 여겨 주옵소서.

이제는 세상을 좇아 세상 수준으로 살지 않기로 결단합니다. 구원이 무엇이고 참 구원자가 누구이신지 알기 원합니다. 그가 우리를 어떻게 구원하셨는지를 깨달아 구원에 합당한 삶을 살게 하옵소서. 십자가에서 나를 못 박고 생명이신 예수 그리스도로 말미암아 살아나길 소망합니다. 예수님의 이름으로 기도합니다. 아멘.

> 그리스도 예수의 사람들은 육체와 함께 그 정욕과 탐심을 십자가에 못 박았느니라 갈 5:24

My Prayer

복음의 본질이 궁금할 때

예수님의 성품이 있습니까?

세속적 가치관으로 변질된 복음을 주의하길 원합니다. 복음은 구원을 통해 인간에게 소유에 묶이지 않는 자유를 맛보게 하지만, 일생의 부와 건강과 행복을 복음의 열매라고 말씀하시지 않았습니다. 또한 복음은 하나님이 돌이키고 회개하는 죄인을 가리지 않고 받아 주신다는 뜻밖의 긍정이지만, 바라는 대로 이루어진다는 긍정적 사고는 아닙니다. 진짜와 진짜가 아닌 것을 분별하는 지혜를 주옵소서.

복음의 열매는 그리스도의 성품에서 확인할 수 있음을 깨닫습니다. 내 생각에, 내 마음에, 내 성품에, 내 인격에 그리스도의 성품이 나타나길 기도합니다. 이전의 나는 죽고 주님만 사는 거듭남이 매일 마주하는 현실이 되게 하옵소서. 가라지를 뿌려 성령의 열매를 시들게 만드는 악한 영을 물리쳐 주옵소서. 예수님의 이름으로 기도합니다. 아멘.

> 사랑하는 자들아 영을 다 믿지 말고 오직 영들이 하나님께 속하였나 분별하라 많은 거짓 선지자가 세상에 나왔음이라 요일 4:1

My Prayer

Prayer 235

복음의 본질이 궁금할 때

어떤 문으로
출입하고 있습니까?

예수님만이 양의 문이라고 하면 독선적이라고 비난합니다. 그들은 '예수님 아니라도 좋다'와 '십자가 아니라도 상관없다'는 문을 세우고 사람들을 넓은 길로 안내합니다. 그러나 그 길은 생명의 길이 아닙니다. 구원과 상관없는 길입니다.

예수님의 말씀만이 생명의 문이고 다른 문은 죽음의 문인 것을 확실하게 알고 영적 회색지대에서 빠져나올 수 있기를 기도합니다. 듣기 불편하고 거북한 말씀이라도 자꾸 생각나고 기억난다면, 그것은 양의 문을 출입하고 있다는 증거임을 깨닫기 원합니다. 복음이라는 좁은 문으로 가기 위해 내 안에 진리의 말씀이 분명하게 세워지게 하옵소서. 예수님의 이름으로 기도합니다. 아멘.

생명으로 인도하는 문은 좁고 길이 협착하여 찾는 자가 적음이라 마 7:14

My Prayer

Prayer
236

복음의 본질이 궁금할 때

하나님에서 시작된 사랑

하나님은 사랑이시라고, 하나님이 먼저 우리를 사랑하셨다고 말씀해 주시니 감사합니다. 그 하나님의 사랑을 거절하는 것이 악이고, 그 사랑이 필요 없다는 것이 죄입니다. 사랑이신 하나님께로 돌이키지 않고 더 멀리멀리 가는 것이 심판이라는 것도 깨닫습니다. 내가 하나님 안에, 하나님이 내 안에 거하기 원합니다.

저는 여전히 계속해서 주님의 성품으로 디자인되는 중입니다. 시간을 구별해 말씀을 묵상하고 기도하며 마음과 목숨과 힘과 뜻을 다하여 주님을 사랑하고 이웃을 섬길 때 이 성품의 공사가 완성되는 줄 믿습니다. 다만 사랑이 나에게서 시작된 것이 아니기에 하나님 안에 거하는 사랑으로 하나님을 닮아 가기 원합니다. 이 사랑이 끊어지지 않도록 나를 붙잡아 주옵소서. 예수님의 이름으로 기도합니다. 아멘.

> 하나님이 우리를 사랑하시는 사랑을 우리가 알고 믿었노니 하나님은 사랑이시라 사랑 안에 거하는 자는 하나님 안에 거하고 하나님도 그의 안에 거하시느니라 요일 4:16

My Prayer

Prayer
237

복음의 본질이 궁금할 때

값없이 주는 인생이
되게 하소서

　예수님은 천국은 일찍 왔다고 많이 받거나, 늦게 왔다고 적게 받는 곳이 아니라고 말씀하십니다. 천국은 오히려 나중에 온 사람이 먼저 되고, 먼저 온 사람이 나중 될 수 있는 곳이라고 하십니다. 그러나 저는 투자한 만큼 회수하기를 바라고, 희생한 만큼 보상받기를 원합니다. 믿음의 길은 투입과 산출의 균형을 맞추는 여정이 아닌데, 저는 끊임없이 투자 대비 이익을 계산하며 내가 받을 것을 계수합니다.

　구원은 값없이 받은 하나님의 선물입니다. 거저 받은 은혜이기에 제가 할 일은 그저 감사하는 것입니다. 이제 세상의 것이 아닌 주님의 것이 되었으니 주님의 방식으로 믿음 생활을 하게 하옵소서. 여전히 믿음 생활을 마일리지를 쌓듯이 하는 우매함에서 벗어나기를 기도합니다. 값없이 받았으니 값없이 주는 인생이 되게 하옵소서. 예수님의 이름으로 기도합니다. 아멘.

이와 같이 나중 된 자로서 먼저 되고 먼저 된 자로서 나중 되리라　마 20:16

My Prayer

복음의 본질이 궁금할 때

복음은 살아 내는 것입니다

교회에서 지체들과 예배드릴 때는 말씀을 따라 거룩하게 살 것 같은데, 막상 집에 돌아가면, 일터에 나가면, 그처럼 비겁하고 옹졸하며 속물일 수 없습니다. 그래서 숨고만 싶습니다. 화가 나고 원망스러워서 말씀을 멀리하고 싶습니다.

복음에는 구원의 달콤함만 있는 것이 아니라 심판의 쓴맛도 있음을 깨닫게 하옵소서. 구원이 마냥 달기만 하다면 곧 변질될 수밖에 없습니다. 자기부인의 쓴맛을 통과한 뒤에야 비로소 구원이 완성되는 줄 믿습니다.

하나님 아버지, 복음을 들은 것에 그치지 않고 복음을 살아 냄으로써 내가 곧 메시지가 되기를 기도합니다. 실패하더라도 도망가지 말고 하나님께 피하여 다시금 생명을 충전받을 수 있도록 하옵소서. 그럼으로써 하나님이 증거되기를 소망합니다. 예수님의 이름으로 기도합니다. 아멘.

> 내가 천사의 손에서 작은 두루마리를 갖다 먹어 버리니 내 입에는 꿀같이 다나 먹은 후에 내 배에서는 쓰게 되더라 계 10:10

My Prayer

Prayer 239

예배의 회복이 간절할 때

교회 된 나로 예배합니다

하나님 아버지, 예배에 만족하지 못하고 이 교회 저 교회를 전전합니다. 저에게 남의 예배를 기획하고 주관하고 감독하고 판단하는 교만함이 있습니다. 내가 만족하면 잘 드려진 예배이고, 내가 실망하면 잘못 드려진 예배라고 생각하며 자의식으로 가득 찬 예배를 드립니다.

제가 참 변하지 않습니다. 이성으로도, 지성으로도 변하지 않아 가슴을 칩니다. 그런 저를 바꾸고 변화시키고 치유하시는 예배를 드리게 하옵소서. 죄에서 돌이키며 영과 진리로 드려지는 예배를 사모합니다. 교회 가서 예배드리는 것이 아니라 내가 교회가 되었기에 예배를 드리는 그 은혜의 변혁을 전심으로 사모합니다. 예수님의 이름으로 기도합니다. 아멘.

아버지께 참되게 예배하는 자들은 영과 진리로 예배할 때가 오나니 곧 이때라 아버지께서는 자기에게 이렇게 예배하는 자들을 찾으시느니라
요 4:23

My Prayer

Prayer 240

향유 옥합을 깨뜨립니다

값비싼 향유 옥합을 깨뜨려 주님의 발을 씻었던 마리아를 생각합니다. 마리아가 계산하지 않고 주님께 가장 소중한 것을 드렸을 때 다른 사람들은 분개했습니다. 그들의 분노는 예수님보다 돈이 더 중요한 그들의 가치관을 드러낸 것이었습니다.

정말 사랑하면 계산하지 않습니다. 향유 옥합을 깨뜨릴 마음이 없었기에 내 삶에 예배의 향기와 즐거움이 사라진 것을 깨닫습니다. 결코 다 갚을 수 없는 구원의 은혜 때문에 마리아가 깨뜨린 향유 옥합 같은 예배를 드리게 하옵소서. 다 주고도 모자라는 마음이 사랑이고 예배임을 깨닫습니다. 받는 기쁨은 잠시입니다. 제가 먼저 주님께 전심으로 기쁘게 예배드리게 하옵소서. 예수님의 이름으로 기도합니다. 아멘.

> 마리아는 지극히 비싼 향유 곧 순전한 나드 한 근을 가져다가 예수의 발에 붓고 자기 머리털로 그의 발을 닦으니 향유 냄새가 집에 가득하더라
> 요 12:3

My Prayer

Prayer
241

예배의 회복이 간절할 때

목마름에서 벗어나는 길

나의 목마름은 물질, 학력, 권세, 인정이 채워지지 않아서인 줄 알았습니다. 조금만, 조금만 더 채우면 될 것 같았지만 끝이 없었습니다. 그런데 주님은 그 목마름에서 벗어나는 길은 '조금만 더' 가 아니라 예수님이라는 생수를 마시는 것이라고 말씀하십니다. 그것이 곧 예배를 회복하는 길이라고 하십니다.

모든 문제의 본질은 예배를 잃었기 때문입니다. 음란과 탐욕, 채워지지 않는 모든 갈증의 문제는 예배가 무너졌기 때문임을 통렬하게 회개합니다. 교회에 앉아서 하나님 아닌 나를 예배하고 있었기에 삶의 문제들이 해결되지 않았습니다.

주님, 참된 예배를 회복해 주옵소서. 내 안에서 생수가 솟아나고, 이 생수가 모든 상처와 쓴 뿌리를 치료하길 소망합니다. 예수님의 이름으로 기도합니다. 아멘.

하나님은 영이시니 예배하는 자가 영과 진리로 예배할지니라 요 4:24

My Prayer

예배의 회복이 간절할 때

과부의 참된 예배

예수님은 부자의 고액 헌금보다도 과부의 동전 두 개를 기쁘게 받으셨습니다. 과부의 예배는 내가 누리는 모든 것이 하나님으로부터 비롯되었으며, 내 인생의 주인이 하나님임을 고백하는 것이었습니다. 그러나 부자가 드린 예배는 하나님의 것은 하나 없고 모두 자기 것이라는 자기 의로 가득했습니다. 주님은 그런 예배를 역겹다 하십니다.

하나님을 하나님으로 인정하지도 않으면서 형식과 겉치레로 예배를 드린 것을 회개합니다. 나를 위한 예배, 나의 필요를 채우는 예배를 드린 것을 회개합니다.

어떤 환경과 어떤 상황 속에서도 신령과 진정으로 예배드리기를 소망합니다. 성소에서, 삶의 자리에서 거룩한 예배를 드리는 참된 신앙인이 되게 하옵소서. 예수님의 이름으로 기도합니다. 아멘.

> 믿음으로 아벨은 가인보다 더 나은 제사를 하나님께 드림으로 의로운 자라 하시는 증거를 얻었으니 하나님이 그 예물에 대하여 증언하심이라 그가 죽었으나 그 믿음으로써 지금도 말하느니라 히 11:4

My Prayer

Prayer
243

예배의 회복이 간절할 때

구원의 목적은
예배드림에 있습니다

구원의 목적은 예배드리는 것에 있음을 깨닫습니다. 하나님을 하나님으로 찬양하는 예배를 드리게 하기 위해 나를 구원하셨음을 믿습니다. 하나님을 모르는 사람이 예배드리게 되는 것이 전도입니다. 하나님을 예배할 줄 모르는 땅 가운데 예배가 드려지도록 하는 것이 선교임을 깨닫습니다.

주님 안에서 내 뜻이 사라지고 주님의 뜻만 살아나게 하옵소서. 내 것은 무익하게 여기고 주님 것만 존귀하게 여기게 하옵소서. 그리하여 세상에서 쓰고 온 모든 왕관을 벗어서 주님 발 앞에 내려놓는 예배, 세상 왕관을 씌워 달라고 떼쓰던 기도의 제목들까지 다 내려놓는 예배를 드리게 하옵소서. 예수님의 이름으로 기도합니다. 아멘.

> 우리 주 하나님이여 영광과 존귀와 권능을 받으시는 것이 합당하오니 주께서 만물을 지으신지라 만물이 주의 뜻대로 있었고 또 지으심을 받았나이다 하더라 계 4:11

My Prayer

Prayer 244

나의 원점이자 출발점

주님은 내가 실망하고 낙심할 때도 새로운 일을 시작하십니다. 내가 무기력하게 세월을 허비할 때도 주님은 내 안에서 일하시며 새 일을 일으키십니다. 이 사실을 믿음으로 믿게 하시니 감사합니다.

복음은 도무지 구제 불능인 나 하나를 살리겠다고 찾아오셔서 구원의 역사를 써 내려간 하나님의 이야기입니다. 이제는 그 복음이 너무나 큰 선물임을 압니다.

저는 주님의 것이기에 내 마음대로 살지 않기를 원합니다. 하나님 앞에 항복 선언을 하게 하옵소서. 내 인생은 내 것이라며 마음대로 만지다가 박살이 나고 산산이 깨어졌습니다. 나 자신에게 어떠한 소망도 없다는 이 처절한 고백이 나의 원점이자 출발점이 될 줄 믿습니다. 나를 회복시키고 빚어 가실 주님을 기대합니다. 예수님의 이름으로 기도합니다. 아멘.

> 여호와여 주께서 죄악을 지켜보실진대 주여 누가 서리이까 그러나 사유하심이 주께 있음은 주를 경외하게 하심이니이다 시 130:3-4

My Prayer

예배의 회복이 간절할 때

최상이고 최선이며
최고의 마음

예수님을 따르는 그리스도인이라고 말하면서 힘 있는 사람들 뒤에 줄을 서려고 합니다. 남보다 더 많이 더 크게 가지려고 욕심을 부리며, 더 높은 곳에 이르려고 사람들을 밀쳐 냈습니다. 어디서부터 잘못되었나 돌아보니, 내 삶에 하나님 한 분으로 만족하는 예배가 무너졌습니다.

하나님 아버지, 예배가 회복되게 하옵소서. 나 한 사람으로 기뻐하시고 만족하시는 주님의 품에서 생명수가 흘러나와 세상을 적시는 예배를 드리게 하옵소서.

주님은 저를 최상이고 최선이며 최고의 길로 인도하시는 줄 믿습니다. 저도 제가 드릴 수 있는 최상과 최선, 최고의 마음으로 예배를 드립니다. 주님 받아 주옵소서. 예수님의 이름으로 기도합니다. 아멘.

오직 나는 주의 풍성한 사랑을 힘입어 주의 집에 들어가 주를 경외함으로 성전을 향하여 예배하리이다 시 5:7

My Prayer

구원의 확신이 필요할 때

새 생명을 잉태한 그리스도인

그리스도인이 된다는 것은 예수님의 생명이 내 안에 잉태되는 것입니다. 예수님이 내 안에 사시는 것입니다. 그래서 예수님은 최후의 만찬에서 빵과 포도주를 나누어 주시며 이것이 주님의 몸과 피라면서 "나를 먹고 마시라" 하셨습니다.

임산부가 입덧을 하듯, 새 생명을 잉태한 그리스도인은 그동안 자신이 좋아하고 좇던 것을 싫어하고 그리스도가 좋아하고 좇는 것을 뒤따르게 됩니다. 이것이 그리스도가 장성한 분량으로 자라는 것이며, 거듭나는 것입니다. 주님, 내 안에 그리스도가 날마다 자라 가길 기도합니다. 그리스도로 말미암아 삶이 변화되게 하옵소서. 예수님의 생명, 거듭난 생명, 영원한 생명을 풍성히 누리게 하옵소서. 예수님의 이름으로 기도합니다. 아멘.

예수께서 이르시되 내가 진실로 진실로 너희에게 이르노니 인자의 살을 먹지 아니하고 인자의 피를 마시지 아니하면 너희 속에 생명이 없느니라
요 6:53

My Prayer

구원의 확신이 필요할 때

예수의 이름에 걸맞은 삶

고만고만하게 생각하고 고만고만하게 사는 삶에서, 전심으로 믿고 전심으로 순종하는 삶으로 변화되고 싶습니다. 처음에는 우리와 크게 다를 것 없던 믿음의 선배들이 하나님 손에 붙들린 뒤 전심으로 순종하는 하나님의 사람으로 빚어지는 것을 봅니다. 저 역시 위대한 하나님의 손에 붙들림으로 하나님 일에 쓰임받는 주님의 신실한 종이 되고 싶습니다.

나의 믿음이 세상을 향한 마음보다 커지게 하옵소서. 그래서 세상을 바꿀 만한 기도를 하게 하옵소서. 예수님의 이름으로 구하고, 예수님의 이름으로 기도하고, 예수님의 이름에 걸맞은 삶을 살기를 원합니다. 이 기도 때문에 십자가를 지고 고난을 당하고 아픔을 만날지라도, 내 삶에, 그리고 이 땅에 하나님 나라가 임할 것을 믿습니다. 예수님의 이름으로 기도합니다. 아멘.

내가 진실로 진실로 너희에게 이르노니 나를 믿는 자는 내가 하는 일을 그도 할 것이요 또한 그보다 큰 일도 하리니 이는 내가 아버지께로 감이라 요 14:12

My Prayer

Prayer
248

구원의 확신이 필요할 때

문이신 예수님과
친밀하게 하소서

문은 반드시 있어야 하지만 아무것도 요구하지 않습니다. 문을 통하지 않고 드나들 수 없듯이, 예수님을 통하지 않고는 내가 살아도 산 것이 아닙니다. 그러므로 예수님의 양인 내가 문 안에 있는 것이 구원이요, 문 밖에 있는 것이 심판인 것을 깨닫습니다.

이 문을 출입하는 것 자체가 복인 것을 알게 하옵소서. 예수님을 가까이하는 것이 구원임을 깨닫게 하옵소서. 예수님의 음성을 직접 듣는 것, 예수님이 내 이름을 부르시는 것을 듣는 것, 이것이 구원이고 복임을 알기 원합니다.

날마다 말씀이신 예수님을 출입함으로 성장하고 성숙해지기 원합니다. 생명을 얻고 그 생명을 날마다 더 풍성하게 얻는 것, 그보다 더 잘사는 길이 없음을 알고 감사하게 하옵소서. 문이신 예수님을 친밀하게 들락날락하는 일상을 통해 날마다 살아나고 자라 가게 하옵소서. 예수님의 이름으로 기도합니다. 아멘.

내가 문이니 누구든지 나로 말미암아 들어가면 구원을 받고 또는 들어가며 나오며 꼴을 얻으리라 요 10:9

My Prayer

구원의 확신이 필요할 때

예수님이 내 삶을 연주하십니다

하나님이 예수님을 십자가에 내어 주신 까닭은 나 한 사람의 값이 곧 예수님의 값이기 때문이라는 사실이 얼마나 놀라운지요. 그보다 더 큰 신비는, 나라는 존재를 보존하기 위해 예수님이 내 안에 머무르기로 결정하신 것입니다.

나라는 귀한 악기를 누군가 함부로 연주하지 않도록 하기 위해 예수님이 내 안에서 친히 연주하기로 결정하신 것이 '구원'임을 깨닫습니다. 내 마음과 뜻대로 살 때는 귀가 아픈 소음만 날 뿐이었는데, 예수님이 친히 내 삶을 연주하시니 아름다운 곡조가 되고 감동적인 노래가 됩니다. 주님 감사합니다. 이 구원이 날마다 내 안에서 확증되게 하옵소서. 기쁨으로 증거하게 하옵소서. 예수님의 이름으로 기도합니다. 아멘.

주 안에서 항상 기뻐하라 내가 다시 말하노니 기뻐하라 빌 4:4

My Prayer

구원의 확신이 필요할 때

신념입니까, 믿음입니까

사람의 생각을 믿는 것이 신념이고, 신념이 집단화되는 것이 이념입니다. 그러나 믿음은 인간이 아닌 하나님에게서 온 것이므로 신념이나 이념이 아니라 나를 살리는 생명입니다. 그러므로 신념이나 이념에 얽매이지 않고 말씀이신 주님께 매이므로 생명과 자유를 얻게 하옵소서.

맹목적인 믿음이 아닌 오직 성경 말씀에 근거한 견고한 믿음을 갖기원합니다. 나의 신념으로 만들어 낸 하나님과 예수님의 이미지에 속지 않게 하옵소서. 말씀으로 참된 이성이 회복되어 오직 하나님이 주신 선물로 믿음을 갖기를 기도합니다. 하나님을 인격적으로 만나므로 내 삶이 변화되는 믿음을 주시옵소서. 예수님의 이름으로 기도합니다. 아멘.

복음에는 하나님의 의가 나타나서 믿음으로 믿음에 이르게 하나니 기록된 바 오직 의인은 믿음으로 말미암아 살리라 함과 같으니라 롬 1:17

My Prayer

구원의 확신이 필요할 때

구원은 되돌아가지 않는 걸음입니다

롯의 아내가 자신이 누리던 것을 잊지 못해 불타는 소돔과 고모라를 뒤돌아보다가 소금 기둥이 되어 버렸던 것을 기억합니다. 자기를 사랑하고 돈을 사랑하며 쾌락을 사랑하기를 하나님 사랑하는 것보다 더하는 시대에 살다 보니 주님의 음성은 들리지 않고 세상의 소리가 귀를 울립니다. 그래서 자꾸 뒤돌아보게 됩니다. 구원의 은혜를 받아 탈출 대열에 합류하고도 확신이 서지 않아 뒤돌아보다가 영적 죽음을 맞는 어리석음을 범하지 않게 하옵소서.

구원이란 더디 가더라도 되돌리지 않는 걸음입니다. 믿음의 뒷걸음질은 곧 죽음임을 깨닫기 원합니다. 세상의 소리가 귀를 울려도 지금 구원의 여정에 있음을 신뢰하며 진리이신 예수님을 견고히 붙잡기를 원합니다. 제발 소금 기둥이 되지 않고 자기를 남김없이 녹이는 소금이 되게 하옵소서. 예수님의 이름으로 기도합니다. 아멘.

우리가 시작할 때에 확신한 것을 끝까지 견고히 잡고 있으면 그리스도와 함께 참여한 자가 되리라 히 3:14

My Prayer

Prayer
252

구원의 확신이 필요할 때

종이 아니라 자녀입니다

예수님의 십자가 복음 앞에서 사탄은 이미 패했습니다. 장차 사탄이 영원히 멸망할 것임을 믿습니다. 제 안에 바른 복음이 임하여서 모든 의심과 두려움이 사라지길 기도합니다.

자꾸 두려워서 다른 것으로 보험을 들어 놓으려 합니다. 세상의 방법에 귀를 기울이고 거짓 복음과 미신에 마음이 쏠립니다. 복음을 들었으나 제대로 듣지 못하고, 알기는 하나 바로 알지 못하므로 사탄의 종노릇을 벗어나지 못합니다. 말씀의 빛을 비추어 이 어둡고 혼탁한 노예의 삶에서 탈출시켜 주옵소서.

사탄은 이미 결박당했으며, 저는 어둠에서 빛으로 옮겨져 왕 같은 제사장이 되었음을 깨닫게 하옵소서. 예수님이 누구신지 앎으로, 예수님과 함께 왕 노릇하게 하옵소서. 예수님의 이름으로 기도합니다. 아멘.

> 그 눈을 뜨게 하여 어둠에서 빛으로, 사탄의 권세에서 하나님께로 돌아오게 하고 죄 사함과 나를 믿어 거룩하게 된 무리 가운데서 기업을 얻게 하리라 하더이다 행 26:18

My Prayer

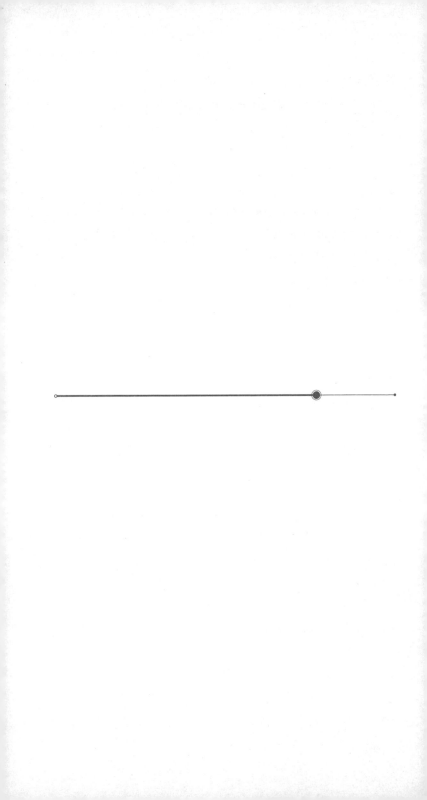

10

253
-
280

더 깊이 기도하고 싶을 때

하나님만 의지하는 기도의 용사

아무리 기도해도 응답이 없는 것 같아 낙심될 때가 많습니다. 그러나 응답의 때는 하나님께 속한 것이니 오래 기다리는 인내를 주시옵소서. 하나님은 우리가 구하는 것보다 더 큰 것을 주시기 원하는 분임을 신뢰합니다.

주님은 먼저 하나님 나라와 그의 의를 구하면 우리의 필요를 풍성히 더하시겠다고 약속하셨습니다. 말씀을 좇아 내 기도를 내려놓고 열방을 위해 기도했을 때 어느새 내 문제까지 해결되었다는 간증이 있기를 원합니다. 기도로 하나님과 협상하겠다는 태도를 꺾어 주시고, 말할 수 없는 탄식으로 간구하시는 성령님께 온전히 맡기는 기도를 하게 하옵소서. 비록 처음은 아무것도 아닌 문제로 씨름할지라도 그 시간을 통해 위대하신 하나님만 의지하는 기도의 용사로 빚어 주실 것을 믿습니다. 예수님의 이름으로 기도합니다. 아멘.

그런즉 너희는 먼저 그의 나라와 그의 의를 구하라 그리하면 이 모든 것을 너희에게 더하시리라 마 6:33

My Prayer

더 깊이 기도하고 싶을 때

나의 기도 제목을 내려놓습니다

말세에 고통당하는 자들의 기도 제목은 오직 자기를 위한 것입니다. 돈과 자랑거리를 위해 기도하고, 교만하며 시기하고 감사함 없이 기도합니다. 오직 자신의 행복만 위해 구합니다. 설사 기도 응답을 받았더라도 그들은 여전히 고통 가운데 있음을 봅니다.

육신을 따라 구하는 기도에서 성령을 따라 구하는 기도로 변화되기를 원합니다. 성령님이 오셔서 내 삶의 기준이 완전히 바뀌고 기도의 내용이 변화되는 것을 경험하게 하옵소서. 성령님이 내 안에서 간구하시도록 나의 기도 제목을 내려놓습니다. 그러나 이 한 가지 기도만은 응답해 주옵소서. 지혜와 계시의 영을 부어 주셔서 제발 아버지와 아버지의 뜻을 알게 하옵소서. 오직 성령의 뜻을 따라 기도할 때, 풍성한 감동과 은혜를 누리게 될 줄 믿습니다. 예수님의 이름으로 기도합니다. 아멘.

> 모든 기도와 간구를 하되 항상 성령 안에서 기도하고 이를 위하여 깨어 구하기를 항상 힘쓰며 여러 성도를 위하여 구하라 엡 6:18

My Prayer

Prayer 255

일과 쉼 사이의 균형추

예수님은 일하시는 중에 기도로 쉼을 가지셨습니다. 예수님께 기도는 일과 쉼 사이의 균형을 잡아 주는 균형추였음을 깨닫습니다. 기적과 기적 사이에 특별한 기도가 있고, 일과 일 사이에 일상적인 기도가 있고, 일과 쉼 사이에 습관적인 기도가 있었습니다.

그런데 저는 기도조차도 일로 여깁니다. 제게 쉼은 보고 느끼고 즐길 것들입니다. 하지만 돌아보니 부지중에 세상의 흐름에 휩쓸리고자 제 발로 좇은 쉼이었습니다. 결국 이 걸음들은 어딘가에 연결되어야 안심하는 불안 때문임을 고백합니다. 이제는 기도로써 하나님께 매이고 연결되기를 소망합니다. 기도로써 쉼을 얻고 다시 일로 돌아갈 힘을 얻게 하옵소서.

바빠서 기도하고, 일의 목적이 분명한 만큼 기도를 붙잡게 하옵소서. 습관을 좇아 기도하며 기도를 통해 쉼과 회복을 경험하는 은혜를 주시옵소서. 예수님의 이름으로 기도합니다. 아멘.

새벽 아직도 밝기 전에 예수께서 일어나 나가 한적한 곳으로 가사 거기서 기도하시더니 막 1:35

My Prayer

더 깊이 기도하고 싶을 때

구하기 전에
이미 알고 계신 하나님

기도를 통해 하나님을 하나님으로 인정하고, 주님과 깊은 대화를 나누기를 소원합니다. 친밀한 부부가 크고 작은 일을 서로 종일 나누듯, 수시로 기도하며 하나님과의 친밀함이 더 깊어지게 하옵소서.

기도하면서 마땅히 구해야 할 것이 무엇인지를 깨닫기 원합니다. 기도하기 전에는 다 필요해서 구하였으나 기도한 후에는 꼭 필요한 것이 무엇인지 분별하게 하옵소서. 또 기도를 통해 내 뜻은 꺾이고 아버지의 뜻만 세워지길 기도합니다. 구하기 전에 내게 있어야 할 것을 이미 알고 계신 하나님 아버지의 긍휼하심을 구합니다. 예수님의 이름으로 기도합니다. 아멘.

그러므로 그들을 본받지 말라 구하기 전에 너희에게 있어야 할 것을 하나님 너희 아버지께서 아시느니라 마 6:8

My Prayer

더 깊이 기도하고 싶을 때

유혹에 빠지지 않기 위해 기도합니다

우리는 기도하지 않으면 유혹과 시험에 빠질 수밖에 없습니다. 그것을 인정하고 주님의 말씀을 따라 기도의 무릎을 꿇게 하옵소서. 유혹 그 자체가 하나님의 뜻이 아님을 깨닫습니다. 내 뜻을 구하다가 유혹을 받고, 유혹에 따른 시험에 빠지게 되는 걸 알았습니다.

기도할 때 내 뜻인지 하나님의 뜻인지 분별하게 하옵소서. '지성이면 감천'인 기도, 자기 뜻을 관철하기 위한 기도를 하지 않기 원합니다. 정욕에 잘못 쓰게 될 것을 구하느라 떼를 쓰는 아이처럼 주님께 매달리지 않기를 원합니다. 오직 예수님을 묵상함으로 바르게 구하는 기도가 되기를 소망합니다. 그래서 악하고 음란한 이 세대에서 믿음을 잃지 않게 하옵소서. 넘어진 형제들을 일으켜 세울 수 있는 기도의 사람이 되기를 간구합니다. 예수님의 이름으로 기도합니다. 아멘.

> 시몬아, 시몬아, 보라 사탄이 너희를 밀 까부르듯 하려고 요구하였으나 그러나 내가 너를 위하여 네 믿음이 떨어지지 않기를 기도하였노니 너는 돌이킨 후에 네 형제를 굳게 하라 눅 22:31-32

My Prayer

Prayer
258

더 깊이 기도하고 싶을 때

주님의 손을 붙잡습니다

지금 우리가 누리는 평화는 하나님이 보호하시고, 방패가 되시며, 피난처가 되시기 때문입니다. 하나님이 우리를 붙잡는 그 손길을 거두시는 순간 사방에서 전쟁이 일어나고 약탈하고 죽고 죽이는 혼란이 닥칠 것입니다. 그렇기에 오늘 주님의 손을 더 굳게 붙잡습니다. 평화를 주시옵소서.

하나님은 기근 중에도 긍휼을 잊지 않으십니다. 중보하는 기도자들의 눈물을 외면하지 않으시는 자비의 하나님입니다. 자비하신 하나님이 온전히 다스리시는 세상이 속히 오길 기도합니다. 하나님의 뜻이 하늘에서 이루어진 것처럼 이 땅에서도 이루어지기를 소망합니다. 마라나타, 주 예수여 속히 오시옵소서. 예수님의 이름으로 기도합니다. 아멘.

> 여호와께서는 모든 것을 선대하시며 그 지으신 모든 것에 긍휼을 베푸시는도다 시 145:9

My Prayer

더 깊이 기도하고 싶을 때

하나님의 성품을 붙들고 기도합니다

자기 소원을 붙들고 기도할 수도 있지만, 궁극적인 기도는 하나님의 이름을 붙들고 드리는 기도인 것을 압니다. 하나님의 하나님 되심을 위해 드리는 이 기도는, 하나님이 어떤 분이시며 지금까지 어떤 일을 해 오셨는지 알아야만 드릴 수 있습니다.

하나님 아버지, 사랑과 인자함이 풍성하신 하나님의 성품을 붙들고 기도합니다. 부디 이 나라와 민족과 열방의 죄를 용서해 주시옵소서. 고난 없이 정결해질 수 없는 이 땅을 치리하시되, 궁극적으로 하나님의 구원 역사가 이뤄지길 기도합니다. 이 땅의 백성이 회개하며 하나님께 돌아오게 하옵소서. 자기를 주인 삼던 교만에서 돌이켜 하나님을 주인 삼는 겸비함을 배우게 하옵소서. 나라와 민족과 열방을 새롭게 하실 하나님의 선하심에 기대어 중보하며 나아갑니다. 예수님의 이름으로 기도합니다. 아멘.

> 이르되 주여 내가 주께 은총을 입었거든 원하건대 주는 우리와 동행하옵소서 이는 목이 뻣뻣한 백성이니이다 우리의 악과 죄를 사하시고 우리를 주의 기업으로 삼으소서 출 34:9

My Prayer

인생이 헛헛하고 은혜가 메말랐을 때

답은, 거듭남입니다

하나님에 대해 알고 심지어 하나님에 대해 가르칠 수도 있지만 하나님과 친밀감이 없습니다. 그래서 자유와 기쁨과 누림이 없습니다. 하나님 아버지, 다시 시작하기 원합니다.

아직도 나 자신을 고쳐 쓸 수 있다고 생각하는 교만함을 버리길 원합니다. 도저히 나를 버릴 수 없다는 아집을 내려놓길 기도합니다. 사방을 둘러보면 그래도 나만 한 사람이 없다는 이 불치병과도 같은 자기애를 깨뜨려 주옵소서.

주님은 저에게 거듭나라 하십니다. 인생의 헛헛함은 취미로, 다른 대상으로, 또 다른 성취로 채우는 것이 아니라 오직 거듭나는 것 외에는 답이 없다고 말씀하십니다. 주님으로 인해 나의 목마름이 채워지게 하옵소서. 주님! 도와주시옵소서. 예수님의 이름으로 기도합니다. 아멘.

> 예수께서 대답하여 이르시되 진실로 진실로 네게 이르노니 사람이 거듭나지 아니하면 하나님의 나라를 볼 수 없느니라 요 3:3

My Prayer

Prayer 261

인생이 헛헛하고 은혜가 메말랐을 때

신앙에 열심을 내게 하소서

은혜가 메마르고 믿음이 흐려지고 있습니다. 이런 저에게 주님은 열심을 내라고, 회개하라고 말씀하십니다. 좋아하는 운동이나 취미에는 열심을 내면서, 신앙에는 열심을 내지 않고 점점 더 미적지근하게 식어 가는 저의 모습을 회개합니다.

나를 향한 질주에서 돌이켜 예수님을 향해 걷기 시작하는 새로운 열심이 내 안에서 솟아나기를 원합니다. 말씀에 대한 열심, 말씀대로 살려고 하는 열심을 갖기를 소망합니다. 육체의 훈련은 잠시의 유익이고, 말씀을 통한 경건의 훈련은 영원한 유익인 줄 믿습니다. 메마른 심령을 새롭게 하는 은혜의 단비가 부어지기를 전심으로 간구합니다. 예수님의 이름으로 기도합니다. 아멘.

> 무릇 내가 사랑하는 자를 책망하여 징계하노니 그러므로 네가 열심을 내라 회개하라 계 3:19

My Prayer

인생이 헛헛하고 은혜가 메말랐을 때

예수님을 끝까지 신뢰합니다

예수님을 제 인생의 구주와 주인으로 모셨음에도, 사망의 음침한 골짜기를 걷고 있는 지금이 너무나 고단하고 외롭습니다. 믿음이 사라지고 버틸 힘이 없습니다.

하나님 아버지, 이 길에 처음부터 함께하셨던 하나님을 기억하며 일어나게 하옵소서. 그 믿음이 흔들리고 쓰러져서 마지막 안식에 들지 못했던 무수한 사람들 중 한 사람이 되지 않도록, 날마다 눈을 들어 주님의 십자가를 바라보게 하옵소서.

세상에서도 믿을 만한 사람이라는 생각이 들면 끝까지 믿고 따라가는데, 하물며 예수님이겠습니까. 참 좋으신 예수님을 끝까지 붙들게 하옵소서. 상황이 힘들고 사람에게 실망해도 다시 일어나 이 믿음의 경주에서 힘 있게 달려가게 하옵소서. 예수님의 이름으로 기도합니다. 아멘.

> 그러므로 피곤한 손과 연약한 무릎을 일으켜 세우고 너희 발을 위하여 곧은 길을 만들어 저는 다리로 하여금 어그러지지 않고 고침을 받게 하라
> 히 12:12-13

My Prayer

Prayer
263

인생이 헛헛하고 은혜가 메말랐을 때

메마름의 자리가
은혜의 자리입니다

환경이 좋을수록, 여가가 많고 쉼이 편안할수록 하나님과 멀어졌습니다. 괴롭고 힘들고 서러운 자리에서 오히려 하나님과 더 가까워집니다. 사방이 막힌 것 같은 낙심의 나날일수록, 구원의 손길이 가까이 있음을 깨닫게 하옵소서. 이 메마름의 자리가 은혜와 감사를 회복하고 서원하는 자리가 되기 원합니다.

큰 은혜를 받고도 얼마나 쉽게 은혜를 저버렸는지요. 이제는 은혜를 제 안에 가두어 두지 않고, 구원의 물줄기를 나에게서 다른 사람에게로 흘려보낼 수 있게 하옵소서. 그 은혜에 깊이 젖어, 영혼을 만나고 복음을 전하며 사람을 세우는 데 쓰임받게 하옵소서. 예수님의 이름으로 기도합니다. 아멘.

감사로 하나님께 제사를 드리며 지존하신 이에게 네 서원을 갚으며
시 50:14

My Prayer

인생이 헛헛하고 은혜가 메말랐을 때

죄에서 벗어날 빛의 길

주님은 죄짓지 말라고 하시는데 저는 계속해서 죄를 짓습니다. 세상의 본질이 어두움이기에 빛이신 예수님을 따르지 않으면 흑암과 혼돈과 공허밖에 없음을 깨닫습니다. 소망도 없고 미래도 없습니다. 그러나 동굴 속이라도 빛이신 예수님이 임하시면 소망이 싹트고 미래가 생길 것을 믿습니다. 주님은 죄에서 벗어날 빛의 길을 비추시며 "나를 따르라" 하십니다.

빛 가운데서 내 안의 죽음의 증상들이 낱낱이 드러나므로 통곡하기를 원합니다. 그때에 인생의 허무함이 사라지고 주님의 기쁨이 다시 소생될 것을 믿습니다. 잃었던 삶의 의미가 예수 안에서 재발견될 것을 믿습니다. 오늘 하루도 제 인생을 어둠에서 불러내어 기이한 빛으로 인도해 주신 사실을 잊지 않겠습니다. 예수님의 이름으로 기도합니다. 아멘.

> 예수께서 또 말씀하여 이르시되 나는 세상의 빛이니 나를 따르는 자는 어둠에 다니지 아니하고 생명의 빛을 얻으리라 요 8:12

My Prayer

인생이 헛헛하고 은혜가 메말랐을 때

주님 안에서 잠잠히 머무릅니다

말씀을 잊으면 더 즐겁게 살 줄 알았는데, 말씀을 잊은 삶에는 고통이 가득합니다. 아버지 하나님 품으로 돌아가오니 저를 안아 주옵소서. 만신창이가 되어서라도 돌아온 자녀의 상처를 싸매시고 얼싸안아 주시는 하나님을 신뢰합니다.

하나님께 돌아갈 때 비로소 진정한 회복과 안식이 있습니다. 안식이 회복이고 쉼이 치유인 것을 경험하게 하옵소서. 하나님 품에 안겨 참된 쉼을 누리게 하옵소서.

도대체 누가 이 짐을 나 대신 질 수 있을까 염려하는 그 염려마저도 주님 발아래 내려놓게 하옵소서. 그저 하나님 앞에 잠잠히 머무르기만 해도, 주님이 눈물을 닦아 주시고 따뜻하게 만져 주시는 것을 경험하길 원합니다. 다시 은혜가 샘물처럼 차오르고, 주님의 사랑 안에서 내 존재가 충만케 되기를 사모합니다. 예수님의 이름으로 기도합니다. 아멘.

> 그가 영원히 하나님 앞에서 거주하리니 인자와 진리를 예비하사 그를 보호하소서 시 61:7

My Prayer

Prayer
266

하나님만 채우실 수 있는 공간

돈만 있으면, 그 사람만 있으면 살 만한 인생이 될 줄 알았습니다. 쾌락과 즐거움에 사로잡히면 근심이 없을 줄 알았습니다. 그러나 돈에 묶이고 사람에 묶이고 쾌락에 묶인 중독 인생이 되고 말았습니다. 내 힘으로는 이 결박을 끊을 수 없습니다. 불쌍히 여기시고 저를 구원하여 주옵소서.

하나님을 모르는 것이 가장 큰 장애입니다. 하나님으로부터 돌아선 것이 가장 큰 잘못입니다. 내 안에 그 누구도 그 무엇으로도 채울 수 없는 공간이 있습니다. 오직 하나님만이 채울 수 있는 바로 그곳에 오셔서 나를 사로잡아 새 삶을 디자인하여 주옵소서. 하나님께 사로잡힘으로 하나님 안에서 인생의 의미를 발견하기를 기도합니다. 예수 믿고 주님 따르기로 결정하는 가장 위대한 선택으로, 진리로 자유하는 인생이 되게 하옵소서. 예수님의 이름으로 기도합니다. 아멘.

> 이르시되 내가 은혜 베풀 때에 너에게 듣고 구원의 날에 너를 도왔다 하셨으니 보라 지금은 은혜받을 만한 때요 보라 지금은 구원의 날이로다
> 고후 6:2

My Prayer

성경이 말하는 사회 정의가 궁금할 때

세상 문제의 근본적인 해결책

이 땅의 정의와 공평이 사라진 것에 분개하고 세상이 악하다고 옳고 그름을 따지고 듭니다. 내가 하나님 노릇을 하겠다는 이 자기중심주의 때문에 불안과 갈등, 다툼과 분쟁이 끊이지 않습니다. 그러나 세상 문제의 근본적인 해결책은 하나님 나라가 이 땅에 충만해지는 것입니다. 우리 모두의 기도 제목이 시급한 문제 해결에서 주님 나라가 임하는 것으로 변화되게 하옵소서.

내 힘으로 나를 구원하겠다는 의지를 꺾고, 누군가를 내 의지대로 바꾸겠다는 욕망도 가지치기 하며, 모든 얽히고설킨 관계를 풀기 위해서는 가장 먼저 나부터 바뀌어야 한다는 사실을 인정하게 하옵소서. 내 안에 하나님 나라가 임할 때 우선 내가 회복되고 이어서 관계가 하나하나 회복되며 모든 문제가 순차적으로 해결될 줄 믿습니다. 예수님의 이름으로 기도합니다. 아멘.

> 나라가 임하시오며 뜻이 하늘에서 이루어진 것같이 땅에서도 이루어지이다 마 6:10

My Prayer

성경이 말하는 사회 정의가 궁금할 때

헛된 열심을 분별하게 하소서

세상에서 벌어지는 악한 사건들 뒤에 그리스도인들이 있습니다. 교회에 다닌다고 자부하는 사람들이 세상 사람들보다 더 간교한 죄를 저지릅니다. 교회 안에 비리와 부정과 부패가 만연하여 세상으로부터 따가운 비판을 받습니다. 이런 현실이 너무나 부끄럽습니다.

예수를 믿는다면서 죄가 무엇인지도 분별 못 하는 우리를 불쌍히 여겨 주옵소서. 하나님보다 자신을 더 사랑하는 데서 오는 헛된 열심을 분별하고 내 안의 우상과 먼저 대적할 수 있기를 바랍니다. 성령을 따라 기도함으로 이 위험한 시대에 죄의 습성을 뿌리뽑게 하옵소서. 수많은 종교인을 키워 내는 교회가 아닌, 거룩함과 경건의 능력을 갖춘 참 그리스도인들을 세우는 한국교회가 되도록 강력한 성령의 바람을 일으켜 주옵소서. 그리하여 마른 뼈처럼 흩어져 있는 이 땅의 제자들에게 생기가 들어가 하나님의 위대한 군사가 되게 하옵소서. 예수님의 이름으로 기도합니다. 아멘.

망령되고 허탄한 신화를 버리고 경건에 이르도록 네 자신을 연단하라
딤전 4:7

My Prayer

Prayer
269

성경이 말하는 사회 정의가 궁금할 때

어둠은 빛을 더욱 드러낼 뿐입니다

하나님이 왜 악을 허락하시는지, 하나님이 왜 믿음의 자녀들에게 고난을 주시는지 우리는 알 수 없습니다. 십자가는 인간의 가장 악한 동기가 발현된 것이지만, 그 악조차 하나님은 구원 사역의 도구로 쓰셨습니다. 초대교회 그리스도인들에 대한 로마제국의 핍박도 결국 악이 복음 전파의 도구로 사용된 경우입니다.

빛은 어둠을 몰아내지만 어둠은 빛을 내쫓지 못합니다. 어둠은 빛을 더욱 드러낼 뿐입니다. 어둡고 악한 이 세대에 빛으로 오신 하나님의 사랑이 반드시 승리할 것을 믿습니다. 세상에서 환난을 만나지만 두려워 말라고, 세상을 이기셨다고 말씀하신 주님이 계시기에, 믿음으로 세상을 이길 줄 믿습니다. 원수까지도 사랑하라고 하신 그 사랑으로 서로 사랑할 때 친구 간에도 서로 미워서 어쩔 줄 모르는 이 세상이 돌이킬 줄 믿습니다. 예수님의 이름으로 기도합니다. 아멘.

> 우리가 알거니와 하나님을 사랑하는 자 곧 그 뜻대로 부르심을 입은 자들에게는 모든 것이 합력하여 선을 이루느니라 롬 8:28

My Prayer

성경이 말하는 사회 정의가 궁금할 때
하나님 나라의 빈익빈 부익부

세계는 심각한 빈익빈 부익부로 인해 고통을 겪고 있습니다. 물질뿐 아니라 영혼도 마찬가지입니다. 믿음을 가진 사람은 더 큰 믿음을 갖게 되고, 소망을 품은 사람은 더 큰 소망을 품게 됩니다. 사랑하는 사람은 더 큰 사랑을 하게 되고, 감사하면 더 큰 감사를 하게 됩니다. 하지만 다른 편에선 믿음 없음으로 영혼이 고갈되고 사랑 없음으로 갈증이 심해지며 감사 없음으로 불평이 늘어납니다.

영적 세계의 빈익빈 부익부 원리를 깨닫기 원합니다. 오늘 더 사랑하고 더 섬기며 더 자유로워지는 인생이 되게 하옵소서. 세상의 빈익빈 부익부는 나 하나로 해결될 수 없으나, 영혼의 빈익빈 부익부는 나 한 사람의 변화로 시작할 수 있다고 믿습니다. 영혼의 혁명을 일으켜 풍성함을 누리는 자로 살게 하옵소서. 이를 위해 오늘 더 애통하게 하시고, 내일 더 심령이 가난하게 하옵소서. 예수님의 이름으로 기도합니다. 아멘.

있는 자는 받을 것이요 없는 자는 그 있는 것까지도 빼앗기리라 막 4:25

My Prayer

성경이 말하는 사회 정의가 궁금할 때

예수님이 말씀하시는 혁명

세상은 정의와 공평을 이루기 위해 혁명을 말합니다. 그러나 예수님은 우선순위를 뒤집는 것이 혁명이라 하십니다. 우리가 좇는 가치관과 세계관을 바꾸는 것이 곧 의로운 길이라 하십니다.

하나님이 나를 불러내서 주님의 자녀로 삼으신 이유는, 완전히 다른 세계관과 가치관으로 훈련해서 세상을 좇는 우선순위를 뒤집어놓기 위함임을 깨닫습니다. 세상은 행동에 따른 결과가 변해야 모든 변화가 가능하다고 하지만, 주님은 나의 중심과 동기가 먼저 변해야 모든 변화가 가능하다고 말씀하십니다. 주님의 명령에 순종하기를 원합니다. 오직 그때만 세상이 변화될 것을 믿습니다.

나 한 사람이 진정한 하나님의 사람이 되어 완전히 구별된 인생을 살기 원합니다. 나 한 사람의 온전한 구원이 가정과 사회, 나라와 민족으로 흘러넘쳐 온 세상이 하나님의 우선순위로 변혁되는 은혜를 주시옵소서. 예수님의 이름으로 기도합니다. 아멘.

네 길을 여호와께 맡기라 그를 의지하면 그가 이루시고 네 의를 빛같이
나타내시며 네 공의를 정오의 빛같이 하시리로다 시 37:5-6

My Prayer

Prayer
272

권리를 포기함으로써
승리합니다

세상은 권리의 회복이 곧 정의라고 말합니다. 그런데 권리를 주장하는 곳마다 갈등이 있고 정의를 부르짖는 곳마다 충돌이 있습니다. 예수님은 권리를 포기함으로써 승리하라고 하십니다. 당연히 주장할 수 있는 그 권리를 내려놓음으로 세상이 악순환을 멈추고 선순환이 시작되도록 하라고 하십니다. 오른뺨을 맞거든 왼뺨마저 돌려 대라 하시고, 일곱 번씩 일흔 번이라도 용서하라고 하십니다.

나는 내 권리를 포기하기 싫고 손해 보기 싫고 나보다 남을 더 낫게 대접하기 싫습니다. 하지만 세상의 방식으로는 하나님 나라가 절대 오지 않음을 알기에 이 생각을 내려놓습니다. 이제 손해 볼 작정을 하고 나보다 남을 더 낫게 여기는 참사랑을 하게 하옵소서. 하나님 나라의 정의에 한 걸음 더 가까이 다가가기를 소망합니다. 예수님의 이름으로 기도합니다. 아멘.

> 네 원수가 주리거든 먹이고 목마르거든 마시게 하라 그리함으로 네가 숯불을 그 머리에 쌓아 놓으리라 롬 12:20

My Prayer

Prayer
273

성경이 말하는 사회 정의가 궁금할 때

끝없이 탐욕스러운 나를 이기게 하소서

나를 둘러싼 환경을 송두리째 다 바꾸고 싶었습니다. 그런데 예수님은 환경과 조건에 반응하는 나를 먼저 바꾸라고 하십니다. 주님은 내 안에서 나를 격동시키는 존재를 굴복시키는 것이 승리라고 말씀하십니다.

복음은 내가 남에게 이기는 것이 아니라 내가 나에게 이기는 승리의 소식임을 깨닫기 원합니다. 바깥의 적은 싸우고 싸워도 계속해서 나타나므로 그 승패는 끝이 없습니다. 그렇기에 내 안의 나와 싸워 이길 때 부패하고 완악한 내가 죽고 하나님의 공의로운 말씀이 살게 될 줄 믿습니다. 끝없이 탐욕스러운 내 안에 하나님으로부터 오는 만족과 평안이 깃들기를 소망합니다. 진실로 이제는 내 안에 더 이상 내가 사는 것이 아니라 나를 위해 목숨을 버리신 하나님의 아들만이 사신다는 고백을 올려드리기를 간구합니다. 예수님의 이름으로 기도합니다. 아멘.

> 욕을 당하시되 맞대어 욕하지 아니하시고 고난을 당하시되 위협하지 아니하시고 오직 공의로 심판하시는 이에게 부탁하시며 벧전 2:23

My Prayer

성경이 말하는 복과 형통이 궁금할 때

어떤 것과도
비교할 수 없는 형통

우리는 풍요로운 삶을 복과 형통이라 생각하지만, 예수님은 썩지 않을 생명을 받는 것이 형통이라 하십니다. 예수님은 우리의 시간표대로 응답을 받는 것이 형통이 아니라 우리가 그저 예수님을 따르는 것을 형통이라 말씀하십니다.

여태 수많은 설교를 듣고 숱한 기도를 하면서도 넉넉한 돈을 가지고 호화로운 집에 살며 부러울 것 없는 능력을 갖추는 것이 복이고 형통이라 생각했습니다. 이러한 패러다임이 통째로 깨지기를 기도합니다. 예수님이 삶의 기초이며 인생의 기준이 되어 참 복과 형통을 누리기 원합니다. 하나님 뜻 안에 있는 것이 세상의 그 어떤 것과도 비교할 수 없는 형통임을 뼛속 깊이 깨닫게 하옵소서. 이 땅이 아닌 새 하늘과 새 땅의 삶을 사모하는 영원한 형통의 삶을 살게 하옵소서. 예수님의 이름으로 기도합니다. 아멘.

그런즉 너희는 이 언약의 말씀을 지켜 행하라 그리하면 너희가 하는 모든 일이 형통하리라 신 29:9

My Prayer

성경이 말하는 복과 형통이 궁금할 때

축복해 주는 줄에 서십시오

세상은 복에 굶주렸습니다. 저도 복 많이 받고 싶습니다. 그러나 하나님의 사람은 축복받는 줄에 서는 대신에 축복하는 줄에 서야 함을 깨닫습니다. 하나님의 사람은 부르심을 받는 날부터 누구한테든 축복할 수 있는 특권과 책임이 있음을 깨닫게 하옵소서. 그리하여 야곱처럼 장막에 살며 다리를 저는 노인이라도 세상을 다 가진 애굽의 바로를 하나님의 권위로 축복하는 삶을 살기를 기도합니다.

그 사람이 누구건 만나는 사람 모두를 축복하는 것이 진실로 형통한 삶임을 믿습니다. 저를 복의 근원으로 삼으신 하나님을 믿는 믿음으로 세상에 아낌없이 축복을 흘려보내게 하옵소서. 그런 형통의 삶을 살도록 세상 끝날까지 동행하여 주옵소서. 예수님의 이름으로 기도합니다. 아멘.

> 야곱이 바로에게 아뢰되 내 나그네 길의 세월이 백삼십 년이니이다 내 나이가 얼마 못 되니 우리 조상의 나그네 길의 연조에 미치지 못하나 험악한 세월을 보내었나이다 하고 야곱이 바로에게 축복하고 그 앞에서 나오니라 창 47:9-10

My Prayer

성경이 말하는 복과 형통이 궁금할 때

생명의 가지가 되게 하소서

사람은 더 좋고 더 즐거운 인생이 있을 줄 알고 하나님을 멀리 떠납니다. 하나님으로부터 오는 공급과 혜택이 필요 없다고 박차고 나가 버립니다. 그 결과는 죽음입니다. 가지의 생명은 나무에 있고 나무의 생명은 뿌리에 있듯이, 사람의 생명은 예수님께 있습니다. 하나님을 떠나 멀리 간 인생이 서둘러 돌아오기를 기도합니다.

예수님은 주님이 공급하는 생명수를 먹고 예수님의 성품을 열매로 맺는 삶이 형통한 인생이라 하십니다. 출세하고 부자가 되고 권력자가 되더라도 거기에 예수님이 공급하시는 생명이 없다면 그 인생은 한낱 메마른 가지입니다.

어느 날 불쑥 불쏘시개로 던져지는 마른 가지 인생이 되지 않고 풍성한 열매로 주님을 기쁘게 하고 이웃을 살리는 생명의 가지가 되게 하옵소서. 어떤 상황에서도 주님을 떠나지 않는 신실함을 허락하여 주옵소서. 예수님의 이름으로 기도합니다. 아멘.

사람이 내 안에 거하지 아니하면 가지처럼 밖에 버려져 마르나니 사람들이 그것을 모아다가 불에 던져 사르느니라 요 15:6

My Prayer

성경이 말하는 복과 형통이 궁금할 때

내 속에는
바알 신앙이 없습니까?

내 안에 번영과 풍요와 업적을 숭배하는 바알 신앙이 있음을 회개합니다. 더 잘살고 싶고, 더 잘나가고 싶고, 더 높아지고 싶은 갈망이 곧 바알을 숭배하는 것임을 깨닫습니다.

내가 원하는 것을 얻기 위해, 내 소원을 이루기 위해 교회에 나간다면, 교회라는 이름의 바알 신전에 가는 것과 다를 바가 없습니다. 내 안에 있는 뿌리 깊은 바알 신앙을 용서하여 주옵소서.

탐심과 우상 숭배로 황폐해진 저를 참된 신앙으로 다시 세워 주옵소서. 하나님을 내 뜻대로 조종하지 않고, 내가 하나님의 뜻을 이루는 존재가 되기를 기도합니다. 그것이 나의 유일한 소망이 되게 하옵소서. 예수님의 이름으로 기도합니다. 아멘.

> 애굽 땅에서 그들을 인도하여 내신 그들의 조상들의 하나님 여호와를 버리고 다른 신들 곧 그들의 주위에 있는 백성의 신들을 따라 그들에게 절하여 여호와를 진노하시게 하였으되 삿 2:12

My Prayer

Prayer 278

거룩의 능력으로 사는 복

이 땅에서 잘살고 잘나가는 것이 복이라 생각했습니다. 이제 다른 복을 바랍니다. 주야로 하나님의 말씀을 묵상하는 더없이 즐거운 복을 주옵소서. 심령이 가난해서 복이고, 애통하는 마음이 가득해서 복이고, 온유하고 의에 주려서 복이라고 고백하게 하옵소서. 긍휼을 베풀 줄 알게 되어서 복이고, 마음이 청결해서 복이고, 화평케 하는 자가 되어서 복이고, 의를 위하여 핍박을 받게 되어서 내가 복 받은 사람이라고 말할 수 있기를 원합니다.

혼탁한 세상에서 거룩의 능력을 갖게 되는 복과 형통을 주시옵소서. 죄악이 만연한 세상을 피해 몸을 숨기는 복과 형통이 아니라, 세상 한가운데 있을지라도 전능자의 날개 아래로 피해 주님과 함께 세상을 이기는 복과 형통을 누리게 하옵소서. 예수님의 이름으로 기도합니다. 아멘.

> 하나님께 가까이함이 내게 복이라 내가 주 여호와를 나의 피난처로 삼아 주의 모든 행적을 전파하리이다 시 73:28

My Prayer

성경이 말하는 복과 형통이 궁금할 때

말씀을 지키는 복

말씀을 지켜서 복이 있는 사람이 되는 것이 아니라 복 있는 사람이 되었기에 말씀을 지킵니다. 복 있는 사람이 되었기에 고난을 견디며, 거룩을 지키고, 혼인 잔치에 청함을 받으며, 부활에 참여하게 될 것을 믿습니다.

말씀을 지키는 복은 구원받은 백성답게 사는 것임을 깨닫습니다. 그러나 말씀을 준행하는 것이 무거운 짐이 아니라 날아갈 듯한 기쁨이 되게 하옵소서. 동시에 말씀을 따르는 삶이 구원의 근거가 아니라 단지 구원의 증거일 뿐이라는 사실을 놓치지 않기를 바랍니다.

날마다 구원을 확인하고, 매 순간 구원을 이루며 사는 것이 가장 큰 복임을 믿습니다. 누구도 빼앗을 수 없는 이 지고의 복을 누리며 구원이 완성되는 영광의 그날까지 변함없는 걸음을 걷기를 소망합니다. 예수님의 이름으로 기도합니다. 아멘.

> 복 있는 사람은 악인들의 꾀를 따르지 아니하며 죄인들의 길에 서지 아니하며 오만한 자들의 자리에 앉지 아니하고 오직 여호와의 율법을 즐거워하여 그의 율법을 주야로 묵상하는도다 시 1:1-2

My Prayer

성경이 말하는 복과 형통이 궁금할 때

구원받은 삶 그 자체가
형통입니다

하나님이 말씀하시는 형통의 비밀은 구원에 있음을 깨닫습니다. 형통하면 구원받는 것이 아니라, 구원받은 삶 그 자체가 형통입니다.

하나님 아버지, 저를 택하시고 부르시어 자녀 삼아 주셔서 감사합니다. 구원받은 자녀들은 어디서 어떤 모습으로 살건 그곳을 하나님 나라로 일구게 된다는 놀라운 사실을 기억합니다. 하나님 나라에 속한 시민으로 사는 것이 구원이고, 그 구원의 삶 자체가 형통한 삶이라고 말씀하십니다. 이 하나님의 관점이 온전히 나의 관점이 되기를 원합니다.

유능하고 성공해서 복된 것이 아니라, 삶의 우선순위가 구원에 놓여 있기 때문에 복된 사람이 되게 하옵소서. 요셉처럼 하나님의 복과 형통을 누리는 삶을 통해 구원의 본질과 섭리가 드러나길 원합니다. 예수님의 이름으로 기도합니다. 아멘.

> 여호와께서 요셉과 함께하시므로 그가 형통한 자가 되어 그의 주인 애굽 사람의 집에 있으니 창 39:2

My Prayer

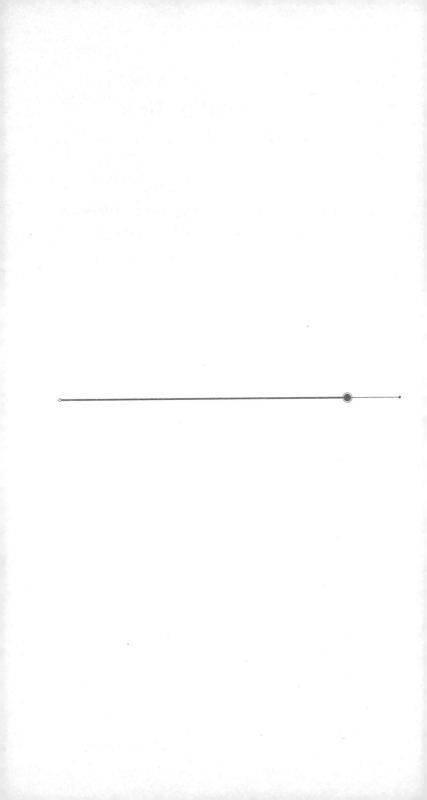

11

281
-
308

삶의 지혜가 필요할 때

하나님을 제대로 알고 싶습니다

내가 옳다고 생각해서 고집을 부리고 내가 더 많이 안다고 생각해서 우쭐댑니다. 제대로 알면 잠잠할 텐데 그렇지 못하므로 매사에 참견하고 잘난 척했습니다. 하나님을 경외하는 것이 지혜의 근본인데 하나님을 제대로 알지 못하므로 교만하고 방자했습니다.

하나님이 보호의 손길을 거두시면 낮아지고 비참해지는 것이 인생입니다. 주님의 훈계로 저를 흔들어 깨워 주옵소서. 잘될 때, 잘나갈 때, 인생이 탄탄대로일 때, 더욱 잠잠하게 하옵소서. 매사에 삼가며 하나님을 의식하게 하옵소서. 주님의 말씀을 내 발의 등으로 삼고 좌로나 우로나 치우치지 않는 거룩의 삶을 이루게 하옵소서. 날마다 하나님을 더 알아가고 날마다 하나님께 더 가까이 나아가는 일에 끝이 없음을 시종 깨닫는 겸손을 허락하여 주옵소서. 예수님의 이름으로 기도합니다. 아멘.

여호와를 경외하는 것이 지식의 근본이거늘 미련한 자는 지혜와 훈계를 멸시하느니라 잠 1:7

My Prayer

삶의 지혜가 필요할 때

지혜로운 말 네 가지

정직하면 권위를 들먹일 필요가 없는데, 내게 거짓이 많으니 자꾸 허세를 부립니다. 돈 있는 척, 유명한 사람인 척, 괜찮은 사람인 척, '척'만 하니 실수가 많고 허물이 많습니다. 뿐만 아니라 힘들고 지칩니다. 물론 기쁨도 없습니다.

말은 존재의 집인지라, 말이 쌓여서 나의 인격이 되고, 말이 지나간 흔적이 나의 성품이 됨을 깨닫습니다. 그러니 아무 말이나 하지 말고 아무 말이나 듣지 않을 수 있는 지혜를 주옵소서. 다만 예, 아니오, 감사합니다, 죄송합니다, 이 네 마디를 잘할 수 있기를 기도합니다. 이 네 마디만이라도 적절하게 잘할 때 세상에서 가장 말 잘하는 사람이 될 것을 믿습니다. 예수님의 선한 말씀만이 내 안에 가득하여, 악을 선으로 갚는 예수님의 성품을 가진 그리스도인으로 살게 하옵소서. 예수님의 이름으로 기도합니다. 아멘.

> 너희는 들을지어다 내가 가장 선한 것을 말하리라 내 입술을 열어 정직을 내리라 잠 8:6

My Prayer

Prayer
283

삶의 지혜가 필요할 때
거짓된 성품은
상한 인생을 만듭니다

거짓된 성품으로 성공을 추구하는 것은 상한 밧줄을 타고 암벽을 오르는 것 같은 위태로운 일입니다. 거짓된 성품 위에 물질을 쌓아 올리고 권력을 쌓아 올리고 인기를 쌓아 올릴 때 나도 상하고 남도 상하게 된다는 것을 깨닫게 하옵소서. 못난 성품은 어떤 매너로나 재능으로도 숨기지 못합니다. 배운 것으로 바뀌지 않고 가진 것으로 달라지지 않습니다. 하나님 아버지, 나의 거짓된 성품을 무너뜨려 주옵소서. 그리고 바른 성품에서 시작할 수 있게 하옵소서.

예수님과 연합함으로 욕심을 버리고, 습관을 바꾸고, 성품이 변화되는 은혜를 누리기 원합니다. 내 안에서 새 인격을 창조하여 주옵소서. 진실로 거듭나게 해주시옵소서. 물과 피와 성령으로 하나님 나라에 합당한 새 사람으로 거듭나기를 간구합니다. 예수님의 이름으로 기도합니다. 아멘.

> 이로써 그 보배롭고 지극히 큰 약속을 우리에게 주사 이 약속으로 말미암아 너희가 정욕 때문에 세상에서 썩어질 것을 피하여 신성한 성품에 참여하는 자가 되게 하려 하셨느니라 벧후 1:4

My Prayer

삶의 지혜가 필요할 때

지혜가 나를 살립니다

살아 보니 안다고 생각한 것에 걸려 넘어지고, 익숙한 것에 속아 넘어가는 일이 많습니다. 내가 뭘 모르는지 알 수 없으니 어리석게도 넘어진 것에 또 넘어지고 속은 것에 또 속습니다. 주님은 항상 말씀 앞에 서게 하셔서 내가 아무것도 아니라는 것을 깨닫게 하십니다. 내가 무엇을 모르는지 일깨워 주십니다. 내가 얼마나 과녁에서 빗나갔는지 확인하게 하십니다. 이 지혜가 나를 살리고 세상을 이기게 할 줄 믿습니다.

하나님 아버지, 불안 앞에서 두려워하지 않을 지혜를 주옵소서. 불만에 시달리며 시간과 감정을 낭비하지 않는 지혜를 주옵소서. 불평으로 나와 다른 사람을 소란하게 만들지 않을 지혜를 허락하옵소서. 말씀의 원칙에 따른 바른 우선순위, 그 분별의 지혜를 갈망합니다. 예수님의 이름으로 기도합니다. 아멘.

> 지혜가 제일이니 지혜를 얻으라 네가 얻은 모든 것을 가지고 명철을 얻을지니라 잠 4:7

My Prayer

삶의 지혜가 필요할 때

부족한 나를 인정하는 용기

학벌과 배경을 만들고, 많은 지식을 익히는 것보다 하나님의 지혜를 얻기 원합니다. 험담이 들리면 귀를 돌리고, 음란이 보이면 눈을 돌리며, 거짓이 보이면 마음을 돌릴 수 있는 지혜를 주옵소서. 특별히 마음에 담을 말과 버릴 말을 구분하는 지혜를 간구합니다. 버려야 할 말은 미련 없이 버리게 하시고, 마땅히 담아야 할 말은 힘겹더라도 잘 담게 하옵소서.

말씀과 기도로 나를 직면하기 원합니다. 내가 아는 것이 없음을, 내가 아는 것이 전부가 아님을 솔직히 인정하는 용기를 주옵소서. 아는 것이 없는 것을 부끄러워하기보다 아는 체하는 것을 부끄러워하고, 내가 아는 것이 전부 옳고 유일한 기준인 양 살아가는 것을 더 부끄러워하는 사람이 되기를 바랍니다. 또한 부끄러워하는 것에 머물지 않고 하나님 앞에 나아가 겸비함으로 주의 말씀을 알아 가게 하옵소서. 예수님의 이름으로 기도합니다. 아멘.

지혜는 그 얻은 자에게 생명 나무라 지혜를 가진 자는 복되도다 잠 3:18

My Prayer

삶의 지혜가 필요할 때

본질과 비본질을 분별하는 지혜

복음을 지키고 복음을 전하기 위해 강하나 부드럽고 단호하나 유연하기를 소망합니다. 본질과 비본질을 분별할 수 있는 지혜와 계시의 영을 주시옵소서.

우리는 말씀이 가리키는 하나님의 뜻인 본질은 보지 않고 말씀을 가리키는 손을 두고 옳고 그름을 따집니다. 바리새인들이 그랬듯이 우리도 쓸데없는 논쟁으로 시간과 에너지를 낭비하고 생명의 길에서 멀어진 것을 회개합니다. 주님, 복음을 가장 우선순위에 놓는 삶을 살게 하옵소서. 복음을 위해서라면 내가 살아도 좋고 죽어도 좋다는 뜨거움으로 나아가게 하옵소서. 누구든지 포용하고 용납하므로 내 삶이 그리스도의 편지가 되기를 소망합니다. 인생이 힘들고 외로울 때 어디서부터 문제를 풀어야 할지를 묻는 사람들에게 소망의 이유를 밝히 전하는 그리스도의 향기가 되게 하옵소서. 예수님의 이름으로 기도합니다. 아멘.

> 약한 자들에게 내가 약한 자와 같이 된 것은 약한 자들을 얻고자 함이요 내가 여러 사람에게 여러 모습이 된 것은 아무쪼록 몇 사람이라도 구원하고자 함이니 고전 9:22

My Prayer

삶의 지혜가 필요할 때
성령님의 인도하심을 구합니다

꼭 필요한 것을 구하되, 필요 이상의 것은 버리는 절제를 주옵소서.
내가 원하는 것이 이루어지지 않으면 한동안 고통스럽겠지만, 내가 원하
는 것이 이루어지면 평생 고통스러울 수도 있다는 것을 알게 하옵소서.
그래서 이뤄지건 이뤄지지 않건 모든 일에 감사할 수 있기를 원합니다.

예수님은 말씀 가운데 우리가 당면한 모든 문제를 해결할 답을 주셨
습니다. 눈이 어두운 우리로서는 그 답을 찾을 수 없으나 성령님이 인도
하여 주옵소서. 답을 찾고도 욕심 때문에 말씀을 따라 살지 못할 때 성령
님의 도우심으로 순종하게 하옵소서. 내 안의 욕심으로 꿈틀거릴 때 성
령님이 내 영혼에 빛으로 임하시어 주님의 뜻을 분별하게 하옵소서. 때
마다 육신을 거스르는 성령님의 인도하심이 아무리 고통스러워도 주의
선하신 손길을 끝끝내 뿌리치지 않기를 기도합니다. 그리고 유혹의 덫을
벗어났을 때에도 승리의 기쁨보다는 구원의 자유함을 더 깊은 맛으로
누릴 수 있기를 간구합니다. 예수님의 이름으로 기도합니다. 아멘.

너희가 만일 성령의 인도하시는 바가 되면 율법 아래에 있지 아니하리라
갈 5:18

My Prayer

하나님과 더 가까워지고 싶을 때
하나님 나라를 담는 그릇

나의 그릇은 종지처럼 작기만 합니다. 이 종지에 무엇을 담을 수 있을까 두렵고 근심이 됩니다. 그러나 주님께 붙어 있기만 하면 이 종지를 키우고 또 키우며 세상이 감당할 수 없는 그릇으로 성장시켜 주실 줄 믿습니다. 믿음의 장성한 분량으로 자란 뒤에는 주님의 용사로 하나님의 일을 감당하게 하옵소서.

지금은 내 욕심, 내 생각을 기준 삼지만, 그날에는 하나님의 마음, 하나님의 뜻, 하나님의 계획을 기준 삼는 인생이 될 줄 믿습니다. 하나님 나라를 담는 그릇이 되고 싶습니다. 보이지 않는 실상을 믿는 믿음으로 그날을 바라며 감사합니다. 예수님의 이름으로 기도합니다. 아멘.

> 폐하시고 다윗을 왕으로 세우시고 증언하여 이르시되 내가 이새의 아들 다윗을 만나니 내 마음에 맞는 사람이라 내 뜻을 다 이루리라 하시더니
> 행 13:22

My Prayer

Prayer
289

하나님과 더 가까워지고 싶을 때

불순종의 자리에서
순종의 자리로

주님을 따른다고 하면서도 주님을 거스르고, 불순종하면서도 기도하는 나의 모습을 회개합니다. 불순종하는 저를 기도의 자리로 다시 불러 주시니 감사합니다. 불순종의 자리를 순종의 자리로 바꾸어 가시는 은혜에 감사합니다.

주님은 죄인의 의지를 꺾으실 힘과 능력이 있으십니다. 그럼에도 불구하고 사랑하셔서, 순종이 주는 기쁨을 맛보게 하려고 기다려 주십니다. 이제는 주님의 그 기다림에 기꺼이, 그리고 신실하게 반응할 수 있기를 기도합니다.

사랑하기에 주님의 뜻을 알게 되고, 주님의 뜻을 알기에 주님을 더욱 사랑하게 하옵소서. 그 사랑으로 내 이웃을 더욱 사랑하게 하옵소서. 그리할 때 말씀과 기도로, 사람을 통해서, 사건과 환경을 통해서 저를 더 높은 곳으로 이끌어 주실 줄 믿습니다. 예수님의 이름으로 기도합니다. 아멘.

나를 사랑하는 자들이 나의 사랑을 입으며 나를 간절히 찾는 자가 나를 만날 것이니라 잠 8:17

My Prayer

하나님과 더 가까워지고 싶을 때

살기 위해 죽는 신앙의 역설

거친 돌처럼 완악하고 강퍅한 나의 마음을 하나님께서 다루실 때에 그 손길을 뿌리치지 않기를 기도합니다. 옹이가 많아서 쓰기 어려운 목재일수록 자르고 깎고 대패로 밀어야 합니다. 하나님이 사람을 통해, 사건과 환경을 통해 저를 다듬으실 때 온유한 마음으로 받아들이게 하옵소서.

하나님은 어르고 달래서 일시적인 만족감을 주시는 분이 아니라 나의 영혼을 깨고 부수는 분입니다. 고통스러울수록 하나님의 뜻이 분명하다는 것을 깨닫기 원합니다. 말씀 앞에서, 십자가에서 내가 죽을 때 영원히 살 것을 믿습니다. 살리기 위해 죽이는 신앙의 역설에 잠잠히 순종하게 하옵소서. 오히려 죽고자 할 때 살리시는 은혜를 신뢰하게 하옵소서. 예수님의 이름으로 기도합니다. 아멘.

여호와의 말씀이니라 내 말이 불 같지 아니하냐 바위를 쳐서 부스러뜨리는 방망이 같지 아니하냐 렘 23:29

My Prayer

하나님과 더 가까워지고 싶을 때

자력 구원은 없습니다

어떤 사람들은 구원에 이르는 방법이 여럿 있다고 말합니다. 10년, 20년 면벽 수행을 하거나 침묵 수행을 하거나 명상을 하거나 해서 스스로 구원을 얻을 수 있다고 합니다. 그러나 주님은 자력 구원은 없다고 하십니다. 구원에 이르는 길은 오직 한 길밖에 없다 하십니다.

구원은 안이 아니라 밖에서 오는 것임을 압니다. 죄 없는 오직 한 분 예수님이 일방적으로 용서하셔야만 구원받을 수 있음을 믿게 하시니 감사합니다. 은혜로 주어진 것을 값지게 여기게 하옵소서. 하나님이 예수님 외에 다른 이름을 주신 적이 없으므로 오직 예수님의 십자가 은혜만 사모하게 하옵소서. 단지 예수님의 이름만을 부르는 자마다 멸망하지 않도록 영생을 선물로 주신다는 충격적인 사실 앞에 엎드려 통곡하게 하옵소서. 예수님의 이름으로 기도합니다. 아멘.

다른 이로써는 구원을 받을 수 없나니 천하 사람 중에 구원을 받을 만한 다른 이름을 우리에게 주신 일이 없음이라 하였더라 행 4:12

My Prayer

하나님과 더 가까워지고 싶을 때

아빠 하나님을 만나고 싶습니다

하나님 아버지, 홀로 앉아서 하나님 아빠를 목청껏 부릅니다. 목을 놓아 울며 하소연합니다. '하나님 아빠'라 부르신 예수님처럼, 하나님과 친밀한 교제를 나누고 싶습니다.

골방은 하나님을 전심으로 찾고 또 찾는 곳입니다. 골방에서 하나님 아빠를 목놓아 부르짖사오니 저를 만나 주시고 이 고통에서 구원하여 주옵소서. 기도할 수 있으므로 절망은 더 이상 절망이 아님을 깨닫습니다. 하나님 아빠를 대면하여 만나니 더 이상 혼자가 아니며 외롭지 않습니다. 하나님 아빠와 누리는 이 친밀함이 나를 숨 쉬게 하고 나의 영혼을 살리니 감사합니다. 은밀한 중에 보시는 하나님을 의지합니다. 죽음이 이를 때까지 하나님과 동행하는 아름다운 인생을 살게 하여 주옵소서. 예수님의 이름으로 기도합니다. 아멘.

> 너는 기도할 때에 네 골방에 들어가 문을 닫고 은밀한 중에 계신 네 아버지께 기도하라 은밀한 중에 보시는 네 아버지께서 갚으시리라 마 6:6

My Prayer

Prayer
293

하나님과 더 가까워지고 싶을 때

맨발로 뛰어오시는 주님

비참하고 의지할 데 없어 돌아옵니다. 깨지고 넘어지고 무너져서 돌아옵니다. 인생이 너무 치욕스러워서 부끄럽지만 돌아옵니다. 주님, 저를 받아 주옵소서.

아직도 거리가 먼데 맨발로 뛰어오시는 주님, 이 은혜를 어떻게 감당할 수 있습니까. 신을 신기시며 아들로 인정해 주시니 이 은혜를 어떻게 다 갚을 수 있습니까. 더 이상 비참할 수 없는 죄인인 저를 아무 값없이 받아 주시고 심지어 의롭다 하시니 감사합니다.

주님은 이미 내가 탕자로 아버지 집을 나갔을 때부터 구원을 작정하시고 기다리셨습니다. 하나님의 변함없는 그 사랑 때문에 이후로는 제가 하나님의 자녀답게 살게 될 줄 믿습니다. 하나님의 오래 참으심과 자비하심 때문에 차마 쳐다볼 수 없는 죄인이 거룩한 성품의 사람으로 바뀌게 될 줄 믿습니다. 예수님의 이름으로 기도합니다. 아멘.

이에 일어나서 아버지께로 돌아가니라 아직도 거리가 먼데 아버지가 그를 보고 측은히 여겨 달려가 목을 안고 입을 맞추니 눅 15:20

My Prayer

하나님과 더 가까워지고 싶을 때

믿음의 수도관

믿음은 하나님의 능력을 흘려보내는 수도관과 같습니다. 수도관이 없으면, 또 있더라도 구멍이 뚫리고 고장이 났다면, 하나님의 능력을 온전히 받을 수 없습니다. 그러므로 기도의 응답이 없을 때 먼저 하나님과 소통하는 믿음이 온전한지 살피게 하옵소서. 하나님과 친밀한 교통이 믿음을 통해 이뤄지고 있는지 점검하게 하옵소서.

은혜의 수원지에서 흘러나온 물을 믿음의 수도관으로 연결하기 원합니다. 회개라는 수도꼭지를 열어서 이제 값없이 주신 그 물을 받아 마시기를 결단합니다. 죄에서 돌이키고, 죄를 토설하며, 반드시 용서하시고 치유하실 주님을 믿음으로 바라보게 하옵소서. 예수님의 이름으로 기도합니다. 아멘.

너희가 그 은혜에 의하여 믿음으로 말미암아 구원을 받았으니 이것은 너희에게서 난 것이 아니요 하나님의 선물이라 엡 2:8

My Prayer

믿음이 필요할 때

고난 뒤에 빛날 영광

사방으로 욱여쌈을 당한 것처럼 너무 괴롭습니다. 이 고통이 끝날 것 같지 않으니 주님께 따지고 싶습니다. 정말 나를 사랑하시는 것 맞습니까? 왜 자꾸 나한테 이런 시련을 주십니까? 의심과 회의가 꼬리에 꼬리를 뭅니다.

그러나 세상 끝날까지 나와 함께하시겠다는 하나님의 약속을 믿음으로 붙잡습니다. 주님도 나의 시련을 고통으로 지켜보신다는 걸 깨닫기 원합니다. 고난을 없애 주시지는 않을지라도 반드시 고난을 이길 힘을 주시는 하나님을 굳게 신뢰합니다. 영원히 동행하실 하나님과 함께 이 고난의 터널을 벗어나게 하옵소서. 고난 뒤에 빛나는 영광이 가리워져 있음을 믿음으로 보게 하시고, 잠시 후 주님의 영광에 동참하게 될 것을 믿음의 눈으로 주목하게 하옵소서. 예수님의 이름으로 기도합니다. 아멘.

하나님이여 내 마음이 확정되었고 내 마음이 확정되었사오니 내가 노래하고 내가 찬송하리이다 시 57:7

My Prayer

믿음이 필요할 때

삶의 암초를 뛰어넘는 믿음

믿어야 할 것을 믿지 않고, 믿지 말아야 할 것을 믿기에 평안이 없습니다. 말씀이 아니라 사람의 말과 능력과 도움을 바라고 구하기에, 인생의 문제를 해결할 능력이 없습니다. 저를 불쌍히 여겨 주옵소서. 이제 믿음으로 갈등을 다루는 능력이 새로워지길 원합니다.

주님을 온전히 신뢰하지 못하기에 끊임없이 목표와 방향을 바꾸며 방황했습니다. 이제는 목표와 방향을 이리저리 바꾸는 대신 나 자신을 끊임없이 바꾸는 참 믿음을 가지게 하옵소서. 가망 없어 보일지라도 믿음으로 가능성을 바라보고 삶의 암초를 뛰어넘을 수 있기를 기도합니다.

흘러간 물이 물레방아를 돌릴 수 없듯이, 어제의 믿음을 붙들고 오늘에 대처하지 않게 하옵소서. 오늘의 새 믿음으로 오늘의 어려움을 담대히 대처하게 도와주시옵소서. 예수님의 이름으로 기도합니다. 아멘.

의인은 그의 믿음으로 말미암아 살리라 합 2:4하

My Prayer

Prayer
297

참된 긍정의 힘은
믿음에서 나옵니다

"믿는 자에게는 능히 하지 못할 일이 없다"는 말씀을 노래하며 다 잘될 것이라고 긍정하며 살았습니다. 그러나 긍정의 힘이 반드시 믿음은 아닌 것을 깨닫습니다. 하나님께로부터 나오는 참된 믿음의 긍정으로 인생과 사건, 사람을 바라보기 원합니다.

하나님을 긍정하고 하나님이 선물로 주신 믿음을 받아들일 때 내게 일어나고 있는 이 모든 사건이 비로소 믿음의 사건이 될 것을 믿습니다. 연약한 육신 속에서도 겸손을 배우고, 고통 중에도 하나님이 일하시는 것을 보게 하옵소서. 돈이 있어도 돈이 없어도 자족하게 하옵소서. 문제가 아니라 하나님을 바라볼 때 하나님의 놀라운 능력 가운데 살게 될 것을 믿습니다. 사방이 막혔을 때는 얼른 전능자의 그늘로 달려가게 하시고, 헤쳐 나갈 수 없는 풍랑을 만날 때는 서둘러 주님을 깨우게 하옵소서. 예수님의 이름으로 기도합니다. 아멘.

예수께서 이르시되 할 수 있거든이 무슨 말이냐 믿는 자에게는 능히 하지 못할 일이 없느니라 하시니 막 9:23

My Prayer

믿음이 필요할 때

평안한 믿음이
최고의 응답입니다

때로 하나님이 내 기도를 듣지 않으시는 것 같아 낙심할 때가 있습니다. 억울해서 눈물로 하소연하고 고통스러워서 밤을 새워 신원했지만 상황은 달라지지 않으니 차라리 내 방식으로 이 힘든 상황을 모면하고 싶습니다.

그러나 성도의 기도는 땅에 떨어지지 않고 하나님 앞에 그대로 보존되어 있는 줄 믿습니다. 기도는 나의 일에 하나님이 응답하시는 것이 아니라, 하나님께서 하시는 일에 내가 응답하는 것임을 깨닫습니다. 눈에 보이는 응답에 연연하지 않고 기도의 자리를 떠나지 않게 하옵소서. 기도해도 아플 수 있고, 기도해도 실패할 수 있음을 압니다. 병들어도 배고파도 실패해도 평안한 믿음을 갖게 하옵소서. 기도했음에도 그런 일을 겪는다면 그것이 최선의 기도 응답임을 깨닫게 하옵소서. 예수님의 이름으로 기도합니다. 아멘.

> 향연이 성도의 기도와 함께 천사의 손으로부터 하나님 앞으로 올라가는지라 계 8:4

My Prayer

믿음이 필요할 때

세상의 가치로
환산할 수 없는 것

예수님을 따르는 이 길을 충분히 따져 보고 여정에 오르기를 원합니다. 영원한 것을 소유하기 위해 영원하지 않은 모든 것을 포기할 각오가 나에게 있는지 잘 살필 수 있기를 원합니다.

단순히 이 땅에서 행복하고 건강하게 살기 위해 예수 믿지 않게 하옵소서. 예수 그리스도의 십자가가 땅의 어떤 것과도 바꿀 수 없는 가치라는 진리를 붙들고 믿음의 여정을 걷기 원합니다.

내 안에 하나님 나라가 임하는 것이 예수님의 목적이라 하십니다. 나의 목적도 그와 같기를 기도합니다. 하나님 나라가 가까웠기에 나의 묵은 가치관들을 회개하고 천국의 가치관으로 새롭게 되기를 소망합니다. 내 모든 소유를 팔아서라도 이 세상의 가치로 환산할 수 없는 값진 진주이신 예수님을 소유하게 하옵소서. 예수님의 이름으로 기도합니다. 아멘.

> 극히 값진 진주 하나를 만나매 가서 자기의 소유를 다 팔아 그 진주를 사느니라 마 13:46

My Prayer

Prayer 300

믿음이 필요할 때

염려를 물리치는 큰 믿음의 사람

걱정하고 염려하는 이유의 정확한 답은 믿음이 작아서라고 하십니다. 염려를 물리칠 큰 믿음의 사람이 되기를 원합니다. 염려는 죄인들에게 공통적으로 발견되는 병든 사고체계입니다. 하나님의 말씀을 따라 믿음이 자라날 때, 영원할 것 같았던 걱정과 염려도 사라질 것을 믿습니다. 주님의 말씀을 따라 염려하고 부정적으로 생각하던 내 생각의 회로를 변화시켜 주옵소서.

하나님이 모든 상황을 주관하십니다. 내가 나에게 묻고 답하는 생각에서, 하나님께 묻고 하나님께서 답해 주시는 기도로 바뀌게 하옵소서. 사람에게 묻고 사람에게 답을 얻는 의논에서, 말씀 안에서 묻고 말씀 안에서 답을 얻는 신앙으로 변화되게 하옵소서. 예수님의 이름으로 기도합니다. 아멘.

> 오늘 있다가 내일 아궁이에 던져지는 들풀도 하나님이 이렇게 입히시거든 하물며 너희일까 보냐 믿음이 작은 자들아 마 6:30

My Prayer

Prayer
301

믿음이 필요할 때

믿음의 방패를 가졌습니까

하나님 아버지, 믿음의 방패가 없기에 분노의 불길에 휩싸이고 감정의 소용돌이에 휘말리곤 합니다. 믿음이 분노의 불을 끄고, 시기와 질투의 불을 끌 것을 믿습니다. 믿음이 의심과 낙심의 불을 끌 것을 믿습니다. 믿음의 방패를 가지고 매일의 영적 전쟁에서 승리하게 하옵소서.

믿음의 방패를 사용하지 않기에 날마다 생기가 소진되고 시들어 갑니다. 남이 휘두르는 난폭한 언어와 가학적인 권세의 독화살을 믿음 없이 맞고 있으니 그만 시들시들 병이 듭니다. 오직 흔들리지 않는 믿음을 주옵소서. 위기 때마다 말씀을 보내 주셔서 분연히 떨치고 일어나게 하옵소서. 그리하여 하나님께 속한 이 영적 전쟁에서 주와 함께 승리를 목도하게 하옵소서. 예수님의 이름으로 기도합니다. 아멘.

모든 것 위에 믿음의 방패를 가지고 이로써 능히 악한 자의 모든 불화살을 소멸하고 엡 6:16

My Prayer

인내가 필요할 때

인내를 배우기 원합니다

하나님이 내게 낙심을 허락하시는 이유는 낙심되는 상황을 견뎌 내게 하시려는 것임을 깨닫습니다. 하나님의 목적은 나를 고난 가운데 버려두시는 것이 아닙니다. 그 시험을 통해 인내라는 놀라운 선물을 주시려는 것입니다. 그 인내를 통해 연단하시고 끝내 소망 가운데로 인도하시려는 것입니다.

하나님이 나와 함께 모든 고난을 겪으시고, 이겨 낼 힘을 주신다는 믿음을 주셔서 감사합니다. 믿음으로 살기로 결단했지만 낙심할 수밖에 없을 때, 인내를 배우기 원합니다. 무슨 일이든 능력이 필요하지만, 그 일의 완수는 인내를 통해 이뤄짐을 압니다. 인내를 통해 어떤 상황에도 처할 수 있는 일체의 비결을 배우게 하옵소서. 인내로 이 시간을 잘 통과하게 하옵소서. 그리고 어느 날 소원의 항구에서 주님을 찬양하게 하옵소서. 예수님의 이름으로 기도합니다. 아멘.

> 나는 비천에 처할 줄도 알고 풍부에 처할 줄도 알아 모든 일 곧 배부름과 배고픔과 풍부와 궁핍에도 처할 줄 아는 일체의 비결을 배웠노라 빌 4:12

My Prayer

Prayer
303

인내가 필요할 때

낙심은 우매한 계산입니다

예수님을 만났지만 자꾸만 예전 방식으로 돌아가려 하는 저를 불쌍히 여겨 주옵소서. 내 상식과 선입관, 내 방법으로 하려고 하니 성령에서 시작해 육체로 마치게 될까 두렵습니다. 보이는 것들에 현혹되어 인생의 중요한 답안들을 제멋대로 쓰고 있지 않은지 두렵고 떨립니다.

주님, 선한 일을 하다 낙심하지 않기를 원합니다. 낙심은 짧은 계산, 우매한 계산이 빚어낸 결과입니다. 나의 우매한 계산을 고집하지 않고 하나님의 때에 하나님이 이루실 것을 믿음으로 담대히 받아들이게 하옵소서. 예수님이 처음이자 마지막이시며, 시작과 마침이십니다. 처음도 마지막도 주님의 능력으로 이루실 줄 믿고 끝까지 붙잡고 견디는 진정한 용기를 허락하옵소서. 예수님의 이름으로 기도합니다. 아멘.

우리가 시작할 때에 확신한 것을 끝까지 견고히 잡고 있으면 그리스도와 함께 참여한 자가 되리라 히 3:14

My Prayer

인내가 필요할 때

믿음으로 역설의 삶을 삽니다

성경은 끝이 시작이며 죽는 길이 사는 길이라고 합니다. 낮아짐으로 높아지는 인생의 역설을 가르칩니다. 위기는 곧 기회이며 승리의 발판이므로 오늘의 어려움에 일희일비하지 않기를 기도합니다. 지금 당장 보상받지 못하고 억울함을 당해도 인내할 때 하늘의 보상이 쌓이고 있음을 알게 하옵소서.

하나님이 어떤 사람을 보내 나를 연단하실지 저는 알지 못합니다. 그러나 이 모든 연단의 목적이 성령의 열매임을 압니다. 고난의 과정에서 만난 모든 사람이 내 인생의 열매를 만드는 사람임을 깨닫고 끝까지 인내하게 하옵소서. 그 한 사람 한 사람을 가슴으로 품고 가게 하옵소서. 결코 쉬운 일이 아니지만 그들에게도 감사하게 하옵소서. 예수님의 이름으로 기도합니다. 아멘.

> 이러므로 우리에게 구름같이 둘러싼 허다한 증인들이 있으니 모든 무거운 것과 얽매이기 쉬운 죄를 벗어 버리고 인내로써 우리 앞에 당한 경주를 하며 히 12:1

My Prayer

Prayer
305

인내가 필요할 때

시작도 끝도 하나님이십니다

모든 일은 창조주 하나님이 시작하셨으므로 마지막도 하나님의 일임을 믿습니다. 믿는 자에게 핍박이 있겠으나 하나님이 그 끝을 책임져 주실 것이기에 담대함으로 이 고난을 이기게 하옵소서.

앞을 봐도 뒤를 봐도 답이 없고 길이 없는 것 같습니다. 그러나 신앙을 지키기 위해, 오직 믿음을 증거하기 위해 카타콤 속에서 살다 죽은 사람들도 있습니다. 그들에게 신앙이란 오직 믿음으로 위를 바라보는 것임을 배웁니다.

땅의 삶을 살아도 땅에 매이지 않고, 하늘의 뜻을 따라 하늘의 소명을 이루는 삶이 되기를 원합니다. 내 인생이 끝을 향해 달리는 하나님의 구원 역사 안에 있음을 믿음의 눈으로 바라보게 하옵소서. 그리고 그 일을 위한 부르심의 자리에 있는 사람들 맨 끝자리에 있을지라도 전심으로 감사하게 하옵소서. 예수님의 이름으로 기도합니다. 아멘.

나는 알파와 오메가요 처음과 마지막이요 시작과 마침이라 계 22:13

My Prayer

Prayer
306

인내가 필요할 때

나만 겪는 어려움이 아닙니다

구원을 받았어도 낙심할 수 있음을 압니다. 이 낙심은 나만 겪는 게 아니며, 이 시대만 겪는 것이 아님도 압니다. 믿음의 선조들은 낙심 중에도 믿음의 경주를 완주하였고, 그 모범으로 오늘 나를 응원하고 있음을 깨닫습니다. 나도 영적인 군살이 붙지 않도록, 죄가 몸에 기생하지 않도록 하나님 안에서 믿음의 경주를 멈추지 않기를 기도합니다. 예수님이 그러셨듯, 하나님과 함께 결승점을 지날 때 얻게 될 기쁨에서 눈을 떼지 않게 하옵소서. 이 인내의 길에서 무엇을 만나든 참고 견디게 하옵소서.

하나님이 저를 끝내 목적지까지 인도하실 것을 신뢰합니다. 세상은 낙심이 당연하다고 하지만 저는 주의 말씀을 붙들고 낙심을 이기고 나아갈 것을 결단합니다. 제 손에 지금 쥐고 있는 것이 아무것도 없어도 주님의 이름이면 족하고 주님께서 붙들어 주신 손이면 충분하다고 선포하고 일어나 믿음으로 걷겠습니다. 예수님의 이름으로 기도합니다. 아멘.

볼지어다 내가 세상 끝날까지 너희와 항상 함께 있으리라 하시니라
마 28:20하

My Prayer

인내가 필요할 때

인내는 구원받은 삶의
열매입니다

인내가 실종된 시대를 살고 있습니다. 기독교가 천박해졌다는 비난을 받는 것도 교회가, 성도가 인내하지 않기 때문임을 회개합니다. 하나님을 알라고, 말씀대로 살라고 인내해야 할 환경으로 나를 부르셨는데 저는 억울해하기만 했습니다. 구원받았는데 왜 아직도 삶이 이토록 힘드냐고 원망하며 자주 구원의 본질을 오해했습니다.

내 힘으로는 인내하기 어렵습니다. 하나님 아버지의 인내로 나의 십자가를 기꺼이 지고 가게 하옵소서. 고난 중에도 동행하시는 하나님을 만났기에 내게 부족함이 없습니다. 고난을 통해 인내를 배우게 하신 하나님께 감사합니다. 예수님의 이름으로 기도합니다. 아멘.

다만 이뿐 아니라 우리가 환난 중에도 즐거워하나니 이는 환난은 인내를, 인내는 연단을, 연단은 소망을 이루는 줄 앎이로다 롬 5:3-4

My Prayer

Prayer
308

인내가 필요할 때

예수님은 인내의 본이십니다

구원의 시작에는 믿음과 은혜가 있지만, 구원의 과정에는 순종과 인내가 있음을 깨닫습니다. 인내로 하나님께 반응할 수 있기를 기도합니다.

최고의 인내의 본이 되신 예수님을 바라봅니다. 예수님은 나의 구원을 향한 기쁨 때문에 십자가의 고통과 수치를 개의치 않으시고, 참을 수 없는 것들을 참으셨습니다. 이 구원을 목숨 걸고 지키기 위해 나를 넘어뜨리려는 내면의 유혹들과 피 흘리기까지 싸우게 하옵소서. 구원받기 전의 생각과 습관, 좁디 좁은 내 경험이 이끄는 세상으로 다시 돌아가지 않도록 늘 깨어 있게 하옵소서. 인내의 길 끝에서 소명의 완수를 선포하신 예수님을 기쁘게 따르고 싶습니다. 예수님의 이름으로 기도합니다. 아멘.

> 믿음의 주요 또 온전하게 하시는 이인 예수를 바라보자 그는 그 앞에 있는 기쁨을 위하여 십자가를 참으사 부끄러움을 개의치 아니하시더니 하나님 보좌 우편에 앉으셨느니라 히 12:2

My Prayer

12

309
-
336

Prayer 309

깊은 묵상을 하고 싶을 때

말씀이 인격을 빚습니다

성경은 하나님이 우리에게 보내신 연애편지입니다. 곳곳에서 하나님의 사랑을 발견하기에 감동해서 가슴이 떨리고 말문을 잇지 못합니다. 주님, 성경을 읽을 때 하나님의 마침표에 물음표로 답하는 것이 아닌, 느낌표로 답할 수 있기를 원합니다.

베뢰아 교회의 성도들은 설교를 듣고 그 말이 성경 말씀대로인가 자세히 살피고 검토했습니다. 또한 날마다 성경을 상고하면서 인격이 성숙해졌습니다. 저도 말씀을 읽을 때 진실하게 살펴보고 그 말씀이 나의 생각을 갈아 엎고 나의 성품을 변화시키기를 기도합니다. 사람을 따라가지 않고 오직 예수님을 가리키는 이 길, 말씀을 좇아가는 그 길에서 아버지 나라에 이르기를 소망합니다. 예수님의 이름으로 기도합니다. 아멘.

> 베뢰아에 있는 사람들은 데살로니가에 있는 사람들보다 더 너그러워서 간절한 마음으로 말씀을 받고 이것이 그러한가 하여 날마다 성경을 상고하므로 행 17:11

My Prayer

Prayer 310

말씀으로 충분합니까?

말씀을 모르면서 안다고 생각하기에 삶에 변화가 없습니다. 내 방식으로 말씀을 이해하기에 말씀을 곡해하고 오해합니다. 말씀을 모르기에 하나님을 알 수 없고 하나님을 모르기에 믿음 없는 사람과 다를 바 없습니다. 하나님 아버지, 나의 아집과 편견을 무너뜨려 주옵소서.

나는 모르지만 주님은 다 아십니다. 나는 언제나 틀리지만 주님은 언제나 옳으십니다. 하나님을 내 생각 하나 못 바꾸고 내 마음 하나 못 바꾸는 우상으로 만드는 이 어리석음을 용서하여 주옵소서. 그것이 곧 하나님의 이름을 망령되이 일컫는 죄인 것을 깨닫습니다.

이제 말씀만으로 충분하다고 고백할 수 있는 믿음을 갖게 하옵소서. 내가 아무것도 모른다는 것을 인정하므로 겸손하게 말씀 앞에 서게 하옵소서. 예수님의 이름으로 기도합니다. 아멘.

> 말씀을 멸시하는 자는 자기에게 패망을 이루고 계명을 두려워하는 자는 상을 받느니라 잠 13:13

My Prayer

Prayer
311

깊은 묵상을 하고 싶을 때

성경은 나의 에벤에셀입니다

시간이 지나니 은혜의 기억도 희미해지고 사랑이 식어 가는 것을 느낍니다. 신앙의 순수함과 열정이 처음 같지 않습니다. 사무엘이 불가능한 전쟁을 승리로 이끄신 하나님의 도움을 기억하기 위해 에벤에셀 기념비를 세웠던 것처럼, 저 역시 나의 에벤에셀을 세우게 하옵소서. 그 무수한 도움의 돌들을 징검다리 삼아 지금 여기까지 올 수 있었음을 기억하게 하옵소서.

그러나 그리스도인에게 가장 장중한 도움의 돌, 에벤에셀은 성경 말씀인 것을 압니다. 영적으로 혼탁한 이 시대에 신앙의 본질을 놓치지 않기 위해 십자가 복음의 말씀 앞에 온전히 서길 기도합니다. 오직 십자가로부터 흐르는 영생의 샘물을 받아 누리게 하옵소서. 예수님의 이름으로 기도합니다. 아멘.

> 사무엘이 돌을 취하여 미스바와 센 사이에 세워 이르되 여호와께서 여기까지 우리를 도우셨다 하고 그 이름을 에벤에셀이라 하니라 삼상 7:12

My Prayer

깊은 묵상을 하고 싶을 때

은혜 없이는 도저히
살 수 없습니다

예수님은 말씀으로 사탄의 시험을 이기셨습니다. 그런데 한편으로 사탄 역시 말씀을 인용해 예수님을 시험했습니다. 사탄의 교묘한 속임수에 넘어가지 않도록 지혜와 총명을 더하여 주옵소서.

성령이 충만하면 말씀이 나를 흔들고 수술하며 고치는 것을 믿습니다. 성령님이 동행하실 때 내가 얼마나 죄인인지, 내가 얼마나 제자의 삶과 멀어졌는지를 깨닫게 될 것입니다. 그때 비로소 '이만하면 됐다'가 아니라 '나는 은혜 없이는 도저히 살 수 없는 사람이다'라는 고백이 나올 줄 믿습니다. 나의 벌거벗음이 말씀 앞에 고스란히 드러나, 날마다 예수 그리스도로 옷 입기를 원합니다. 예수님의 이름으로 기도합니다. 아멘.

하나님의 말씀은 살아 있고 활력이 있어 좌우에 날선 어떤 검보다도 예리하여 혼과 영과 및 관절과 골수를 찔러 쪼개기까지 하며 또 마음의 생각과 뜻을 판단하나니 히 4:12

My Prayer

Prayer
313

깊은 묵상을 하고 싶을 때

예수님의 말씀은
편집될 수 없습니다

감정적으로 받아들이기 어렵고, 이성적으로 다 해석하기 어려워도 말씀을 신뢰하는 것이 믿음임을 압니다. 그러나 나는 마음에 편한 말씀만 듣고 싶어 합니다. 불편한 말씀은 듣지 않은 척하고 알려고 하지 않습니다. 길과 진리요 생명이신 예수님은 내 마음대로, 내 뜻대로 편집할 수 없는 분입니다. 부디 이 오만방자함을 용서하여 주옵소서.

그럼에도 예수님은 이토록 부끄러운 제게 말씀을 따라 사는 능력을 주실 줄 믿습니다. 말씀을 가감하거나 곡해하지 않고 그 본질을 붙들게 하옵소서. 그 말씀으로 세상에서도 고개를 들기가 부끄럽던 내가 놀랍도록 변하여 세상이 나로 인해 하나님을 보게 하옵소서. 예수님의 이름으로 기도합니다. 아멘.

> 너희가 나를 알았더라면 내 아버지도 알았으리로다 이제부터는 너희가 그를 알았고 또 보았느니라 요 14:7

My Prayer

깊은 묵상을 하고 싶을 때

신앙 여정의 유일한 지도

예수님은 악하고 음란한 이 세상에서 무력이나 완력으로 싸우지 않으셨습니다. 오직 말씀으로 이 세상을 깨우치고 가르치셨습니다. 세상이 목적을 위해 수단과 방법을 가리지 않을 때, 주님은 한 가지 방법밖에 없는 것처럼 말씀하시고, 또 그 말씀이 이루어질 때까지 기다리셨습니다. 지금도 예수님은 들을 귀가 있는 사람이 듣고, 구원받는 백성의 수가 차기까지 기다리십니다.

성령님의 음성은 성경으로 검증되고, 성경은 성령님의 조명으로 깨달아지는 줄 믿습니다. 성령님이 교회 된 나에게 하시는 말씀을 듣는 귀를 주옵소서. 그리하여 귀 있는 자는 들으라고 하실 때 두 귀가 활짝 열리게 하옵소서. 더불어 들은 말씀이 눈앞에 선명한 지도로 드러나게 하셔서 내 신앙 여정의 유일한 나침반이 되기를 소망합니다. 예수님의 이름으로 기도합니다. 아멘.

귀 있는 자는 성령이 교회들에게 하시는 말씀을 들을지어다 계 2:29

My Prayer

깊은 묵상을 하고 싶을 때

말씀에 나의 인격이
반응하게 하소서

하나님의 말씀은 사람의 말과 달라 신실하고 참됩니다. 그런데 저는 하나님의 말씀보다 사람의 말을 더 믿고 의지합니다. 믿을 만한 하나님의 말씀은 안 믿고, 못 믿을 사람의 말은 쉽게 믿는 우매함을 용서하옵소서. 전심을 다해 주님의 말씀을 경청하기 원합니다.

성경은 하나님의 영감으로 기록된 것입니다. 영의 눈과 귀가 밝아져 말씀이 들리고 깨달아지게 하옵소서. 영으로 전해지는 하나님의 말씀에 나의 인격이 반응하고 성품이 변화되기를 기도합니다. 말씀으로 거듭나게 하옵소서. 매일 말씀을 읽고 묵상할 때 말씀을 따라 살기로 결단하기 원합니다. 주님, 도와주옵소서. 예수님의 이름으로 기도합니다. 아멘.

모든 성경은 하나님의 감동으로 된 것으로 교훈과 책망과 바르게 함과
의로 교육하기에 유익하니 딤후 3:16

My Prayer

Prayer 316

낮아지기를 소망하는 공동체

성령의 사람은 욕심내지 않고 더 이상 나를 내세우지 않습니다. 그래서 성령의 사람 곁에 있으면 주변 사람들이 평안합니다. 저도 그런 사람이 되고 싶습니다.

교회에서도 육신의 사람으로 살기에 이해관계가 생기면 나의 불안과 욕심을 드러냅니다. 우리의 공동체 안에 본질에서 벗어난 모습이 있다면 돌이켜 세상의 위계질서와는 다른 질서를 빚게 하옵소서. 제자들의 발을 씻기신 예수님을 따라 낮아지기를 소망하는 공동체가 되게 하옵소서.

우리 공동체의 각 사람이 십자가에 정과 욕심을 못 박기 원합니다. 세상의 헛된 영광을 구하지 않고 자기 뜻을 고집하지 않게 하옵소서. 세상이 놀랍게 여기는 진정한 그리스도의 공동체가 되기를 소망합니다. 예수님의 이름으로 기도합니다. 아멘.

> 만일 우리가 성령으로 살면 또한 성령으로 행할지니 헛된 영광을 구하여 서로 노엽게 하거나 서로 투기하지 말지니라 갈 5:25-26

My Prayer

교회 공동체를 위해 기도하고 싶을 때

기꺼이 종으로 사는
성령의 사람

모두가 주인이 되고자 하는 세상에서 기꺼이 종으로 살 수 있는 성령의 사람이 되길 원합니다. 기쁜 마음으로 낮은 곳을 향하고, 사랑이 흐르는 길을 따라 걸을 수 있게 도와주옵소서. 건강과 취미와 즐거움을 위해 썼던 나의 돈과 시간과 감정을 새 생명이 잉태되는 일에 쓸 수 있기를 기도합니다.

값없이 구원받은 나의 관심사가 나에게서 남으로 옮겨 가게 하옵소서. 교회 안에 있으나 아직 그리스도 밖에 있는 이들에게 사랑으로 종노릇하기를 기도합니다. 나의 섬김이 그들로 하여금 거듭나는 은혜를 사모하게 하기를 바랍니다. 그리하여 이 땅에 진정한 하나님 나라가 임하게 하옵시고, 하나님의 뜻이 하늘에서 이루어진 것처럼 땅에서도 이루어지게 하옵소서. 예수님의 이름으로 기도합니다. 아멘.

형제들아 너희가 자유를 위하여 부르심을 입었으나 그러나 그 자유로 육체의 기회를 삼지 말고 오직 사랑으로 서로 종노릇하라 갈 5:13

My Prayer

교회 공동체를 위해 기도하고 싶을 때

중보는 공동체를 소생시킵니다

공동체와 함께 기도하길 원합니다. 고난을 만났을 때 함께 기도하고 기쁜 일을 만나도 함께 찬양하는 공동체가 되게 하옵소서. 함께 기도하고 찬양하는 믿음의 형제자매들이 있을 때, 기쁨이 배가 되고, 고난이 반으로 줄어들 것을 믿습니다.

성령님, 기도가 필요한 사람들을 위해 기도의 무릎을 꿇기 원합니다. 특별히 한 공동체로 묶어 주신 지체들을 위해 중보할 때에, 그 간절한 기도를 들으시고 선히 응답하실 것을 믿습니다. 아팠던 영육이 치유되고 믿음이 회복되며 회개의 역사가 일어나 공동체가 힘 있게 소생되게 하옵소서. 예수님의 이름으로 기도합니다. 아멘.

> 모든 기도와 간구를 하되 항상 성령 안에서 기도하고 이를 위하여 깨어 구하기를 항상 힘쓰며 여러 성도를 위하여 구하라 엡 6:18

My Prayer

교회 공동체를 위해 기도하고 싶을 때

죄의 고백으로
하나 되게 하소서

해결되지 않은 죄의 문제로 인해 몸과 마음이 상한 이들이 있습니다. 죄책감과 죄의식이 삶을 결박하므로 생기를 잃고 생명력이 고갈되고 있습니다. 죄책감이 하나님과의 소통을 막아 버려서 생명수를 공급받지 못하게 하는 까닭입니다.

우리 공동체가 서로 자기 죄를 고백함으로 죄에서 돌이키기를 기도합니다. 사람 간에 걸리는 것이 있다면, 서로 죄를 토설함으로 오해와 미움에서 풀려나게 하옵소서. 죄에서 돌이키며, 서로의 치유를 위해 기도하게 하옵소서. 합심해서 기도하면 할수록 사랑으로 연합하게 될 것을 믿습니다. 기도를 통해 가장 깊은 친밀감과 돌봄으로 나아가는 공동체가 되게 하옵소서. 예수님의 이름으로 기도합니다. 아멘.

그러므로 너희 죄를 서로 고백하며 병이 낫기를 위하여 서로 기도하라 의인의 간구는 역사하는 힘이 큼이니라 약 5:16

My Prayer

교회 공동체를 위해 기도하고 싶을 때

사람을 살리는 교회가
되겠습니다

교회는 하나님이 예수님을 이 땅에 보내신 이유였습니다. 교회는 하나님 나라를 이루기 위해서 사람을 살리는 구원의 비전을 품는 곳임을 믿습니다. 우리 공동체가 그런 공동체가 되기를 기도합니다.

교회의 본질은 사람 살리는 데 있음을 기억합니다. 주님, 우리 공동체가 이 본질에서 벗어나지 않도록 분별의 지혜를 주시옵소서. 일이 많아질 때 삼가고, 이름이 날 때 자기 욕망을 비전으로 삼지 않도록 도와주옵소서. 교회가, 성도가 이 땅에서 화려하게 사는 것이 목적이 아니라, 아무도 주목하지 않아도 오직 영혼을 살리는 데 목적을 두게 하옵소서. 요란하게 소리를 내는 텅 빈 가짜가 아니라, 나 자신은 스러지고, 나를 통해 세상에 예수님만 드러나는 진짜가 되기를 소망합니다. 예수님의 이름으로 기도합니다. 아멘.

> 그러므로 이제부터 너희는 외인도 아니요 나그네도 아니요 오직 성도들과 동일한 시민이요 하나님의 권속이라 너희는 사도들과 선지자들의 터 위에 세우심을 입은 자라 그리스도 예수께서 친히 모퉁잇돌이 되셨느니라 엡 2:19-20

My Prayer

교회 공동체를 위해 기도하고 싶을 때

생명을 뿌리는
교회가 되겠습니다

우리 교회가 병들고 죽어 가는 영혼을 살리기 위한 목적이 이끄는 공동체가 되기를 기도합니다. 헌금 여부에 따라, 성도 수에 따라, 교회 프로그램에 따라 움직이는 교회가 되지 않게 하옵소서. 가장 비효율적이고 가장 비생산적일지라도 세상의 가치와 구별되는 목회에 힘을 쏟는 공동체가 되길 기도합니다.

교회의 기초를 세우시고 교회의 머리가 되셨으며 골고다 언덕 위 십자가에서 자기 피를 모두 쏟으신 예수님을 따르는 교회가 되기를 기도합니다. 죽음의 세상에 생명을 뿌린 예수님의 사역이 우리 공동체의 지상 목표가 되게 하옵소서. 오직 주님의 사랑으로 생명을 맛보고, 오직 주님의 말씀으로 생명을 누리는 교회, 오직 주님께 붙어 있으므로 성령의 열매를 맺는 말씀 공동체, 성령 공동체가 되도록 역사하여 주옵소서. 예수님의 이름으로 기도합니다. 아멘.

나는 포도나무요 너희는 가지라 그가 내 안에, 내가 그 안에 거하면 사람이 열매를 많이 맺나니 나를 떠나서는 너희가 아무것도 할 수 없음이라
요 15:5

My Prayer

교회 공동체를 위해 기도하고 싶을 때

교회가 걸어야 할 길

세상 사람은 능력이 있으면 권력을 잡고 그 권세로 사람들을 억압하려 하지만, 예수님은 그와 정반대되는 십자가의 길을 가셨습니다. 권력 의지는 끊임없이 위를 향한 상향 의지를 불태우지만, 십자가는 끝없이 아래를 향한 하향의 걸음을 지향합니다. 아무도 가지 않고 아무도 이해할 수 없는 십자가의 길은, 지금 회개하지 않으면 갈 수 없는 길임을 깨닫습니다.

십자가 위에 세워진 하나님의 공동체가 사랑의 길을 걷기를 기도합니다. 십자가에서 물과 피를 쏟으며 보여 주신 예수님을 따라 권력 의지를 버리고 사랑의 길을 가게 하옵소서. 내가 땅에 떨어져 썩어지는 한 알의 밀알이 됨으로써 예수님이 이 땅에 세우시고자 한 바로 그 교회가 세워지게 하옵소서. 예수님의 이름으로 기도합니다. 아멘.

하나님의 사랑이 우리에게 이렇게 나타난 바 되었으니 하나님이 자기의 독생자를 세상에 보내심은 그로 말미암아 우리를 살리려 하심이라 요일 4:9

My Prayer

하나님이 정말 계신지 의심될 때

지금도 주님이
문을 두드리십니다

오래도록 예수님을 문밖에 세워 두었습니다. 왕의 식탁에 초대하느라 친히 찾아오셨는데 시간이 없다고, 관심이 없다고 무시하고 거절했습니다. 그럼에도 절대 포기하지 않고 문이 열리기까지 두드리시는 예수님의 오랜 인내로 제가 주님의 자녀가 되었습니다. 참으로 감사합니다.

내가 문을 열면 주님은 가장 귀한 자리로 나를 안내해 식탁을 차리시고 함께 먹고 즐기기를 기뻐하십니다. 늘 주님의 그 놀라운 사랑에 안겨 살고 싶습니다. 주님이 함께하시지 않는 하루하루는 백전백패의 나날입니다. 주님, 내 안에 오셔서 날마다 공급하시는 말씀으로 백전백승의 삶을 살게 하옵소서. 예수님의 이름으로 기도합니다. 아멘.

> 볼지어다 내가 문밖에 서서 두드리노니 누구든지 내 음성을 듣고 문을 열면 내가 그에게로 들어가 그와 더불어 먹고 그는 나와 더불어 먹으리라 계 3:20

My Prayer

하나님이 정말 계신지 의심될 때

다 이해할 수는 없어도 신뢰합니다

불의하고 불공평한 세상을 보면 하나님이 이 땅을 다스리시는지 의심될 때가 있습니다. 왜 착하고 힘없는 이들이 고난을 당하는지, 왜 악하고 부패한 사람들은 잘 먹고 잘사는지 도무지 이해할 수 없습니다.

그러나 주님, 하나님이 어떤 결정을 내리시건, 그것을 수용하기를 원합니다. 눈으로 보이는 행복과 불행의 이면에 있는 하나님의 뜻을 함부로 재단하지 않게 하옵소서. 우리의 고난과 고통은 하나님이 우리를 사랑하시는 증거라는 말씀을 신뢰하게 하옵소서.

믿음의 열조들을 바라보며 이 시련을 이상한 일로 여기지 않고 담담히 이길 힘을 주시옵소서. 그들의 고통을 애통하게 지켜보셨을 하나님의 마음을 이해할 수 있는 영적인 눈도 허락하옵소서. 예수님의 이름으로 기도합니다. 아멘.

> 사랑하는 자들아 너희를 연단하려고 오는 불 시험을 이상한 일 당하는 것같이 이상히 여기지 말고 벧전 4:12

My Prayer

Prayer 325

빨리빨리 돌이키겠습니다

죄를 반복하지 않는 것이 회개라고 배웠지만, 회개한 뒤에도 여전히 똑같은 죄와 실수를 반복합니다. 과연 나는 예수의 길을 따르는 그리스도인인가 절망스럽습니다.

그러나 성령 충만은 더 이상 잘못을 저지르지 않게 된 상태가 아니라, 비록 잘못을 저질렀을지라도 죄로부터 돌이키는 시간이 점점 짧아지는 상태임을 알았습니다. 완전히 죄에서 돌이키는 것은 쉬운 일이 아닐지라도, 내 안에 주님의 확실함이 점점 더 깊이, 더 넓게 뿌리내리기를 기도합니다. 신랑과 신부가 백년가약을 맺듯이, 나의 신랑 되신 주님을 끝까지 사랑하기로 결단합니다. 죄와 주님 사이에서 방황하지 않고 주님을 더 사랑하게 하옵소서. 죄를 짓더라도 속히 돌이키는 성령 충만을 허락하여 주옵소서. 예수님의 이름으로 기도합니다. 아멘.

대저 의인은 일곱 번 넘어질지라도 다시 일어나려니와 잠 24:16상

My Prayer

하나님이 정말 계신지 의심될 때

단번에 죽고
단번에 살아나셨습니다

저는 예수님과 함께 단번에 죽었다가 예수님과 함께 단번에 살아난 것을 믿습니다. 어디에나 구원이 있다고, 그러니 꼭 성경 말씀대로 살 필요가 없다고 속이는 소리에 현혹되지 않게 하옵소서. 예수님으로부터 시작된 새 생명으로 예수님과 함께 걷고 예수님과 함께 목적지에 이르기를 원합니다. 내 안에 살아 계셔서 역사하시는 주님을 굳게 붙드는 믿음을 더하여 주시옵소서.

하나님 아버지, 저는 한순간도 홀로 설 수 없는 존재입니다. 그렇기에 오직 삼위일체 하나님과 함께하기를 기도합니다. 하나님과 동행하는 것이 구원이요 하나님 나라를 이 땅에서 사는 것임을 믿습니다. 예수님의 이름으로 기도합니다. 아멘.

> 그가 죽으심은 죄에 대하여 단번에 죽으심이요 그가 살아 계심은 하나님께 대하여 살아 계심이니 이와 같이 너희도 너희 자신을 죄에 대하여는 죽은 자요 그리스도 예수 안에서 하나님께 대하여는 살아 있는 자로 여길지어다 롬 6:10-11

My Prayer

Prayer
327

새 생명이 자라나는 변화

성령님이 내 마음의 문을 두드리실 때 꼭꼭 걸어 잠근 문을 조금 열고 문틈으로라도 내다보기를 원합니다. 그때 저를 다정하게 부르시는 주님의 음성이 들리게 하옵소서. 성경이 읽히고 말씀이 들리는 은혜를 사모합니다. 고집스럽게 살던 삶이 무너지고, 새 생명이 내 안에서 자라는 것을 경험하게 하옵소서.

주님, 죄가 어떻게 없어지는지 저는 모릅니다. 왜 이웃을 향한 긍휼한 마음이 드는지, 그토록 좋아했던 예전의 습관들이 어떻게 싫어지게 되는지 이유를 알 수 없습니다. 그러나 그런 변화를 경험함으로 성령님의 내주를 점점 더 굳건히 믿게 되길 기도합니다. 제 삶에 나타난 변화로 인하여 살아 계신 하나님에 대한 확신이 점점 더 커지게 하옵소서. 예수님의 이름으로 기도합니다. 아멘.

바람이 임의로 불매 네가 그 소리는 들어도 어디서 와서 어디로 가는지
알지 못하나니 성령으로 난 사람도 다 그러하니라 요 3:8

My Prayer

하나님이 정말 계신지 의심될 때

보지 않고 믿는 사람의 복

도마의 의심에도 신실하게 답해 주시며, 부활을 의심하는 그를 특별히 배려해 주셨던 주님, 오늘 제게도 말씀해 주옵소서. 아직도 눈에 보이는 결과가 있어야 믿겠다고 하는 저를 불쌍히 여기시고 보지 않고 믿는 '믿음'을 주옵소서. 그 믿음이 보이지 않는 하나님과 닿는 유일한 길임을 믿습니다.

도마에게 오셔서 "평강이 있을지어다" 하며 주신 그 샬롬을 내게도 주셔서, 믿음 없는 사람이 되지 않고 믿는 사람이 되도록 도와주옵소서. 이 길고 긴 의심과 낙망의 터널에 반드시 끝이 있음을 믿사오니, 그 끝에서 "내 주님이시요 내 하나님이십니다"라는 고백을 하기 원합니다. 하나님을 하나님으로 믿고 의지하는 참된 복을 주시옵소서. 예수님의 이름으로 기도합니다. 아멘.

> 예수께서 이르시되 너는 나를 본 고로 믿느냐 보지 못하고 믿는 자들은 복되도다 하시니라 요 20:29

My Prayer

하나님이 정말 계신지 의심될 때

내 인생을 써 내려가시는 하나님

내 인생을 묵상하다가 좌절하고 낙심하였습니다. 인생은 나에 관한 이야기가 아니라 하나님에 관한 이야기임을 알기 원합니다. 작은 먼지와도 같은 존재인 나를 향해 하나님이 확대경을 들이대시면 그제야 나도 한 줄의 이야기가 될 것을 믿습니다. 하나님 안에 있을 때 인생이 가치있고 의미 있다는 것을 깨닫게 하옵소서.

창조주 하나님을 만나는 데 가장 큰 걸림돌은 나 자신입니다. 부정적이고 비관적이며 의심 많은 나로 인해 하나님을 만나는 역사적인 순간이 방해를 받습니다. 주님, 저를 만나 주옵소서.

내 인생을 써 내려가시는 하나님으로 인해 미래를 소망으로 바라봅니다. 하나님의 관점으로 내 이웃을 바라보고 하나님이 주신 정체성으로 생명을 전하며 살게 하옵소서. 예수님의 이름으로 기도합니다. 아멘.

> 나 여호와가 의로 너를 불렀은즉 내가 네 손을 잡아 너를 보호하며 너를 세워 백성의 언약과 이방의 빛이 되게 하리니 사 42:6

My Prayer

감사를 회복하고 싶을 때

당연한 일상을 감사합니다

주님, 오랫동안 감사를 잊고 살았습니다. 땅이 흔들리지 않는 것을 감사하지 않았고, 바닷물이 넘치지 않는 것에 감사하지 않았습니다. 따뜻한 햇살 아래 마음껏 숨 쉬는 것에 감사하지 않았습니다. 교회에서 지체들이 모여 예배드리고 교제를 나눌 수 있는 것에 감사하지 않았습니다. 어느 것 하나 당연한 것이 없건만 그 모든 것이 당연하거니와 영원히 누릴 수 있는 것으로 착각했습니다.

영의 눈을 떠서 이 모든 당연해 보이는 일상이 온통 감사의 순간임을 깨닫기 원합니다. 그 감사로 사람을 사랑하고 하나님을 사랑하기를 기도합니다. 감사가 감사를 낳는 기적을 경험하게 하옵소서. 예수님의 이름으로 기도합니다. 아멘.

감사함으로 그의 문에 들어가며 찬송함으로 그의 궁정에 들어가서 그에게 감사하며 그의 이름을 송축할지어다 시 100:4

My Prayer

감사를 회복하고 싶을 때

감사하는 마음이 가장 큰 축복입니다

시시때때로 이런 일이 왜 내게 일어나는 것인지 불평할 때가 있습니다. 이제 불운 앞에 불평을 멈추게 하옵소서. 최악을 피한 것에 감사하고 지금껏 지켜 주신 것에 시선을 돌리기 원합니다.

감사할 일이 많아서 감사하는 것이 아니라 감사하는 마음이 흘러넘치는 것에 감사합니다. 가장 많은 복을 받은 사람이 감사하는 것이 아니라, 가장 많이 감사하는 사람이 가장 큰 복을 받은 것임을 깨닫기 원합니다. 고개 들고 살 자격도 없는 저를 구원하신 십자가의 공로에 늘 감사하게 하옵소서. 감사가 평생의 아름다운 습관이 되게 하옵소서. 생명을 거두어 가시는 그 순간에도 가장 큰 감사를 올려드리게 하옵소서. 예수님의 이름으로 기도합니다. 아멘.

감사로 제사를 드리는 자가 나를 영화롭게 하나니 그의 행위를 옳게 하는 자에게 내가 하나님의 구원을 보이리라 시 50:23

My Prayer

감사를 회복하고 싶을 때

미리미리, 순간순간 감사합니다

항상 기뻐하기가 쉽지 않습니다. 쉬지 말고 기도하기가 너무 힘듭니다. 범사에 감사하기가 어렵습니다. 그러나 그리스도 예수 안에서라면 가능하다고 하십니다. 예수님과 함께, 예수님의 힘으로, 예수님 때문에 감사하라고 하십니다.

성령님을 의지하고 계속해서 기도하면 불만족 중에도 감사하게 될 줄 믿습니다. 도저히 받아들일 수 없는 억울하고 분한 일에도 감사하고, 지금은 다 이해하지 못해도 미리 감사하고 순간순간 감사하며 진심으로 감사하기를 기도합니다. 감사로 보이지 않는 사랑을 소유한 믿음의 사람이 되게 하옵소서. 예수님의 이름으로 기도합니다. 아멘.

> 범사에 감사하라 이것이 그리스도 예수 안에서 너희를 향하신 하나님의 뜻이니라 살전 5:18

My Prayer

Prayer
333

감사를 회복하고 싶을 때

감사는 조건이 아니라
태도입니다

내가 가장 희생했다는 나의 생색은, 제멋대로 기록된 대차대조표와 같음을 깨닫습니다. 1만 달란트 빚을 탕감받고도 100데나리온 빚진 자를 용서할 수 없는 나의 셈법이 얼마나 악한 것인 것 미처 깨닫지 못했습니다. 이제는 감사로 내 안의 고장난 계산기를 고치기를 기도합니다.

나를 더 사랑하면 누구에게도 감사할 수가 없습니다. 돈에 묶여 있어도 감사할 수 없습니다. 그러나 감사는 조건이 아니라 태도임을 깨닫습니다.

감사하면 감사할수록 더 큰 감사의 일이 기다리고 있음을 믿습니다. 받은 것이 흘러넘쳐서 내 안에 가두지 않고 흘려보내는 감사의 유통이 내 버릇이 되게 하옵소서. 하나님께서 하시는 일에 감사하지 않을 것은 하나도 없기 때문입니다. 예수님의 이름으로 기도합니다. 아멘.

하나님께서 지으신 모든 것이 선하매 감사함으로 받으면 버릴 것이 없나니 하나님의 말씀과 기도로 거룩하여짐이라 딤전 4:4-5

My Prayer

감사를 회복하고 싶을 때

내 인생의 출애굽을 감사합니다

하나님 아버지, 죽을 수밖에 없던 내가 구원을 받고 하나님의 새 생명이 된 것은 홍해를 갈라 출애굽한 이스라엘 백성이 겪은 사건과 다르지 않습니다. 이스라엘 백성이 홍해의 기적을 행하신 하나님을 눈물로 찬양했듯이, 저도 주님을 송축합니다.

머리로 하는 감사, 입술로 하는 감사가 아닌 영혼의 감사, 전심의 감사가 고백되게 하옵소서. 하나님을 만났을 때 비로소 나 자신을 진정으로 발견하게 되었습니다. 하나님이 저를 하나님의 처소로 삼기 위해 죄악 된 세상에서 구원하셨음을 깨달은 그 순간이 과거가 아닌 지금 이 순간이 되기를 기도합니다. 예수님의 이름으로 기도합니다. 아멘.

그의 백성을 인도하여 광야를 통과하게 하신 이에게 감사하라 그 인자하심이 영원함이로다 시 136:16

My Prayer

감사를 회복하고 싶을 때

구원이 기적입니다

하나님이 우리에게 가장 중요한 것, 반드시 필요한 것, 없으면 못 사는 것을 주시기 위해 애가 타셨던 그 사랑을 깨닫기 원합니다. 기꺼이 당신의 모든 것, 모든 수고, 모든 생명, 모든 사랑을 쏟아 저를 구원해 주셨음에 감사합니다. 예수님이 나 한 사람의 구원을 위해 무엇을 하셨는지를 정확하게 알 때, 무의미하고 힘들게만 느껴지던 모든 것이 새로운 의미를 찾게 될 줄 믿습니다.

낯모르던 사람들이 성도라는 이름으로 예배하고, 교제하고, 사랑하는 이유는 오직 구원받았기 때문입니다. 구원이 기적같이 놀라워서, 감사해서입니다. 이 구원의 본질을 분명히 앎으로 내 눈에 감사의 눈물이 마르지 않게 하옵소서. 메마른 들판과 같이 황량했던 내 삶에 늘 새로운 감사가 임하게 하옵소서. 예수님의 이름으로 기도합니다. 아멘.

주의 구원의 즐거움을 내게 회복시켜 주시고 자원하는 심령을 주사 나를 붙드소서 시 51:12

My Prayer

감사를 회복하고 싶을 때

무조건적인 사랑으로 주신 구원

예전에는 이 세상이 전부인 줄 알았는데, 점점 더 약속하신 하나님 나라가 또렷해집니다. 이 세상이 그토록 거대해 보이더니 이제 별것 아닌 것으로 여겨집니다. 그토록 피하고만 싶던 고난도 이제 두렵지 않고 맞설 용기가 생깁니다. 이 모든 일이 성령님께서 내 안에서 행하시는 일입니다. 이것을 깨닫게 해주시니 감사합니다. 주님의 무조건적인 사랑으로 주신 구원을 믿음으로 두 팔 벌려 받습니다.

말씀을 더 읽고, 하나님을 더 찬양하며, 주님께 더 기도하게 하옵소서. 예배 때마다 감사와 기쁨이 넘치게 하시고, 삶의 자리에서 순종으로 말씀을 살게 하옵소서. 이 놀라운 구원의 사건에 감사와 찬양을 올려 드립니다. 예수님의 이름으로 기도합니다. 아멘.

> 우리로 하여금 빛 가운데서 성도의 기업의 부분을 얻기에 합당하게 하신 아버지께 감사하게 하시기를 원하노라 그가 우리를 흑암의 권세에서 건져 내사 그의 사랑의 아들의 나라로 옮기셨으니 골 1:12-13

My Prayer

13

337
-
365

어려운 일들이 밀려와서 낙심될 때

고난 끝에 있을 비전을
바라봅니다

믿어도 고난을 만납니다. 그러나 고난은 믿음으로 이겨야 한다는 걸 알았습니다. 고난에 빠져 허덕이는 것이 아니라, 고난의 파도를 타고 넘을 수 있게 도와주옵소서.

아무리 실수하고 실패해도 인생도 세상도 끝이 아님을 기억하고 용기를 잃지 않길 기도합니다. 하나님께서 불어넣어 주시는 담대함을 소유하길 원합니다. 마지막 잎새가 떨어진다고 해서 나무가 죽은 것이 아니고, 마지막 도움이 사라진다고 해서 인생이 끝난 것이 아님을 압니다. 인내로 견딜 때, 겨울 끝에 새순이 돋아나고, 고난 끝에 새 꿈이 자랄 것을 믿습니다. 예수님의 이름으로 기도합니다. 아멘.

인내를 온전히 이루라 이는 너희로 온전하고 구비하여 조금도 부족함이 없게 하려 함이라 약 1:4

My Prayer

어려운 일들이 밀려와서 낙심될 때

자기를 부인하는 사람이
들어가는 곳

주님께서 제자로 부르셔서 따라나선 길인데 갈수록 험하고 가파른 길을 만나는 것 같습니다. 가까운 사람들이 핍박을 하고 환경은 달라지지 않아 낙담이 됩니다.

그런데 주님은 날마다 죽어야 제자가 될 수 있다고 말씀하십니다. 신앙생활조차 자기 성취로 하는 이들이 많은 이때에, 예수님은 자기 성취가 아니라 자기 부인이 제자도의 본질이라고 하십니다.

하나님 나라는 먼저 출발하고 빨리 달려간다고 해서 먼저 도착하는 곳이 아닌 줄 압니다. 뒤늦게 출발한다 해도 자기를 부인하는 사람이 먼저 들어가는 곳입니다. 내 힘으로 주님을 따르는 것이 아니라, 온전히 나의 힘을 빼고 주님이 이끄시는 대로 가는 은혜를 허락하옵소서. 예수님의 이름으로 기도합니다. 아멘.

> 또 무리에게 이르시되 아무든지 나를 따라오려거든 자기를 부인하고 날마다 제 십자가를 지고 나를 따를 것이니라 눅 9:23

My Prayer

어려운 일들이 밀려와서 낙심될 때

낙심의 자리에서
일어나야 하는 이유

어려운 일이 파도처럼 밀려오고, 낙심의 바다에 빠져 익사할 것 같은 시간 속에 있습니다. 지금까지 하나님이 내게 베풀어 주신 것을 기억하고, 그 은혜에 비추어 나 자신을 나무라고 격려하는 성숙한 그리스도인이 되고 싶습니다. 어두운 낙심의 자리에서 일어나 빛 가운데로 걸어가게 하옵소서.

세상 사람들이 그리스도인들은 어떻게 살아가며, 어디에서 힘을 얻는지 집요하게 지켜보고 있다는 것을 기억하게 하옵소서. 그렇기에 제가 낙심의 자리에서 일어나길 원합니다. 사탄이 휘두르는 낙심의 칼 아래에서 피 흘리며 죽어 가는 상한 심령들에게 소망의 메시지를 선포하게 하옵소서. 저에게 새로운 힘과 은혜를 부어 주옵소서. 예수님의 이름으로 기도합니다. 아멘.

너희가 알 것은 죄인을 미혹된 길에서 돌아서게 하는 자가 그의 영혼을 사망에서 구원할 것이며 허다한 죄를 덮을 것임이라 약 5:20

My Prayer

어려운 일들이 밀려와서 낙심될 때

은혜가 낙심을 이깁니다

항상 예수님보다 나에게 관심이 쏠려 있습니다. 나의 성취가 중요하고, 내 이름이 드러나는 것이 중요해서 자꾸 낙심이 됩니다.

이 세상의 모든 좌절과 실망, 분노와 복수의 이유를 쓸모없게 만드는 은혜가 이미 내 안에 부어졌음을 가슴 깊이 깨닫게 하옵소서. 모든 비난과 장애물을 다 덮어 버릴 만큼 그 은혜가 차고 넘침을 기억하기 원합니다. 나의 나 된 것이 하나님의 은혜임을 알 때, 내가 한 일이 없고 내 것이 없다고 고백하게 될 것을 믿습니다. 낙심하지 않으려 애쓰는 것이 아니라, 내가 받은 은혜가 너무 값지고 귀해서 낙심되지 않게 하옵소서. 낙심할 수 없는 삶을 살기를 소망합니다. 예수님의 이름으로 기도합니다. 아멘.

> 그러나 내가 나 된 것은 하나님의 은혜로 된 것이니 내게 주신 그의 은혜가 헛되지 아니하여 내가 모든 사도보다 더 많이 수고하였으나 내가 한 것이 아니요 오직 나와 함께하신 하나님의 은혜로라 고전 15:10

My Prayer

Prayer
341

어려운 일들이 밀려와서 낙심될 때

내 안에 숨은 동기가
있습니까?

빛과 소금처럼 살겠다고 애썼는데 누구도 인정해 주지 않으니 헛수고만 한 것 같습니다. 손해를 감수하고서라도 남을 위해 수고했음에도 열매가 없는 것에 낙심이 됩니다.

그러나 주님, 내 안의 목적과 동기를 잘 살필 수 있기를 기도합니다. 사람들을 의식하고 그들로부터 좋은 평가를 받기 위해 수고한 것을 회개합니다. 내 힘으로, 내 의로 빛과 소금이 되고자 애써 왔습니다. 빛이신 주님이 내 안에 임하셔야 빛이 되고, 성령님이 내 안에 거하셔야 소금이 될 수 있습니다. 내 의로 무리해서 감당하면 감당할수록 자연스레 보상을 바라기에 수고하고도 빛으로 소금으로 살 수 없음을 고백합니다. 선한 사람으로 알려지기 위해 일하지 말고 단지 기쁨이 넘쳐서 일할 수 있기를 소망합니다. 예수님의 이름으로 기도합니다. 아멘.

> 오직 마음에 숨은 사람을 온유하고 안정한 심령의 썩지 아니할 것으로 하라 이는 하나님 앞에 값진 것이니라 벧전 3:4

My Prayer

Prayer
342

영광과 함께 고난도 있음을
기억합니다

하나님 아버지, 이 세상 유산과는 비교할 수 없는 하나님 나라의 유업을 제게 주신 것을 믿습니다. 그러나 하나님의 유업에는 영광과 함께 고난도 있음을 기억하게 하옵소서. 파도가 없는 바다가 없듯이 고난 없는 인생이 없습니다. 폭풍우와 태풍에 몸이 꺾이고 폭설에 발이 묶이는 일이 있어야 자연의 질서가 바로 잡히듯이, 인생에 오는 고난이 나를 사람답게 만들 것임을 알게 하옵소서.

이 고난을 통해 제가 주님을 더 사랑하게 될 것을 믿습니다. 지금은 다 이해할 수 없고 힘들더라도, 좋으신 하나님 아빠를 믿으며 두려워하지 않고 잘 견디게 하옵소서. 모든 것이 합력하여 선을 이룰 것을 신뢰하게 하옵소서. 예수님의 이름으로 기도합니다. 아멘.

자녀이면 또한 상속자 곧 하나님의 상속자요 그리스도와 함께 한 상속자니 우리가 그와 함께 영광을 받기 위하여 고난도 함께 받아야 할 것이니라
롬 8:17

My Prayer

어려운 일들이 밀려와서 낙심될 때

이미 답을 주신 시험입니다

이 땅에서 치르는 시험에는 두 종류가 있음을 깨닫습니다. 하나는 답을 모르고 시험을 보는 것이고, 또 하나는 답을 미리 알려 주고 시험을 보는 것입니다. 하나님은 미리 답을 주고 시험을 보게 하십니다. 그리고 그 시험은 결국 복된 시험입니다. 성경 말씀이 이미 우리에게 주신 답이고 말씀이 곧 복의 근원이기 때문입니다.

어떤 상황에서든 말씀을 통해 하나님이 나를 향한 선한 목적을 갖고 계신 것을 확증하기를 기도합니다. 시험이 아무리 어렵더라도 하나님이 이미 답을 주셨으므로 잘 통과하게 될 것을 믿습니다. 이 시험을 통해 하나님을 더 깊이 만나며 하나님과 더 친밀해지는 참 복을 누리게 하옵소서. 예수님의 이름으로 기도합니다. 아멘.

시험을 참는 자는 복이 있나니 이는 시련을 견디어 낸 자가 주께서 자기를 사랑하는 자들에게 약속하신 생명의 면류관을 얻을 것이기 때문이라
약 1:12

My Prayer

진로를 두고 고민할 때

조용히 하나님을 뒤따릅니다

눈앞의 목표에만 집중해 내 방법으로 돌진하다 낭패를 본 적이 많습니다. 일의 성취나 성공은 주님의 도우심과 주도하심에 달렸음을 자꾸 잊어버립니다. 매 순간 내 뜻과 내 방법을 내려놓고 주님을 의지하기를 기도합니다. 주님의 뜻을 분별하게 하옵소서.

내가 죽을힘을 다해도 이뤄지지 않을 일이 하나님이 결정하시면 단번에 이뤄지는 것을 믿습니다. 수많은 계획과 대안을 움켜쥐고 혼자 동분서주하는 어리석음을 버리고, 모든 일의 주권자이신 하나님을 잠잠히 뒤따르는 참 지혜를 주옵소서. 하나님을 앞서지 않음으로 마침내는 사람을 앞서게 되는 조용하고 놀라운 기적을 경험하게 하옵소서. 예수님의 이름으로 기도합니다. 아멘.

> 이르시기를 너희는 가만히 있어 내가 하나님 됨을 알지어다 내가 뭇 나라 중에서 높임을 받으리라 내가 세계 중에서 높임을 받으리라 하시도다
> 시 46:10

My Prayer

진로를 두고 고민할 때

사랑이 목적입니다

하루 종일 분주하나, 그래서 일의 성취도 있으나 그 성취에 사람이 소외되어 있다면 무슨 유익이 있을까요? 주님, 어떤 일을 하든 그 목적이 사랑이 되길 기도합니다. 사람을 사랑하고 위로하고 함께하기 위해 내 능력과 커리어를 아낌없이 사용하게 하옵소서.

진로를 선택할 때도 내 유익이 아니라 공동체와 이웃의 유익을 위해 선택할 수 있기를 기도합니다. 그 일이 헐벗고 굶주린 사람들을 치유하고 일으키는 데 쓰임 받기를 원합니다. "왜 그 일을 하느냐?"라고 끊임없이 물으시는 하나님께 답할 말이 있는 나의 길이 되게 하옵소서. 일을 잘한다고 어른이 되는 것이 아님을 압니다. 누구건 어디서건 사랑할 줄 아는 진짜 어른이 되게 하옵소서. 예수님의 이름으로 기도합니다. 아멘.

내가 내게 있는 모든 것으로 구제하고 또 내 몸을 불사르게 내줄지라도 사랑이 없으면 내게 아무 유익이 없느니라 고전 13:3

My Prayer

진로를 두고 고민할 때

일터에서 꼭 필요한 사람이 되겠습니다

어떤 일을 하든 그 분야에서 탁월하게 되기를 소망합니다. 그러나 돈을 좇는 피곤한 삶이 되지 않도록 도와주옵소서. 직위에 목숨을 걸고 승진에 목을 매지 않기를 기도합니다. 자리가 주는 영향력에 속지 않고 한 걸음이나 반걸음 늦게 가더라도 일터에서 꼭 필요한 한 사람이 되기를 힘쓰게 하옵소서.

하나님 앞에서 정직하고 신실하게 살면, 믿지 않는 사람들도 하나님이 나와 동행하심을 알게 될 것을 믿습니다. 바른 영성으로 내 할 일을 정직하게 할 때, 하나님이 기쁘게 받으시는 것을 최고의 보상으로 여기며 감사하게 하옵소서. 예수님의 이름으로 기도합니다. 아멘.

이 다니엘이 다리오왕의 시대와 바사 사람 고레스왕의 시대에 형통하였더라 단 6:28

My Prayer

Prayer
347

진로를 두고 고민할 때

비전입니까, 야망입니까?

내 앞길을 방해하는 사람을 죽도록 미워하고, 수단과 방법을 가리지 않고 내 꿈을 이루고자 하는 것은 결국 야망일 뿐임을 알았습니다.

하나님의 꿈을 꿀 때 다른 사람을 수단으로 삼지 않게 될 것을 믿습니다. 억울한 일을 당하고 핍박을 받을지라도 그로 인해 분노에 사로잡히지 않을 것입니다. 과거에 매여 상처를 곱씹거나, 알 수 없는 미래 앞에서 불안해하지 않을 수 있는 길은 오직 하나님의 꿈을 소유하는 것임을 깨닫게 하옵소서. 사람들이 주는 상처에 삶이 꺾이지 않고, 오히려 용서하고 포용하게 하옵소서. 고난보다 더 큰 하나님의 능력을 붙잡고 꿈을 꾸고 성취해 나가는 인생이 되기를 소망합니다. 예수님의 이름으로 기도합니다. 아멘.

당신들은 나를 해하려 하였으나 하나님은 그것을 선으로 바꾸사 오늘과 같이 많은 백성의 생명을 구원하게 하시려 하셨나니 창 50:20

My Prayer

진로를 두고 고민할 때

성령님이 함께하시는 그 길

오래도록 고민하고 준비한 길이 막혔습니다. 넓은 길로 가고 싶은데 가고 싶지 않은 좁은 길을 여십니다. 하지만 성령의 인도하심에는 실수가 없습니다. 의외의 길에서 의외의 동역자들을 만나 의외의 도움을 받게 하실 줄 믿습니다.

떠나 보지 않으면 성령의 계획과 인도하심을 알 수 없기에, 내 생각과 달라도 순종으로 길을 나서게 하옵소서. 성령님이 함께하시는 그 길이 형통한 길인 줄 믿습니다.

이 문이 닫혔다는 것은 다른 문이 열렸다는 뜻인 줄 압니다. 성령님이 인도하시는 방법을 신뢰하고 동행하기로 결단합니다. 그 길이 쉽지 않아도 결국은 평안하게 될 것을 신뢰합니다. 예수님의 이름으로 기도합니다. 아멘.

> 이는 하늘이 땅보다 높음같이 내 길은 너희의 길보다 높으며 내 생각은 너희의 생각보다 높음이니라 사 55:9

My Prayer

Prayer
349

진로를 두고 고민할 때

내 욕망의 크기보다 큰
비전을 주소서

하나님 아버지, 제가 선택한 이 진로가 하나님 나라의 비전이 되길 기도합니다. 요리사가 되든 건축가가 되든 교사가 되든 목사가 되든 가정주부가 되든 성령님이 함께하시면 그 일을 통해 하나님 나라가 이루어질 줄 믿습니다.

그러나 비전은 내 힘으로 감당할 일이 아니기에, 하나님의 도우심을 간구합니다. 비전을 이루기까지 만나게 되는 고난과 위기 앞에서 힘써 기도하게 하옵소서. 비전이 내 욕망의 크기를 넘어서므로 고난을 고난으로 여기지 않기를 기도합니다. 끝까지 비전을 붙잡기로 결단할 때 도우시고 이끌어 가실 하나님의 손길을 체험하게 하옵소서. 예수님의 이름으로 기도합니다. 아멘.

이기는 자와 끝까지 내 일을 지키는 그에게 만국을 다스리는 권세를 주리니 계 2:26

My Prayer

Prayer
350

진로를 두고 고민할 때

인내함으로 성공하는 한 사람

부서진 곳, 무너진 곳, 냄새 나는 곳, 썩은 곳이 내 눈에 보였다면 외면하지 않고 그곳이 나를 부르는 곳임을 깨닫기 원합니다. 그곳이 나 때문에 회복될 수 있다고 주님이 부르시는 음성으로 듣기를 기도합니다.

꿈이 있으면 모든 어려움은 과정인 것을 깨닫습니다. 고난을 넘어설 수 있는 하나님의 비전을 주옵소서. 꿈은 일을 시작하고, 열정은 일을 계속하게 하며, 소통은 함께 일하게 하지만, 일을 이루는 것은 인내입니다. 한번 들어선 이 길에서 인내의 열매를 거둘 수 있게 하옵소서. 능력 때문에 성공하기보다, 인내함으로 성공하는 그 한 사람이 되게 하옵소서. 예수님의 이름으로 기도합니다. 아멘.

> 진실로 악을 행하는 자들은 끊어질 것이나 여호와를 소망하는 자들은 땅을 차지하리로다 시 37:9

My Prayer

Prayer 351

예수님은 하나님 되심을 포기하셨습니다

복음서에서 예수님은 계속해서 '나는 나다' 곧 '나는 하나님이다'라고 말씀하십니다. 예수님이 하나님임을 분명히 알고 믿는 것이 유일한 신앙의 기초임을 믿습니다. 예수님의 사람 되심은 하나님의 하나님 되심의 포기였습니다. 사도 바울처럼 예수님을 따르는 제자로서 기쁘게 권리를 포기하고 내 것을 내려놓기를 기도합니다.

성부 하나님, 성자 하나님, 성령 하나님의 삼위일체가 관념과 이성의 이해를 넘어 완전한 신앙고백의 대상이 되게 하옵소서. 예수님을 나의 주, 나의 하나님으로 고백하게 하시는 하나님의 은혜를 찬양합니다. 예수님의 이름으로 기도합니다. 아멘.

> 그러므로 내가 너희에게 말하기를 너희가 너희 죄 가운데서 죽으리라 하였노라 너희가 만일 내가 그인 줄 믿지 아니하면 너희 죄 가운데서 죽으리라 요 8:24

My Prayer

Prayer
352

예수님이 누구신지 알고 싶을 때

완벽한 신성과 완벽한 인성을 가지신 분

예수님은 인간이면서 동시에 하나님이십니다. 완벽한 신성과 완벽한 인성을 가지신 분입니다. 그런 예수님이 굳이 우리에게 오신 이유가 무엇입니까? 물에 빠진 사람은 물 밖에 있는 사람만이 구할 수 있고, 죄인은 죄와 상관없는 분만이 구원할 수 있습니다. 예수님은 인간 이상의 존재이고 죄가 없으신 분이기에 우리를 구원하실 수 있습니다. 이 구원을 위해 예수님이 우리에게 오신 것을 믿습니다.

예수님을 믿고 영생을 얻는 것, 마지막 날에 다시 사는 것, 이것이 예수님을 믿으라고 부르시는 목적임을 압니다. 이 땅에 오신 예수님의 사랑의 깊이와 높이와 넓이를 깨달아, 오늘도 사랑과 믿음으로 주님 앞에 나아갑니다. 예수님의 이름으로 기도합니다. 아멘.

> 내 아버지의 뜻은 아들을 보고 믿는 자마다 영생을 얻는 이것이니 마지막 날에 내가 이를 다시 살리리라 하시니라 요 6:40

My Prayer

예수님이 누구신지 알고 싶을 때

생명의 길에 서 있습니까?

세상은 오직 풍요롭기만 바라고 쾌락을 탐닉하기 바쁩니다. 그렇기에 무력하고 수치스러운 십자가를 지신 예수님을 이해하지 못합니다. 저도 눈에 보이는 기적과 복을 원했기에 십자가가 내 문제의 완전한 해결책이라고 생각하기 어려웠습니다.

하나님 아버지, 머리로만 알던 것을 생명으로 받아들이게 하옵소서. 십자가의 예수 그리스도가 하나님의 능력이고 지혜임을 계시해 주시옵소서. 십자가를 외면하면 멸망이요, 십자가를 하나님의 지혜로 받아들이면 구원임을 믿습니다. 인생의 갈림길에서 십자가로 생명의 길을 택할 수 있도록 지혜를 허락하여 주옵소서. 예수님의 이름으로 기도합니다. 아멘.

> 십자가의 도가 멸망하는 자들에게는 미련한 것이요 구원을 얻는 우리에게는 하나님의 능력이라 고전 1:18

My Prayer

예수님이 누구신지 알고 싶을 때

훨씬 더 좋은 것을
예비하십니다

　주님은 제게 생명을 주시고자 하는데, 저는 주님께 더 나은 환경과 더 뛰어난 능력, 더 괜찮은 조건을 구합니다. 이렇게 예수님을 알지 못하니 본질은 놓치고 본질에서 멀어진 것만 붙잡습니다. 그래서 신앙생활이 복잡하고 힘들기만 합니다.

　주님, 제게 말씀하여 주옵소서. 예수님을 잘 아는 사람에게 전해 듣지 말고 주님의 음성을 직접 듣기 원합니다. 2천 년 전 이 땅에 오셔서 제자들을 양육하신 예수님을 오늘 만나길 소망합니다. 내가 집착하는 것보다 훨씬 더 좋은 것을 예비하실 최선의, 최상의, 최고의 주님을 믿고 기대합니다. 예수님의 이름으로 기도합니다. 아멘.

　　또 물으시되 너희는 나를 누구라 하느냐 베드로가 대답하여 이르되 주는 그리스도시니이다 하매 막 8:29

My Prayer

예수님이 누구신지 알고 싶을 때

손해만 본 인생

예수님은 손해만 본 인생이었습니다. 하늘 보좌를 버리고 이 땅에 오신 것부터 손해 보는 결단이었습니다. 또한 예수님은 어느 누구도 거절하지 않고 받아 주십니다. 예수님은 거절하지 못하는 데다 기꺼이 손해를 보는 분이었습니다. 주님, 저도 세상과 다른 주님의 길을 걷게 하옵소서.

생명의 떡이신 예수님을 먹고 마심으로, 더 이상 돈과 학벌, 능력과 권세에 허기진 인생이 되지 않기를 기도합니다. 주님을 먹고 마심으로 얻게 된 달란트로 열정을 가지고 기쁘게 인생을 살게 하옵소서. 내 안에 거하기를 즐겨 하시고 나와 함께 동행하기를 기뻐하시는 예수님의 힘과 능력을 날마다 증거하기를 소망합니다. 예수님의 이름으로 기도합니다. 아멘.

예수께서 이르시되 나는 생명의 떡이니 내게 오는 자는 결코 주리지 아니할 터이요 나를 믿는 자는 영원히 목마르지 아니하리라 요 6:35

My Prayer

Prayer 356

하나님의 영원한 '예스'

예수님은 하나님의 '아멘'이자 '예스'이십니다. 하나님께 '노'일 수밖에 없는 우리를 위해 예수님은 중보자가 되셨습니다. 우리와 하나님의 관계를 회복하셔서 우리로 하여금 하나님의 초청과 말씀에 아멘이 되게 하셨습니다. 주님, 감사합니다. 예수님을 믿음으로 이제 이전 것은 지나가고 새것이 되었음을 믿습니다.

알아듣는 만큼만 믿고 이해하는 만큼만 믿는다는 생각으로는 예수님의 십자가 사역에 동참할 수 없습니다. 모든 것을 버리신 십자가 사랑으로 우리를 하나님의 영원한 '예스'가 되게 해주신 예수님께 올인할 수 있게 하옵소서. 예수님의 이름으로 기도합니다. 아멘.

> 라오디게아 교회의 사자에게 편지하라 아멘이시요 충성되고 참된 증인이시요 하나님의 창조의 근본이신 이가 이르시되 계 3:14

My Prayer

Prayer
357

예수님이 누구신지 알고 싶을 때

빛 가운데로 초청하시는 주님

주님, 저는 죄인입니다. 제게는 스스로 구원할 능력도 없고, 소망도 없습니다. 그러나 주님은 의인이 아니라 죄인을 부르러 오셨습니다. 주님은 강력한 죄의 힘으로부터 돌이키라고 나를 부르십니다. 출구가 없는 어둠 속에 있는 나를 빛 가운데로 초청하시는 주님을 만나게 하옵소서. 즉각적인 순종으로 예수님의 길을 따르게 하옵소서.

하나님은 사람의 과거와 현재와 미래를 정확히 보십니다. 주님은 현재의 보잘것없는 내가 아니라 미래에 주님의 손으로 빚어져 성령의 사람이 된 나를 보십니다. 그렇기에 저를 부르셨습니다. 주님, 감사합니다. 순종하며 나아갈 수 있도록 도와주시옵소서. 예수님의 이름으로 기도합니다. 아멘.

그 후에 예수께서 나가사 레위라 하는 세리가 세관에 앉아 있는 것을 보시고 나를 따르라 하시니 눅 5:27

My Prayer

성숙한 신앙의 길을 가고 싶을 때

열심이 다가 아닙니다

열심이 특심이 되어 하나님을 예배하고 이웃을 섬기지만, 왠지 허망합니다. 도대체 왜 이 일을 하고 있으며 왜 사람들을 만나고 있는지, 말씀 앞에서 살필 수 있길 원합니다. 혹시 나의 열심이 도리어 열매 맺는 것을 방해하는 것은 아닌지 성찰하게 하옵소서.

시험을 치를 때는 문제의 의도를 알아야 하고, 입사하면 회사와 부서가 추구하는 것이 무엇인지 알아야 합니다. 이것을 모르면 아무리 열심을 내도 헛일입니다.

하나님을 모른 채 열심을 내다가 예수님을 못 박은 바리새인과 같은 길을 갈까 두렵습니다. 아무리 십자가를 목에 걸고 십자가를 높이 세워도 나를 고집하는 십자가는 예수와 아무 상관없음을 아는 성숙한 그리스도인이 되게 하옵소서. 예수님의 이름으로 기도합니다. 아멘.

우리가 다 하나님의 아들을 믿는 것과 아는 일에 하나가 되어 온전한 사람을 이루어 그리스도의 장성한 분량이 충만한 데까지 이르리니 엡 4:13

My Prayer

성숙한 신앙의 길을 가고 싶을 때

배운 대로 살고 있습니까?

예수님은 제자들을 향해 "너는 나를 따르라"라고 말씀하셨습니다. 그리고 성령을 보내 주시겠다는 약속과 함께 십자가로 걸어가셨습니다.

하나님 아버지, 자아의 허기를 채우기 위해 배우기만 하는 초보 그리스도인에서 벗어나게 하옵소서. 세상이 나아지는 길은 그리스도인이 더 배우는 것이 아니라, 이미 배운 대로 사는 것임을 깨닫게 하옵소서. 보혜사 성령의 도우심을 좇아 열매 맺는 그리스도인이 되기를 기도합니다. 부활하신 주님이 주신 지상 명령을 기쁨으로 감당하게 하옵소서. 예수님의 이름으로 기도합니다. 아멘.

때가 오래되었으므로 너희가 마땅히 선생이 되었을 터인데 너희가 다시 하나님의 말씀의 초보에 대하여 누구에게서 가르침을 받아야 할 처지이니 단단한 음식은 못 먹고 젖이나 먹어야 할 자가 되었도다 히 5:12

My Prayer

성숙한 신앙의 길을 가고 싶을 때

나의 성숙이 세상의 희망입니다

갈등이 생기면 분개하고 싸우거나, 아니면 비겁하게 회피합니다. 그래서 세상이 나로 인해 하나님을 보지 못합니다. 주님 용서하여 주옵소서.

갈등이 생겼을 때 먼저 하나님과 화해하고 나 자신과도 화해하기를 힘쓰게 하옵소서. 또한 나 자신을 있는 그대로 용납하고 격려하고 사랑하게 하옵소서. 그 힘으로 남을 용납하고 사랑하게 될 줄 믿습니다. 그리하여 나와 교회로 인하여 세상이 하나님을 보고 교회의 영광을 보게 하옵소서. 나의 성숙이 곧 세상의 희망이 되길 소망합니다. 예수님의 이름으로 기도합니다. 아멘.

내가 어렸을 때에는 말하는 것이 어린아이와 같고 깨닫는 것이 어린아이와 같고 생각하는 것이 어린아이와 같다가 장성한 사람이 되어서는 어린아이의 일을 버렸노라 고전 13:11

My Prayer

성숙한 신앙의 길을 가고 싶을 때

진짜 어른이 되었습니까

예수님은 '온전하라' 하십니다. 또한 주님은 진정한 어른스러움이 온전함이라 하십니다. 세상이 성장을 추구할 때 성숙을 추구하는 그리스도인이 되고 싶습니다. 권리를 주장할 수 있지만 권리를 주장하지 않고, 다투면 이길 수 있으나 다투지 않고 손해 보기를 자청하는 진짜 어른이 되게 하옵소서.

그러기 위해 주님이 죽으신 십자가에서 저도 잘 죽길 원합니다. 나 자신과 내 소유에 대해 죽고, 하나님과 하나님의 모든 것에 대해 살아나는 놀라운 은혜를 경험하게 하옵소서. 보복도 원수도, 내가 죽을 때 다 사라질 것입니다. 내 안에 그리스도만 사시는 은혜를 간절히 소망합니다. 예수님의 이름으로 기도합니다. 아멘.

그러므로 하늘에 계신 너희 아버지의 온전하심과 같이 너희도 온전하라
마 5:48

My Prayer

성숙한 신앙의 길을 가고 싶을 때

영혼의 벗이 필요합니다

예수님은 전 생애를 양들을 위해 아낌없이 쓰셨습니다. 예수님의 모습을 보며 한 사람의 영성은 그 목숨 쓰는 법에 달려 있음을 깨닫습니다.

주님, 신앙의 멘토가 필요합니다. 어느 교회, 어느 교파가 중요한 것이 아니라 선한 목자 예수님만 잘 따라가게 도와주는 멘토를 원합니다. 사람들을 살아나게 하고, 예수님께 나아가게 하고, 영생에 관심을 갖게 하며, 마침내 예수 그리스도의 사람이 되도록 세워 주는 멘토를 만나게 해 주옵소서.

예수님만이 영원부터 영원까지 따라야 할 선한 목자이심을 고백합니다. 주님을 따를 때 실망할 일도, 길 잃을 염려도 없을 것을 믿습니다. 오직 주님만 사랑하며 따르기 원하오니 내 곁에 영혼의 벗을 대면하게 해 주옵소서. 예수님의 이름으로 기도합니다. 아멘.

> 나는 선한 목자라 나는 내 양을 알고 양도 나를 아는 것이 아버지께서 나를 아시고 내가 아버지를 아는 것 같으니 나는 양을 위하여 목숨을 버리노라 요 10:14-15

My Prayer

Prayer
363

성숙한 신앙의 길을 가고 싶을 때

팬이 아니라
제자로 살고 싶습니다

주님께 열광하다가도 내 일신의 이익을 위해 주님을 훌쩍 떠나는 한 사람의 팬으로 살지 않게 도와주옵소서. 어떤 어려움이 와도, 어떤 손해를 보게 되더라도 주님만 사랑한다고 눈물로 고백하는 참된 제자가 되기를 원합니다.

주님의 말씀을 듣고 주님의 말씀대로 살며 주님이 사랑하신 대로 사랑하는 제자의 삶을 살기 원합니다. 주님이 십자가에서 물과 피를 다 흘리면서까지 고백하신 그 사랑을 전하는 제자가 되게 하옵소서. 내 안에 믿음이라는 동력을 부어 주셔서 주님의 구원 역사에 쓰임 받는 삶이 되게 하옵소서. 성령님 도와주시옵소서. 예수님의 이름으로 기도합니다. 아멘.

예수께서 열두 제자에게 이르시되 너희도 가려느냐 시몬 베드로가 대답하되 주여 영생의 말씀이 주께 있사오니 우리가 누구에게로 가오리이까 우리가 주는 하나님의 거룩하신 자이신 줄 믿고 알았사옵나이다 요 6:67-69

My Prayer

성숙한 신앙의 길을 가고 싶을 때
구원이 출세입니다

그리스도인에게 출세(出世)란 문자 그대로 세상에서 빠져나오는 것임을 묵상합니다. 악한 세상에서 한 발 빼는 것, 구원이 곧 출세임을 깨닫게 하옵소서. 구원받은 백성은 세상이 아니라 하나님의 도우심을 구하는 자로 살게 됨을 깨닫기 원합니다.

나보다 괜찮은 사람을 만나면 열등감에 주눅이 들고, 나보다 못하고 약한 사람을 만나면 우월감에 교만해집니다. 이 정함이 없는 마음을 버리길 기도합니다.

나의 모든 말과 행동이 코람 데오(Coram Deo), 매 순간 하나님 앞에서의 모습이 되기를 기도합니다. 내 삶의 모든 순간이 기도가 되고 묵상이 되기를 원합니다. 흔들림 없는 믿음과 인격과 삶이 되도록 나를 양육하여 주옵소서. 예수님의 이름으로 기도합니다. 아멘.

> 내가 여호와를 항상 내 앞에 모심이여 그가 나의 오른쪽에 계시므로 내가 흔들리지 아니하리로다 시 16:8

My Prayer

그래도 위를 보고 걸어야 할 때

나는 복입니다

"네가 복이 될 것"이라는 말씀에 의지해 멀고도 위험한 믿음의 여정을 떠난 아브라함을 생각합니다. 주님, 하나님의 약속을 믿음으로 받아들임으로써 믿음이 곧 현실이 되는 삶을 살게 하옵소서. 막막한 미래 앞에서도 두려워하지 않게 하옵소서.

내가 남보다 낫기를 바라며 아등바등 살아가는 이 땅의 삶의 방식을 버리길 원합니다. 하나님 나라에 대한 소망으로 넉넉하고 담대한 인생을 살도록 은혜를 주시옵소서. 오늘도 "너는 복이 될" 것이라는 하나님의 약속을 붙들고 이 멀고도 위험한 믿음의 여정을 잘 완주하도록 도와주옵소서. 빠르게 휘몰아치는 세상의 속도 속에서도 "나는 복이야" 하며 마치 젖뗀 아이처럼 평온하기를 소망합니다. 예수님의 이름으로 기도합니다. 아멘.

> 여호와께서 아브람에게 이르시되 너는 너의 고향과 친척과 아버지의 집을 떠나 내가 네게 보여 줄 땅으로 가라 내가 너로 큰 민족을 이루고 네게 복을 주어 네 이름을 창대하게 하리니 너는 복이 될지라 창 12:1-2

My Prayer

Check List

001
-
365